Research on the Interaction between Sovereign Credit Ratings, Public Debt and Economic Growth

主权信用评级、公共债务与经济增长的交互关系研究

苏民◎著

经济日报出版社

图书在版编目（CIP）数据

主权信用评级、公共债务与经济增长的交互关系研究 / 苏民著．—北京：经济日报出版社，2022.8

ISBN 978－7－5196－1140－8

Ⅰ．①主… Ⅱ．①苏… Ⅲ．①国际信用－信用评级－关系－中国经济－经济增长－研究 Ⅳ．①F831.6 ②F124.1

中国版本图书馆 CIP 数据核字（2022）第 135612 号

主权信用评级、公共债务与经济增长的交互关系研究

作　者	苏　民
策划编辑	刘　畅
责任编辑	黄芳芳
责任校对	温　海
出版发行	经济日报出版社
地　址	北京市西城区白纸坊东街 2 号 A 座综合楼 710 室（邮政编码：100054）
电　话	010－63567684（总编室）
	010－63584556（财经编辑部）
	010－63567687（企业与企业家史编辑部）
	010－63567683（经济与管理学术编辑部）
	010－63538621　63567692（发行部）
网　址	www.edpbook.com.cn
E－mail	edpbook@126.com
经　销	全国新华书店
印　刷	北京九州迅驰传媒文化有限公司
开　本	710 毫米×1000 毫米　1/16
印　张	16.25
字　数	208 千字
版　次	2022 年 8 月第 1 版
印　次	2022 年 8 月第 1 次印刷
书　号	ISBN 978－7－5196－1140－8
定　价	58.00 元

前言

在全球债务危机频发的背景下，主权信用评级的下调通常会对一国金融体系带来较大冲击，甚至触发金融危机和经济危机。国外学者对主权信用评级的研究开展较早，成果较多，而我国的研究处于起步阶段。随着我国对外开放步伐的加快和评级机构在历次金融危机中作用的凸显，主权信用评级对我国金融市场的影响会越来越明显。

从20世纪80年代末，伴随着我国经济的快速发展，国际三大著名评级机构对我国的主权信用评级基本上一直处于上升状态，从最初的较低评级BBB/Baa1/A-到现在较好的评级AA-/Aa3/A+。但是最近几年，我国屡次遭受负面展望和降级现象。2016年国际评级机构标普（S&P）和穆迪（Moody's）先后将中国主权信用评级展望由“稳定”降为“负面”，并在2017年实质性地把评级从Aa3/ AA- 降至A1/ A+。2019年香港的信用评级被惠誉（Fitch）由“AA+”降为“AA”，展望降为“负面”。这一系列的事件，应该引起我们的警觉。一国主权信用被降级，不仅受自身债务、杠杆率和经济基本面的影响，也受国际经济和政治因素影响。近几年，我国经济增长一直处于减速状态，外汇储备也在不断下降，由最高的4万亿下降到3万亿美元，而地方政府债务却不断攀升，财政赤字也在逐年增大。

新冠疫情的爆发更是催生了债务率的急剧上升，据Moody's测算，2020年上半年美国、日本和英国等14个国家的公共债务率上升了20%。债务危机通常是金融危机的“导火索”，是爆发金融危机的前夜，并可能导致更严重的经济危机和社会动荡。展望未来，即便在疫情结束后，各国也会留下很多后遗症，其中政府所累积巨额公共债务，就是影响未来经济运行的不稳定因素。所以面临复杂的“后疫情”形势，更应警惕和重视主权信用降级在内的一系列风险。

鉴于此，本著作从多个角度进行了研究：一是运用计量经济方法深度挖掘主权信用评级的影响因素，通过对传统指标的创新和拓展，组成一个覆盖宏观经济、政府债务、对外经济等领域的指标体系，并检验这些因素对评级影响的长短期效应。二是对主权信用评级变动引发的经济和金融连锁效应进行定性与定量的分析。主权信用评级通常具有“信息”、“认证”和“监管”效应，评级下调会导致国际资本流出，增加融资成本，甚至触发金融危机。三是对主权信用评级的公正性问题进行探讨，研究和揭露当前主权信用评级存在的问题和原因，以及相应对策。我国政府应该重视主权信用评级所蕴含的潜在风险，未雨绸缪，从改善经济运行的长期因素和整体层面上，加大财政和外贸的收支平衡和盈余能力，夯实国家的整体偿债能力。

目　录
CONTENTS

第 1 章　绪论

主权信用评级（Sovereign Credit Ratings）是与国家金融安全有关的一个重要方面，它是由信用评级机构所进行的对独立政府偿还债务能力及其违约可能性的一种信用评级。这种评级对一国政府、银行或企业在国际金融市场的融资成本（Financing Costs）起到关键作用，同时对该国境内融资主体所能得到的评级具有“主权上限”效应规则影响。

1.1 研究背景及意义

1.1.1 国际背景

主权信用评级在国际金融市场上发挥着重要作用，在全球债务危机频发的背景下，主权信用评级下调通常会对一国金融体系带来较大冲击，甚至触发金融危机和经济危机。主权信用评级具有对金融市场较大的威慑力、舆情效应和国际垄断特征。评级的具有威慑力的根由是“国家信用限额（The Country Ceiling Rule）”和“主权信用封顶（Sovereign Ceiling）”效应产生的。

一国境内所有的银行、企业和地方政府债券所得到的评级，原则上要低于主权信用评级，这是国际机构一贯奉行的做法和原则。1997 年之前，S&P 从来没有授予一家公司以超越主权信用的级别，之后虽然不再严格执行，但 Borensztein 和考恩 Cowan（2013）的研究却发现只有极个别国家曾经突破这一原则。目前主权信用评级依然是制约其他类型评级的重要因素，一旦主权信用遭遇降级，常会“牵一发而动全身”，不仅影响该国的主权债券，而且会波及整个国内所有主体，影响债市、股市和汇市，引发一系列的事件，所以，主权信用评级的威力是巨大的，会牵涉到一国市场的许多方面。在金融市场上，投资者对债券发行人的违约评价取决于其所掌握的信息，如果其不能获得充分信息，就会要求更高的风险溢价（Sengupta，1998），这一点类似于非对称信息所导致的市场失灵。鉴于对市场信息搜集和处理的高昂成本，投资者会依赖于评级机构发布的结果来决定自己的取舍。

主权信用评级具有极大的舆情效应，评级下调经常引起有关评级是否具有公正性的争议。主权信用评级的公正性问题是近些年来国际社会各界较为关注的一个话题，我们经常会看到评级机构一旦对某一国家做出降级公告，就会遭到降级国的一通抱怨和指责，处于舆论的风口浪尖之上。Ferri 和 Stiglitz 等（1999）关于三大评级机构在东亚危机期间的“顺周期行为（Procyclical Role）”的研究，揭示这些机构存在“事前不预警，事后才警告”，有加重危机的嫌疑。Host 等人（2012）通过对三大信用评级机构在欧债危机蔓延过程中的行为分析，认为信用评级机构没有在危机发生之前就发出市场风险信号。然而，Kaminsky 和 Schmukler（1999）却认为信用评级机构所做的只是对一个国家违约可能性的独立意见，市场不应该过度解读。

目前，国际评级市场具有垄断特征，评级报告具有认证及监管效应，甚至涉及经济操控与政治干涉。在国际市场上，目前对主权信用评级具有绝对话语权的是国际三大评级公司 S&P、Moody's 和Fitch，它们占据评级市场 95% 以上份额，其所发出的评级报告，通常会对投资者产生较大的影响。在次贷危机和欧债危机中，Kiff et al.（2012）发现评级机构不只扮演一个信息发现者（Information Discovery）的角色，甚至会扮演市场监控者（Monitoring Effect）和认证者（Certification Effect）的角色。在某些时候，甚至会引起欧洲监察机关的调查（Financial Times，2015）。之所以产生这种现象，一是三大机构历经百年所建立的国际声誉；二是投资者由于信息不对称和专业知识贫乏等原因，对评级报告极度依赖，并据此调整自己的投资决策和组合。

主权信用评级实践中，一旦某国的主权信用评级遭降，就有可能牵连到私人部门的评级受限或下调，导致该国对外融资成本短期内急速上升，尤其是从投资级（Investment Grade）到投机级（Speculative Grade）的下调，更会触发临界点效应。那些原先持有该国主权债券的金融机构，比如银行、保险公司、共同基金等，就可能不再满足监管部门或其他规定条件的要求①，不得不重新进行资产配置，增加高评级债券的比例，抛售降级国的债券，产生对该国主权债券和持有机构的双重打压效应。

1.1.2 国内背景

从上个世纪 80 年代末，伴随着我国经济的快速发展，国际三大著名评级公司陆续对我国进行主权信用评级，在近 30 年里，我国的主权信用评级也一直在提升，从最初的较低评级 BBB/Baa1/A- 到现在较好的评级 AA-/Aa3/A+，具体二者的协同过程见图 1.1②。

但是这样一个连续上升的势头，却在 2016 年 3 月产生了一些变化，起因是 S&P 和 Moody's 相继把我国主权信用评级确定为负面展望，这是自 2010 年底 S&P 把我国的长期主权信用评级提升为 AA- 以后出现的首次逆

① 监管部门对银行等机构的资产配置范围和比例有要求，比如持有 AAA 级债券不能低于一个固定的比例等，一旦不满足就有调整的要求。2009 年 3 月，保监会下发《关于增加保险机构债券投资品种的通知》，保险投资增加了中期票据和无担保债券，但后者仅限于获得国内评级机构 AAA 级的债券以及在香港市场发行的 A 级国有企业债。2014 年银监会明确提出评级在三级以下的机构，只能投资 AAA 评级信用债和利率债。

② 此图对三大评级公司的字母符号进行了线性数值转换，并对展望积极 / 负面进行了上下 0.5 级别的调整。

转现象，并在 2017 年实质性地把评级从 Aa3/ AA- 降至 A1/ A+。2019 年香港的信用评级被 Fitch 由“AA+”降为“AA”，展望降为“负面”。这一系列的事件，应该引起我们的警觉。通常三大评级机构的威慑力并不一定在每次降级过程中都体现出来（Hand、Holthausen&Leftwich，1992），而是在连续的、快速的降级过程中，尤其是在某个临界点触发的配额效应（Rationing Effect），会导致较大的金融波动。

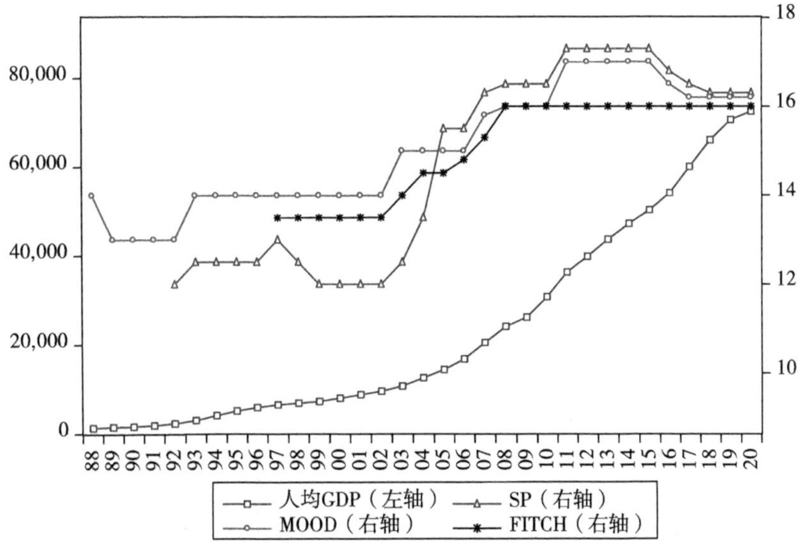

图 1.1 中国的主权信用评级与人均 GDP 关系走势图

这些负面事件没有触发金融事件，可能归功于：一则我国的经济基本面尚可，2015 年中国外汇储备占 GDP 比重达 30.65%、财政赤字占 GDP 比重为 2.3%、政府债务余额占 GDP 的比重为 43.8%，这些指标从目前看还是不错的，表明中国的偿债能力较好，甚至比西方主要工业化国家还好。二则我国目前处于评级较好的 A+/A1 级别，这样的级别属于投资级中较好的层次，对负面消息有一定的抵抗力。

但是我国宏观经济、财政收支和外部债务出现的一些不好的趋势和苗头，却是不容忽视的现实，有可能对主权信用评级造成不好的影响。尤其近几年来外汇储备不断下降的趋势、财政赤字的增大和外部债务恶化的趋势，见图 1.2，这些都是潜在的造成评级下调的主要原因。一旦评级遭到连续下调，尤其是越过临界点（BBB-/Baa3）的下调，就有可能触发大的金融事件，一些金融机构就会被迫调整资产组合，抛掉被降为垃圾级别的主权债券，造成降级国一系列金融问题。Reinhart（2002）提出的证据表明，SCRs 会给金融市场提供新信息冲击，这会直接影响投资者的资产配置组合。所以，这是面临经济形势不好的国家都应该警惕的问题。

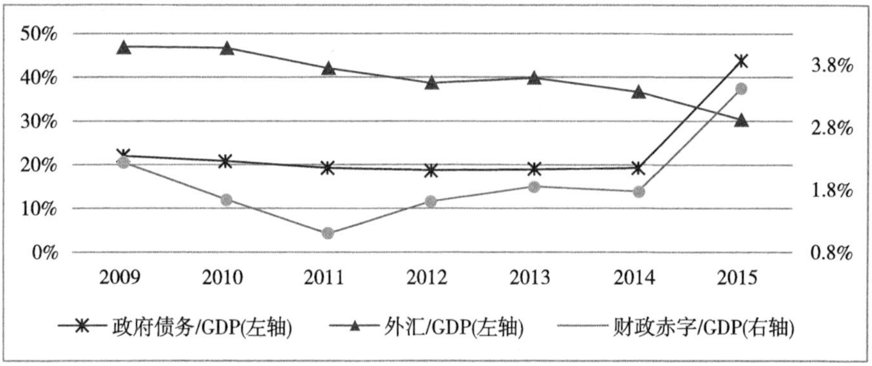

图 1.2　中国财政赤字、外汇储备和政府债务趋势图

鉴于主权信用评级对市场的巨大影响力，主权信用评级的公正性问题也是众多国家关心的问题。这种对三大评级机构的批评和质疑，主要集中在次贷危机后和欧债危机中被降级的那些国家。比如，美国在 2011 年 8 月被 S&P 降级后，认为此次降级不符合事实，找到评级中的计算纰漏，狠批了 S&P 公司①。意大利在 2012 年 7 月被 Moody's 连降两级后，认为 Moody's 的评级是不公正且误导性的。在我国 2016 年 3 月被 S&P 和 Moody's 负面展望后，也有官员和学者指出评级机构不了解中国的经济基本面，不应该做

① 2011 年 8 月 5 日，美国财政部发言人表示，S&P 公司的评估中有 2 万亿美元的错误。

出负面评价①。在学术领域，这样的质疑是以 Ferri 和 Stiglitz 等（1999）的关于东亚危机期间对三大评级机构的“顺周期行为（Procyclical Role）”指责为开端的，认为评级机构的行为“事前不预警，事后才警告”，有加重危机的嫌疑。然而，信用评级机构却有自己的理由，它们明确表示自己所做的只是对一个国家违约可能性的独立意见，投资者不应该过度依赖（Kaminsky& Schmukler，1999）。

关于主权信用评级的孰是孰非问题，恐怕要从不同角度、立场和利益出发点来分析。作为三大评级机构，为了维护自己的历经百年所建立起来的声誉和利益，恐怕也未必会一直维护自己所在国利益（孙章伟，2011），美国不是在 2011 年也被 S&P 降级了吗？正常状态下，评级机构一般会秉持公正立场，而作为被降级者，为了自己的利益，大概会做出一定的辩解，甚至指责评价机构的不公正和误导性。所以，在评级和被评级二者之间，必须有一个相对客观的标准，这也是近年来学术领域研究的一个热点问题：究竟某个国家的主权信用评级是公正的，还是被低估了？从目前来看，由于三大评级机构的评级模型属于商业机密和不公开性（尽管近年来公开的呼声在加大，但也只是公开了部分指标），且这种模型本身也是时变的、可调整的，同时也包含了分析师的主观判断因素，所以，许多学者一直致力于评级模型的揭示。

1.1.3 研究意义

本研究将紧紧围绕揭示和构建主权信用评级模型这个中心问题，引入较为全面和新颖的指标（经济因素、政治因素、社会因素），来拟合现有评级和预测趋势，并通过检验主权信用评级对金融市场的多重影响（“信

① 2016 年 4 月 1 日，财政部副部长史耀斌表示，评级公司对中国经济结构调整、实体经济债务、国有企业改革、金融市场等方面的担忧是没有必要的，还需要深入了解和全面评估。

息”、“认证”和“监管”效应），以及评级的公正性问题，来为我国预防主权信用评级变动带来的风险，汲取有益经验和教训。

（1）理论价值

①对评级指标体系的贡献。本研究将在传统指标框架体系上进行创新和发展，修正和替代一些旧指标，增加新指标在评级体系中的地位和权重，组成一个覆盖宏观经济、政府债务、对外经济等领域的指标体系。通过对已有指标体系的改进，可以提高评级模型的时代感、准确性和拟合优度。

②对评级建模方法的贡献。本研究将对传统主权信用评级所使用的混合效应（Pooled OLS）、固定效应（Fixed Effects）和随机效应（Random Effects）模型进行改进，拟采用 Wooldridge（2002）的方法来弥补截面误差与解释变量相关所导致随机效应方法失效的问题，克服评级模型中的国家效应与解释变量相关的缺陷。

③评级临界点效应的提出。本研究将对主权信用评级变动引发的金融震荡和国际资本流动效应进行定性分析和计量经济学检验。尤其对主权信用评级被调整到临界点（拐点）时所产生的效应，进行理论和实证分析，为解释评级对金融的非线性效应做出贡献。

（2）应用价值

①从政策的角度，本研究拟把影响主权信用评级的因素分为长期和短期因素。长期因素是指那些能够影响经济发展的宏观性和基础性因素；短期因素是指那些能迅速影响和改变主权信用等级的因素，这样的区分为政策制定者提供了从长期和短期两个角度的应对措施。

②从舆论的角度，主权信用评级公正性问题是国际舆情关注的一个焦点。本研究将在比较分析与模型拟合的基础上，进一步引入“评级缺口”的概念，来衡量评级实际值与拟合值的差距，借以说明某个国家的

评级是否存在高估或低估现象，为这些国家维护自己权利，采取有效措施提供依据。

③从市场的角度，本研究拟分析主权信用评级对我国金融市场是否存在显著的“信息”、“认证”和“监管”效应。同时研究主权信用评级在国家间是否存在“溢出效应”以及具体的影响途径。通过对这些问题的研究，可以帮助相关部门明晰主权信用评级对金融市场和经济增长的影响机制，为我国预防降级带来的风险，汲取有益的经验和教训。

1.2 研究内容及方法

1.2.1 研究内容

（1）主权信用评级的影响因素（模型）分析

为了全面衡量主权信用评级的决定因素，本研究将在前人所使用指标和模型的基础之上，进行拓展和改进。在模型方面，主要建立具有随机效应的面板线性回归模型；在指标方面，除了对各国宏观经济的分析之外，加入对外经济、政府收支和负债等指标。初步考虑的经济指标体系如下（表 1.1）：

表 1.1　主权信用评级的可能影响因素

1、宏观经济变量：	3、国际收支和外部资产负债变量
① 人均 GDP（+）	① 经常账户余额 /GDP（+）
② 实际 GDP 增长率（+）	② 经常账户收入 /GDP（+）
③ 失业率（－）	③ 可用储备 /GDP（+）
④ 通胀率（+/－）	④ 窄口径净外债 /CARS（－）
⑤ 实际投资增长率（+）	⑤ 尚未到期的短期外债 /CARs（－）
⑥ 储蓄 /GDP（+/－）	⑥ 可用储备 /CAPs（+）
2、政府收支和债务变量	⑦ 净 FDI/GDP（+）

续表

① 一般政府余额 /GDP（+）	4、虚拟变量
② 净政府债务 /GDP（−）	①发达经济体（+）
③ 中央政府全部长期商业借款（−）	②违约历史（−）
④ 中央政府商业债务存量（−）	
⑤ 中央政府短期债务（−）	

注：括号内“+、−”为参数的预期方向。这些指标有一部分参考了 S&P 的评级指标

（2）主权信用评级的公正性问题

主权信用评级的公正性问题是一个广受争议的话题。既然存在争议，那么在评级和被评级二者之间，最好有一个相对客观的标准：即主权信用评级是依据什么样的指标和模型做出的？如果一旦这个模型被客观地揭示出来，那么主权信用评级的公正性问题也就相应得到了解决。本研究拟从第一阶段建立主权信用评级模型基础上，延伸到第二阶段——利用模型来进行评价和预测，进而判断主权信用评级的“公正性”问题。本研究准备采用的方法有两种：一是对不同的国家进行群组分类，对所得评级进行对比分析；二是采用带有国家效应 V_i 的面板随机效应模型进行拟合和预测。

（3）主权信用评级对金融市场的影响机制分析

在全球爆发的金融危机中，主权信用评级对各国金融市场和经济增长都产生了不同程度的影响。主权信用评级对金融市场具有“信息、监测和认证”功能。同时，评级也具有跨国传染效应。本研究拟对以下市场进行分析：

①主权信用评级对股市的影响；

②主权信用评级对债市的影响；

③主权信用评级对汇市的影响；

④主权信用评级对衍生品市场的影响。

1.2.2 研究目标

本研究的总体目标是构建一个完善的主权信用评级模型并揭示主权信用评级变动对金融市场的影响和溢出效应。

（1）子目标一：构建一个严谨和科学的主权信用评级模型。通过对评级的影响因素分析，可以达到这样的目标：什么因素会影响一国的主权信用评级？这些影响因素中，哪些是长期因素？哪些是短期因素（突发因素）？

（2）子目标二：揭示主权信用评级的公正性。客观性是判断是否公正的基础。本研究尽可能采用客观标准来进行评价，以期避免过多争论。

（3）子目标三：阐明主权信用评级对金融市场的影响机制。揭示股市、债市和汇市等不同市场对评级的响应速度，尤其是主权 CDS 等对评级的反应。

1.2.3 研究关键点

根据主权信用评级的特点，本研究拟围绕主权信用评级的归因、公正性以及对经济金融体系的影响这三个方面，凝练出关键科学问题和重点难点：

（1）关键科学问题之一：从目前的研究焦点来看，主权信用评级的难点在于评级模型的构建。一旦评级模型被充分和透明地揭示出来，那么各方有关评级的争议就会减少，主权信用评级的结果也就更具说服力。

主权信用评级研究的核心问题——评级模型的揭秘和构建。从目前来看，三大评级机构的模型仍属于商业机密，对外是不完全公开的。人们只能从少数已经公开了的指标中去挖掘、猜测和还原评级模型，这就导致不同研究者的观点存在很大差异。从目前研究成果来看，构造一个评级模型主要包括以下几个方面因素：计量方法、解释变量、国家个数、数据时期、评级结果转化方式等。Ferri 等（1999）用“经常账户盈余 /（短期外债 – 外汇储备）”的指标替代了 CP 模型中外债总量的指标后，发现拟合优度显著提升。Afonso（2009、2011）等人对主权信用评级的研究较为系统和完整，尤其是对克服评级建模中使用固定效应的缺陷进行了探讨，发现在标准情况下随机有序概率模型是最有效的。

本研究拟在传统指标框架体系上进行创新和发展，修正和替代一些旧指标，增加一些新指标。比如 CARs（Current Account Receipts），相对传统指标就更为准确。同时，在比率指标的构建方面，也争取更加多元化。早期评级中经常使用的比率指标有出口 /GDP、政府余额 /GDP、外汇储备 /GDP 等，经过发展，现在出现了 CARs/GDP、Gross ext. fin. needs/（CAR + use. res.）、GG interest expenditure/revenues 等新的指标比率，这些指标的加入更加全面和准确反映了评级所涉及的因素。

（2）关键科学问题之二：主权信用评级的公正性问题是近些年来社会各界较为关注的一个话题。评级机构一旦对某一国家做出降级公告，通常就会处于舆论漩涡中，遭到被降级国的一通抱怨和指责。

本研究拟在一定程度上突破和解决该问题，方法主要有三种：一是对比分析方法（定性法），计划对 G20、BRICS（金砖 5 国）和人均 GDP 相近国家进行评级比较，从定性的角度来研究；二是模型预测法（计量法），通过构建和评比各种模型，找出一种预测力最好的模型，进行回归和拟合；三是引入“评级缺口”这一概念，来衡量实际值与拟合值之间的差距，进而鉴定评级是否被高估或低估。

（3）关键科学问题之三：主权信用评级会对各国经济增长和金融体系产生不同程度的影响。金融市场是一个多方面和多层次的市场，主权信用评级可能会对金融市场的不同方面和层次带来影响，并且对每种市场的影响机制和作用程度都可能不同。这种影响的差异性会因各国的制度、体制和发展水平不同而不同，这就导致了研究需要具体化。

本研究拟选择那些处在同一区域、经济联系较为紧密的国家样本（比如，欧元区）进行研究，以增加研究上的聚焦度和结论上的可比性。同时，尽量选择那些对评级较为敏感的金融衍生品，比如主权 CDS 等，这些品种更易捕捉经济变量间的关系。在主权信用评级对金融市场产生影响方面，将从“信息、监管、认证和溢出”四个角度，检验这些效应的大小、方向和显著性，这为系统化研究评级提供了支撑。同时，本研究也拟对主权信用评级的国际间溢出效应进行研究，以便寻找评级传染的渠道和风险效应。

1.2.4 研究方法

本研究按研究对象的不同，具体使用三类不同方法：

（1）主权信用评级模型的构建方法

在指标方面，除了对各国宏观经济的分析之外，加入了对外经济、政府收支和负债等指标；在模型方面，主要建立面板线性回归和有序概率两大类模型。

模型 1：面板数据回归模型。包括混合效应（Pooled OLS）模型、固定效应（Fixed Effects）模型和随机效应（Random Effect）模型；

模型 2：有序概率回归模型。包括一般有序概率（Ordered Probit）模型和面板有序概率（RE Ordered Probit）模型。

对这些模型中的变量，拟进行短期效应和长期效应的分别构建，并进一步根据回归显著性的不同，把每种模型分为非限制模型（Unrestricted model）和限制模型（Restricted model），其中限制模型剔除了不显著变量。这样的多角度构建，可以从中择优进行后续分析。

（2）主权信用评级公正性问题研究方法

方法 1：对比分析方法（定性法）。包括人均 GDP 相近国家的评级比较、G20 国家的主权信用评级比较、金砖 5 国（BRICS）的主权信用评级比较。

方法 2：计量模型预测法（定量法）。根据对前述所建几种模型预测力的评估，找出一种预测力较高的模型，来对所研究国家的数据进行拟合和评级分析。

方法 3："评级缺口"方法。本研究拟引入"评级缺口"的概念，通过对缺口大小的计算，可以揭示评级实际值和拟合值的差距，并能图示这种差距，进而鉴定评级是否被高估或低估。

（3）主权信用评级变动对经济和金融的影响

在 Kiff et al.（2012）提出的理论基础上，拟采用"事件研究法"，在适当的补充和扩展基础上，利用不同时期和国家的数据，进行评级的"信息、监管和认证"效应检验。

对评级溢出效应检验方法拟采用 GMM 回归法（克服内生性），对主权信用评级在不同国家和地区间溢出效应进行存在性和传播渠道的检验。

1.3 结构安排及技术路线

1.3.1 研究思路

本研究将主要从三方面进行：一是运用计量经济方法深度挖掘主权信用评级的影响因素，通过对传统指标的创新，尤其结合后疫情时代特点，组成一个覆盖宏观经济、政府债务、对外经济等领域的指标体系，并检验这些因素对评级影响的长期和短期效应。

二是对主权信用评级变动引发的经济和金融连锁效应进行定性与定量的分析。主权信用评级通常具有"信息"、"认证"和"监管"效应，评级下调会导致国际资本流出，增加融资成本，甚至触发金融危机。

三是对主权信用评级的公正性问题进行探讨，研究和揭露当前主权信用评级中存在的问题和原因，以及相应的对策。具体研究大纲和结构安排如下。

1.3.2 结构安排

第一步（部分）国内外调研和访问。走访国内几家知名评级机构，比如大公国际、联合资信、中诚信等，了解国内主权信用评级的现状、方法和动态。在条件允许情况下，走访国际三大评级机构。

第二步（部分）建立和完善评级数据库。在已有资料基础上，进一步收集和检索国外有关主权信用评级的最新研究成果和动态，包括国外有关国家风险和主权信用评级的研究现状调查和评析，尤其是对 S&P、Moody's 和 Fitch 三大评级机构评级资料的汇集、分析和研究。

第三步（部分）主权信用评级的影响因素（模型）研究。本研究拟在传统指标框架体系上进行创新和发展，修正和替代一些旧指标，增加一些新指标。比如 CARs（Current Account Receipts），相对传统指标就更为准确。同时，在比率指标的构建方面，也更多元化，引入 CARs/GDP、GG interest expenditure / revenues 等新的指标比率，能够更加全面和准确反映评级所涉及的因素。

第四步（部分）主权信用评级的公正性问题研究。主权信用评级的公正性问题是近些年来社会各界较为关注的一个话题。本研究拟采用对比分析方法（定性法）来对 G20、BRICS（金砖 5 国）和人均 GDP 相近国家进行评级比较；进一步（部分）采用模型预测法（计量法）和“评级缺口”方法，来衡量实际值与拟合值之间的差距，进而鉴定评级是否被高估或低估。

第五步（部分）主权信用评级对金融市场的影响机制分析。本研究拟对主权信用评级对金融市场产生影响和发挥作用的理论和机制进行分析，从主权信用评级对金融市场产生“信息、监管、认证”效应的角度，检验了这些影响的大小、方向和显著性，这为系统化研究评级提供了支撑。

第六步（部分）主权信用评级的跨国传染和国际溢出效应研究。主权信用评级不仅对当事国的金融和经济有影响，也会波及非事件国的金融和经济。本研究拟对主权信用评级的国际间溢出效应以及主要溢出渠道进行检验，以便寻找评级国际间传染的渠道和风险预防措施。

第七步（部分）总结和建议。回顾本研究的主要成果，对未来可以进行的研究领域进行展望和延伸，并提出切实可行的政策建议。

1.3.3 技术路线

本研究将紧紧围绕揭示和构建主权信用评级模型这个中心问题，引入较为全面和新颖指标（经济因素、政治因素、社会因素），来拟合现有评级和预测趋势，并通过检验主权信用评级对金融市场的多重影响（“信息”、“认证”和“监管”效应），以及评级的公正性问题，为我国预防主权信用评级变动带来的风险汲取有益经验和教训（如图 1.3 所示）。

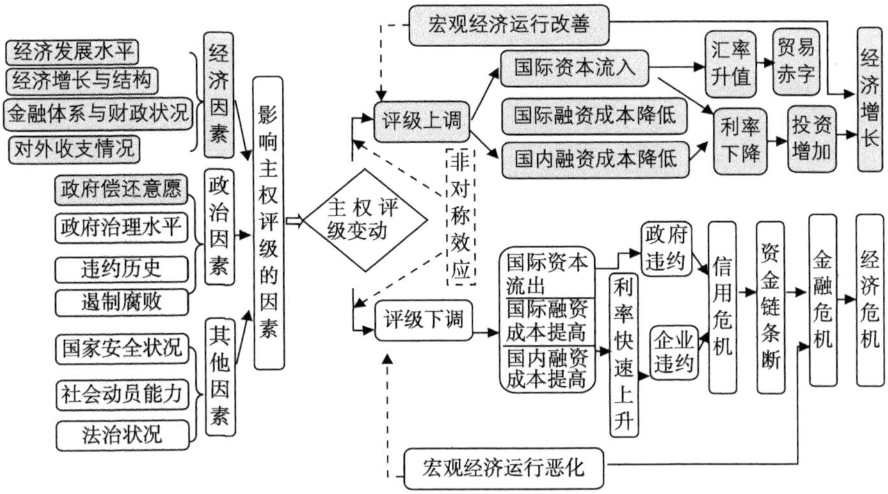

图 1.3　研究的技术路线图

备注：粗体字部分为前期已初步开展工作

1.4 小结

本章全景式地介绍了论文的研究内容，主要包括对三个方面问题的回答：第一，为什么要进行本研究？通过第一节的国际背景、国内背景和研究意义做了回答。在全球债务危机频发的背景下，主权信用评级在国际金融市场上发挥着重要作用，评级下调通常会对一国金融体系带来较大冲击，甚至触发金融危机和经济危机。主权信用评级具有对金融市场较大的威慑力、舆情效应和国际垄断特征，这三个重要性叠加在一起，就构成本研究进行的必要性。第二，本研究的内容是什么？本研究内容的选择是从庞杂的金融体系层面中逐步聚焦和收缩而来的，具体是通过第二节的研究对象、研究目标和研究重点做了回答。本研究围绕主权信用评级的归因、公正性以及对经济金融体系的影响这三个方面进行。第三，如何进行本研究？通过第二节的研究方法以及第三节的结构安排和技术路线做了回答。

第2章　国内外研究现状及评级理论和前沿模型述评

国外最早始于1996年Cantor和Packer的研究，经过多年积累和发展，目前有关主权信用评级研究的出发点、角度和方法是多种多样的。在已有文献中，基本围绕着这么几类问题展开：（1）主权信用评级的决定因素分析。（2）主权信用评级对宏观经济和金融的影响，尤其是对债市、股市和汇市的（非对称性）影响。（3）主权信用评级的跨国金融传染效应。（4）主权信用评级的公正性问题研究。（5）关于影子主权信用评级（Shadow Sovereign Ratings）的研究。（6）“主权上限”（Sovereign Ceilings）规则的影响研究。（7）主权信用评级对新兴市场国家与对发达国家的对比研究以及对这类国家进入国际资本市场影响的研究。（8）公共债务率对主权信用评级的影响。（9）政治风险和政治不确定性对评级的影响；（10）国际三大评级机构的评级差异性研究。（11）主权信用评级与银行评级的关系研究。（12）评级与企业战略投资决策的关系等。

2.1 主权信用评级的决定因素

主权信用评级的透明度和所用评级因素的揭示是减少各方争议、增加评级结果说服力的重要举措。但从目前来看，三大评级机构的模型属于商业机密，对外是不公开的，人们只能从少数已经公开了的指标中去挖掘、猜测和还原评级模型，这就导致不同的研究者之间结论存在很大差异性。从三大评级机构已经公开的指标和学者们的研究成果来看，构造一个评级模型主要包括以下几个方面因素：评级指标、国家个数、计量方法和评级结果转化方式等因素。

国外关于评级决定因素的研究最早始于 1996 年 Cantor 和 Packer 的研究（简称“CP 模型”），他们通过对 49 个国家 8 年面板数据的多元线性回归，找出了显著影响主权信用评级的 8 个变量，分别是人均收入、GDP 增长率、通胀率、财政余额、外部余额、外部负债、经济发展水平和违约历史。

其后，学者们从不同方面完善扩展了 CP 模型，主要包括：（一）解释变量的扩展。最初 CP 模型的 8 个解释变量明显偏少，难以覆盖复杂的评级影响因素。Ferri 等（1999）用“经常账户盈余 /（短期外债 – 外汇储备）”的指标替代了 CP 模型中外债总量的指标，进一步提升了模型的拟合优度。随着解释变量的增多，为了防止变量的共线性问题，有些学者也用主成分分析法来优化解释变量（Mellios 等，2006）。到 2021 年，S&P 网站上所公布的主权信用评级指标已经发展到 6 大类 50 小项指标，但是 S&P 并没有解释它在每次评级过程中使用了哪些指标以及指标权重，当然，这些指标也有重叠和交叉现象，不可能所有指标在每次评级中都会用到。（二）因变量的选择。评级结果是由“A、B、C、D”等一系列字母和“+、–”符号组成，这些符号就构成了评级的结果。这些离散且有序的符号就是评级机构的最终结果。在建模时，就需要把这些字母及符号转换为可用的数字，目前转换有两种基本方法：一是线性方法；二是非线性方法。线性方法就是把每两个级别之间的距离相等化，比如 Ferri（1999）就把 Moody's 的评级从 Aaa、Aa1、…、Caa 转换为 100、95、…、5 等 20 个数字。非线性方法表示所产生每两个级别之间的距离的数字并不相等，即第一、二名的距离可以不等于第三、四名的距离。进一步也可以划分为平静期（Calm Period）和动荡期（Turbulent Period），动荡期的距离分布更不均匀，尤其在由投资级转换为垃圾级时，数值间跨度更大（具体可参考

Ferri 的方法）。（三）模型计量方法。在确定了解释变量个数和因变量的表现形式后，就要确定使用什么样的计量方法。由于主权信用评级所涉及的数据既包括截面数据又包括时间序列，所以大部分的研究使用面板数据回归（Panel Data）的方法。这种方法可以同时捕捉截面信息和时间序列信息，是目前来说较好的方法。另外一方面，评级结果又表现为一些有次序的离散变量形式，多元有序选择（Multiple Ordered Choice）模型也是非常适合这类研究的方法。该方法对因变量的有序离散假定，较为适合于分析评级问题。实践当中，更多的研究是将面板和有序概率结合起来的方法，比如面板有序概率方法。

国内有关主权信用评级的研究开展较晚，这大概和我国金融开放的时间较晚有关。但随着我国对外开放步伐的加快和评级机构在历次金融危机中作用的凸显，我国有关学者也开始关注主权信用评级。1997 亚洲金融危机后，我国一些学者开始介绍和引入主权信用评级。曹荣湘（2003）是国内较早开展国家风险与主权信用评级关系研究的学者，率先介绍和翻译了一批有关主权信用评级的文献书籍。之后，国内也出现一些其他相关文献，但较为零散。

我国真正出现较大范围的研究是在 2007 年次贷危机后，尤其是欧债危机的出现，三大评级机构在金融市场上的呼风唤雨，引起了较大的舆情关注，一些学者从不同的角度研究了评级的决定及对市场的影响。

陆留存和田益祥（2011、2013）是国内较早开展评级模型研究的学者，他们系统地比较了不同建模的差别，对比了一般面板模型和有序概率模型。那明（2014）利用 27 个 OECD 国家 1999—2012 年的面板数据，对影响主权信用评级的因素进行实证研究，发现国际评级机构的报告并不存在恶意下调举动。丛琳和侯佳（2010）利用 44 个国家的 7 个指标对主权信用评级的决定因素进行实证研究，发现所用指标能够解释 S&P 所给出主权信用评级的 87%。何娟文和胡琼（2016）研究了基于逆周期的主权信用评级指标体系的构建问题。

2.2 主权信用评级威慑力来源

在国际债券市场上，投资者由于信息不对称和专业知识贫乏等原因，非常依赖于评级机构所发出的报告，以便据此做出自己的投资和组合选择。目前对主权信用评级具有绝对话语权的是国际三大评级公司（S&P、Moody's 和 Fitch），它们占据评级市场 95% 以上份额，所发出的评级报告和预警通常会对投资者的行为起到较大的影响。投资者通常会根据信用等级高低的不同，给债券定出不同的价格，评级高的一般融资成本较低，而评级低的则相反。

更为重要的是，由于主权信用评级具有"国家信用限额（The 'Country Ceiling' Rule）"和"主权信用封顶（Sovereign Ceiling）"的效应，一国境内所有的地方政府、银行或企业所得到的评级，原则上要低于主权信用的级别。所以，主权信用评级的影响不仅限于主权债券本身，而且会影响债市、股市和汇市，其威力是巨大的，一旦主权遭遇降级，常会"牵一发而动全身"，引发一系列的事件，波及整个国内所有的评级主体，影响它们的信用级别和融资成本。

在 1997 年之前，S&P 从来没有授予任何一家公司以超越主权信用评级的级别，但之后开始松绑，授予一些美元区经济（Dollarized Economies）的公司以高于主权信用评级的级别。但这是不是就此否定了主权上限规则，并大规模地突破这一限制？Borensztein 和 Cowan（2013）通过使用 1995—2009 年期间发达国家和新兴经济体的数据，认为虽然信用评级机构已经逐渐放弃了公司信用不能超越"主权上限"的政策，但主权信用评级仍然继续左右着公司的评级，尤其对那些资本管制严格和高政治风险的国家。事实上，三大评级机构只是在有条件的小范围内突破了这一规则，主权信用评级仍然是分配给公司评级的重要参考依据和决定因素，公共债务依然通过税收、福利补贴等一些渠道影响着家庭和私营部门的债务问题。

同时，在主权信用评级由低向高变迁的整个过程中，其对融资成本的影响并不是等效的，即评级由第 n-1 名迁移到第 n 名所产生的影响并不等于由第 n-3 名迁移到第 n-2 名所产生的影响。根据评级实践和先前学者们的研究，在由投资级（Investment Grade）向投机级（Speculative Grade）迁移过程中，通常会触发临界点（Critical Point）效应，其所产生的影响比一般的迁移要更大。因此，当一国的主权信用被降级到投机级别附近的时候，要特别保持警惕。

2.3 主权信用评级公正性问题

主权信用评级的公正性问题是近些年来社会各界较为关注的一个话题。评级机构一旦对某一国家做出降级公告，就会处于舆论的风口浪尖之上，遭到降级国的一通抱怨和指责。Ferri 和 Stiglitz 等（1999）关于在东亚危机期间三大评级机构的“顺周期行为（Procyclical Role）”的研究，揭示这些机构存在“事前不预警，事后才警告”，有加重危机的嫌疑。Host 等人（2012）通过对三大信用评级机构在欧债危机蔓延过程中的行为分析，认为信用评级机构之所以成为公众所批评焦点，在于这些机构没有在危机发生之前就发出市场风险信号。Fuchs（2014）使用线性面板数据模型和有序概率模型，发现 Moody's 和 Fitch 授予美国的评级要高于其应得之值，并呼吁加大对主权信用评级机构的监管，防止在寡头垄断市场中，三大机构分享主权信用评级市场的超额利润。然而，Kaminsky 和 Schmukler（1999）却认为信用评级机构所做的只是对一个国家违约可能性的独立意见，市场不应该过度解读，投资者也不应该过度依赖。

关于主权信用评级结果存在争议的问题，要辩证地、全面地看，最好从不同角度和立场出发点来分析。Doluca（2014）分析了主权信用评级过程中是否存在不同的偏见，结果没有发现存在本国偏见（Home Country Bias）和利润最大化（Profit Maximum）对主权信用评级有显著影响的证据，而声誉担忧（Reputational Concerns）似乎远胜过经济利益。S&P、Moody's 和 Fitch 作为享誉全球的第三方机构，为了维护自己的百年声誉，一般情况下，会按照客观的计算方法和模型，给出不同国家的评级结果，不会为了迎合某些国家而刻意提高这些国家的评级，或去专门降低另外一些国家的评级，借以打击这些国家的金融稳定。美国不是在 2011 年也被 S&P 降级了吗？但这些机构所用的方法是否科学则是另外一个问题。比如，三大机构曾经给发达国家在评级中加分，这一举措本身也有一定道理，因为高收入国家的偿债能力一般大于低收入国家。

既然存在评级争议，那么在评级和被评级二者之间，最好有一个相对客观的标准，即主权信用评级是依据什么样的指标和模型做出的？如果一旦这个模型被客观地揭示出来，那么主权信用评级的公正性问题也就相对得到解决。哪些国家被高估，哪些被低估，很容易就被算出来。

有关 S&P 和 Moody's 是否存在低估我国主权信用评级的现象，存在一些不同观点。杨胜刚和成程（2011）以 1986—2009 年 120 个国家的经济数据为研究对象，发现 2003 年以后我国的主权信用拟合评级与实际评级已经基本持平。杨育婷等（2014）以 1996—2011 年间 45 个国家的宏观经济数据和 Fitch 的主权信用评级数据为样本，研究发现国际评级机构并没有刻意低估我国的主权信用评级。苏民（2017）利用 80 个国家的样本数据，对我国的主权信用评级进行了拟合和评估，结果显示我国在 2012—2016 年存在被高估现象。

2.4 主权信用评级对经济及金融的影响

国内外研究主权信用评级对金融市场影响的文献很多，这些研究的角度和方法是多种多样的。从目前来看，主要有两个方面：一是研究主权信用评级对本国经济和金融市场的影响，二是研究评级变动对其他国家的传染和溢出效应。

从逻辑来讲，必须首先对“评级变动”的概念做出鉴定。目前对“评级变动”这一概念和现象的理解越来越丰富化。早期的研究较少涉及评级警告，但后来一些研究发现评级警告对市场具有监管和信息公示等作用，所以扩展了评级变动的内涵和外延。一般而言，评级机构所掌握的手段有两大类：一类是评级的实质性变动，包括降级和升级；另外一类是评级警告，包括展望和评论（Outlook 和 Reviews）。由于展望和评论具有预警性和前瞻性，有些研究甚至认为这些手段对市场的影响要大于评级变动。相反，当实质性降级来临时，对市场的影响却在减弱（范彦君，董裕平，2012）。而有些研究认为评级警告对市场的影响不显著（Drago 和 Gallo，2016；刁莉和朱琦，2017）。主权信用评级对经济和金融市场影响的研究越来越深入。金融市场是一个多方面和多层次的市场，主权信用评级可能会对金融市场的不同方面和层次都带来影响，并且对每种市场的影响机制和作用程度都不相同。目前为止，学者们研究最多的是股市，其次是债市，也有学者研究了汇市和信贷市场。但最近几年，较多的研究转向了对主权 CDS 的研究。这可能是因为主权 CDS 是一国对应国债的金融衍生品，对主权信用评级更为敏感和反应快速。

2.4.1 对经济增长的影响

主权信用评级与宏观经济的关系，至少可以从两个维度或框架来进行分析：第一维度是从经济增长或发展的中长期角度（文献较少）。从宏观经济学的角度讲，一国的经济发展主要取决于科技、资本和劳动力等因素，主权信用评级不可能改变潜在 GDP 的增长路径和轨迹。第二维度是从短期波动或经济周期的角度（文献较多）。这类文献认为主权信用评级可以改变经济周期的振幅（波峰和波谷），当评级机构是顺周期行事的时候，就增加了经济的波动性，使得经济比没有评级行为时更加繁荣或萧条；当评级机构是逆周期行事的时候，就减少了经济的波动性，使得经济更加稳健运行。Almeida 等人（2014）基于微观数据发现，由于主权信用评级是公司评级的上限，主权降级会导致公司评级下降、资本成本上升，迫使公司减少投资水平，这会对实体经济产生负面影响。Schumacher（2012）对欧盟国家 1986—2010 年数据使用 Panel VAR，实证研究了主权信用评级与宏观经济之间的动态相互作用，发现宏观经济与主权信用评级变化之间存在较大的双向互动关系，即彼此相互影响。因此，评级变化可以改变一个国家的繁荣与萧条周期的长短。Gibson 等（2017）使用 GMM 估计和时变参数估计方法，研究了在欧债危机期间主权利差、主权信用评级和银行信贷评级之间的关系，发现主权信用评级，主权利差和银行评级在欧元危机期间相互影响很大，证实了存在严重的恶化循环效应（Srong Doom-loop Effects）。Jaramillo 和 Tejada（2011）使用 1997—2008 年间 35 个新兴市场国家的面板数据，发现投资等级状况将利差降低了 36%，超过了宏观经济基本面所暗示的水平。相比之下，投资级别资产类别升级后差价减少 5% ~10%，对投机级资产类别中的变动影响不大。但是 Mora（2006）发现评级是黏性的，而不是过度顺周期的。另外，他也发现评级对非宏观经济因素作出反应，如滞后利差和一个国家的违约历史。因此，如果评级只是对消息做出反应，无论是宏观经济还是金融市场，评级都会加剧繁荣萧条周期的结论是值得怀疑的。

从资本流动渠道来看，一国资本流动水平受到该国主权信用风险的影响，风险厌恶的投资者倾向于将资金从风险较高的地区转移到风险较低的地区（Longstaff et al.，2011）。一国主权信用评级水平下降向市场传递出该国主权信用风险上升的信号。在此情景下，投资者为了规避风险会重新调整其资产组合，将资金转移出该国，造成该国资本流出增加（Gande&Parsley，2014）。同时，在一个国家遭遇主权降级的情况下，外国流入到该国的资本量也会大幅度减少（Reisen&Von Maltzan，1998）。而一国资本净流入的减少会导致该国经济增长率降低（Gheeraert&Mansour，2005）。Parsley（2016）采用 1982—2012 年 S&P 对于 103 个国家的主权信用评级改变数据，从实证上直接检验了主权信用评级对经济增长的影响，发现主权信用评级会通过融资成本和资本流动渠道影响一国经济增长率，升级导致经济增长率上升，降级带来经济增长率的下降。

2.4.2 对金融市场的影响

国内外研究主权信用评级对金融市场影响的文献很多，从目前来看，主要有两个方面：一是研究了主权信用评级对本国金融市场的影响，二是评级对其他国家的传染效应。

（1）主权信用评级对本国金融市场影响的研究

金融市场是一个多方面和多层次的市场，主权信用评级可能会对金融市场的不同方面和层次都带来影响，并且对每种市场的影响机制和作用程度都不相同。到目前为止，学者们研究最多的是股市，其次是债市，也有学者研究了汇市和信贷市场。但最近几年，较多的研究转向了对主权 CDS。这可能是因为主权 CDS 是一国对应国债的金融衍生品，对主权信用评级更为敏感和反应快速。

根据 Kiff 等人（2012）的研究，CRAs 通常是以三种方式来影响金融市场:（1）信息发现效应（Information Discovery Effect）;（2）监控效应（Monitoring Effect），（3）认证许可效应（Certification Effect）。但在具体的市场影响和作用机制方面是复杂的，会因评级环境、评级主体和客体的不同而变。

关于股市，Holthausen 和 Leftwich（1986）、Pinches 和 Singleton（1978）的研究显示，市场能够预测评级变动。与此相反，Brooks 等人（2004）、Hand 等人（1992）、Imbierowicz 和 Wahrenburg（2009）认为只有降级才会影响股市。Hooper 等人（2008）的研究表明，当评级出现变化，尤其是发生降级时候，对股票收益和波动性都会产生显著影响，相同的结果也被 Kräussl（2005）所证明。

关于债券市场，Katz（1974）指出债券市场不能预测评级变化，而 Weinstein（1977）却发现债券市场能够预测将来几个月的评级变动。Wansley 等人（1992）的研究显示只有降级才对市场有重大影响，而 Steiner 和 Heinke（2001）也在负面评论公告后观察到债市的显著反应。

关于对汇率的影响，Karpava（2012）通过检查三家信用评级机构对欧元 / 美元的有条件收益率和波动率的影响，认为 S&P 的降级公告以及 Fitch 对展望的修订都对欧元价值产生了不利影响。刁莉和朱琦（2017）运用 EGARCH 模型分析了主权信用评级对 10 个亚洲新兴市场国家外汇市场产生的影响，发现主权信用评级的上调或下调对国家汇率市场存在一定的影响。

关于对信贷市场的影响，田益祥和陆留存（2013）运用 PVAR 模型，研究了主权信用评级对信贷市场的冲击效应，发现主权信用评级对银行信贷有正向影响。

关于 CDS 市场，目前研究较多的是与公司债 CDS 市场有关。Daniels

和 Jensen（2005）、Galil 和 Soffer（2011）、Hull 等人（2004）、Imbierowicz 和 Wahrenburg（2009）以及 Norden 和 Weber（2004）表明，负面评级事件影响 CDS 市场，而正面事件似乎没有显著影响。但相反，Finnerty 等人（2013）和 Micu 等人（2006）观察到所有评级类型对 CDS 市场都有显著影响。

（2）主权信用评级的溢出和金融传染效应

主权信用评级不仅对当事国的金融和经济有影响，也会波及非事件国的金融和经济。Afonso 等人（2012）采用事件研究法考察主权信用评级改变后债券和 CDS 收益率差价的变化，发现存在从低评级国家向高评级国家的溢出效应。

Christopher 和 Kim（2012）通过对 19 个国家样本的相关性分析，发现同一区域内的股市和债市对主权信用评级的反应不一致，主权信用评级与区域股市交投呈正相关，与区域债券市场交投呈负相关，表明负面评级存在溢出效应。Huang 等人（2014）发现，一国主权降级会使得相同区域邻国的 CDS 价差增大，并且主权降级的传染效应比升级更大。

Drago 和 Gallo（2016）认为主权信用评级对欧元区溢出效应的大小受到事件国的经济和金融条件影响，这些条件会放大或缩小相关效应。Afonso 等人（2012）观察到主权信用评级公告只对欧洲债券市场存在溢出效应，而欧洲 CDS 市场似乎反应不力。Alsakka（2013）认为在危机期间评级对市场的溢出效应比平时更大。Arezki 等（2011）和 Santis（2012）通过时间序列分析，估计了主权信用评级变化对主权 CDS 市场的结构影响。Ferreira 和 Gama（2007）研究了主权信用评级公告对股市的相关溢出效应，发现只有降级会产生溢出效应，如果公告是对新兴国家则会更强。

李明明和秦凤鸣（2016）采用 19 个欧元区国家 1995—2014 年的面板数据考察主权信用评级的传染性，结果发现一国的主权降级会传染到欧元区其他国家，而升级没有传染效应。冯乾（2016）比较了主权信用评级所产生的三种金融传染渠道，发现了溢出效应和季风效应是评级传染的主要渠道，而净传染效应不显著。

上述文献为本章开展研究奠定了良好基础，近些年，随着金融一体化的加速，主权信用评级的金融传染效应也越来越受学者们的关注。

2.4.3 对市场波动率的影响

关于信用评级公告对主权收益率和 CDS 利差以及债券和股票市场波动的影响。在现有文献中，一些研究者分析了信用评级公告的影响。Kräussl（2005）使用 S&P 和 Moody's 长期外币债务在 1997—2000 年的主权信用评级数据，发现主权信用评级的变化和信贷前景对新兴市场的贷款规模和波动都有相关的影响，特别是当发生下调和负面展望的情形时候。同样，对于新兴市场，Reisen 和 Maltzan（1999）发现一个国家被主权降级会显著影响该国政府债券收益率利差（Bond Yield Spread）。这类研究的一个普遍结论是认为只有负面的信用评级公告才会对收益率和 CDS 利差产生显著影响（Reisen 和 Maltzan，1999；Norden 和 Weber，2004；Hull 等人，2004；Kräussl，2005）。Micu 等人（2006）对评级公告与企业 CDS 价差之间的关系进行了类似的分析。

总体上，关于评级公告对市场波动性影响的文献相对较少。Heinke（2006）和 Reisen（1998）分别从公司债券和主权债券利差的角度，讨论了评级事件和历史价差波动的相关性。Heinke（2006）报告说，对于来自国际发行人的德国欧元债券，信用评级倾向于根据各自的债券价差波动性对各债券的风险进行排序。而且，市场间波动率的传播会随着评级的下降而显着增加。Reisen 和 Maltzan（1998）将主权债券收益率利差的历史波动率计算为 30 天的平均值。他们报告说，当评级事件发生时，债券收益差价和实际股票收益波动水平的显著变化，随着评级下调（升级）而波动性增加（下降）。

关于主权信用评级对股票市场波动的影响。Hooper 等人（2008）使用了从 1995—2003 年间的 42 个国家的数据，发现了升级（降级）会降低（增加）波动性，但这两者程度不同。Ferreira 和 Gama（2007）分析了 1989—2003 年期间的 29 个国家的数据，也发现类似的结果。

一些更广泛研究也与评级变动的间接影响相关。Jones 等人（1998）研究了每日国债价格对美国公布的就业和 PPI 数据的反应，发现公告日的波动不会持续，这与立即将信息并入价格相一致（即市场有效）。Christiansen（2007）利用 GARCH 模型报告了美国和整个欧洲债券市场波动溢出的强有力的统计证据，对于 EMU 国家来说，美国的波动溢出效应是相当弱的，而在欧洲波动溢出效应是强的。

Billio 和 Caporin（2010）使用 GARCH 模型来研究亚洲和美国股票市场之间的关系，发现了亚洲和美国股市之间存在均值和方差的溢出效应。Engle 等人（2012）采用一类新的非对称波动乘法误差模型来研究东亚八国在亚洲货币危机期间股市波动的相互关系，发现波动性冲击的动态传播是通过相互依赖的网络发生的，香港作为波动性的净创造者发挥了主要作用。

2.5 公共债务对主权信用评级的影响

公共债务是影响主权信用评级的重要因素。近几年，许多国家的债务率相对于经济增长都存在一种“两相背离”现象。传统债务解决方法中所认为的市场利率和通胀率的影响正在减弱，这可能意味着“金融抑制”这种方法在削减债务方面将难以为继。在当前我国长期经济增长率下降的背景下，政府债务率不断上升的空间已经不多，经济减速对债务率的影响效应正在显现，并可能会进一步扩大。

一个经济体的繁荣并不能仅仅是当年或最近几年以 GDP 为核心一系列经济数字表面的华丽，因为若要如此，是有许多可行的方法来实现这样的目标。其中之一，就是可以大量堆砌债务。债务的持续积累就会形成高杠杆，一个高杠杆（包括私人部门或公共部门）的经济体，虽然表面上呈现出就业上升、投资增加的繁荣局面，但内部却可能处于一种债务难以续接而危机四伏的状态。

次贷危机的发生已有十余年，全球经济初步走出了疲弱的阴影，美国在 2018 年已屡次加息，欧洲和日本也似乎摆脱了长期低增长的阴霾。然而，这种繁荣却只是表面化和初级化的一种繁荣，内含了相当的不稳定性。这其中之一的原因，就是在这十年间各主要经济体的公共债务率远远高于危机前的水平。

当前，全球债务率总体呈现一种上升的趋势，许多国家一再突破债务上限，增加了未来偿债的风险。从横向比较来看，发达国家债务率远远高于新兴市场国家。2017 年，发达经济体的政府债务率平均为 106.3%，新兴市场经济体负债率为 48.4%。从发展趋势来看，美日债务率在继续微幅增加，欧盟的债务总体上在减少，而发展中国家的公共债务率却在不断上涨。

但在一个长期增长率下降的经济体中，这样不仅不减少债务，反而不断提升公共债务率的做法是否适当，却是一个值得研究的问题。一个高企的债务率，无论对公共还是私人部门来说，都潜含了一种在特定条件下演变为金融危机的可能性。高杠杆是一种对利率非常敏感的经济状态，极易因为利率的提升而促成债务危机。

过去的研究虽然也涉及高杠杆引发金融风险的领域，但却低估了经济增长率在影响或确定债务比率过程中的重要作用。进入 21 世纪，有关债务和增长的研究转向了以实证研究为主，大致经历这么几个阶段：（1）简单的描述性统计。Rogoff 和 Reinhart（2010）使用简单的描述性统计，发现如果公共债务占 GDP 比率超过 90%，经济增长将变为负值，这一研究开创了非线性研究的起点。（2）在回归方程中加入二次项。Westphal 和 Rother（2012）通过使用加入二次项方法，对 12 个欧洲国家的面板数据进行了研究，发现当债务率高于 100%时，债务对增长会产生负面影响。同样，Kumar 和 Woo（2010）使用类似的方法，发现公共债务率的转折点为 90%。（3）使用扩展的含有交叉项的线性回归方程。Teles 和 Mussolini（2014）通过使用带有交互项的计量方法，验证了在交互作用下，公共债务率的提高会对经济增长产生负面影响。（4）采用面板阈值回归（PTR）方法。Hansen（1999）提出的 PTR 方法可以用来估计债务率的阈值水平。Cecchetti 等人（2011）通过使用 PTR 方法，发现 18 个 OECD 国家的政府债务率阈值水平为 95%。Caner 等（2010）通过使用 PTR 方法，发现公共债务率门槛为 77%，其中发展中国家的门槛仅为 64%。Baum、Checherita-Westphal 和 Rother（2013）发现公共债务率对经济增长的影响，从短期来看是正面的，而长期则是负面的。（5）采用面板平滑转换回归（PSTR）方法。由 Gonzales，Terasvirta 和 Dijk（2005）提出的 PSTR 方法是一种 PTR 的改进方法，它允许债务系数进行平缓变化，而不是尖锐突变。Chang 和 Chiang（2009）利用 PSTR 方法，研究了 1990—2004 年间 OECD 国家的数据，发现债务率的门槛值为 66.25%。Minea 和 Parent（2012）利用 PSTR 方法，研究了 44 个国家的数据，发现当债务率高于 90%，公共债务会对增长产生负面影响。Cuestas 等（2014）认为高水平的政府债务会对经济增长产生非线性影响，并且只有在达到某个阈值后二者才会变得相关。

关于债务和增长二者的关系，目前更多倾向于认为在短期内二者呈现一种正相关关系，即政府举债会刺激经济增长。但从长期来看，这种关系是不确定的和分歧较多的，一些研究认为存在负相关关系；一些研究认为不存在；也有一些研究认为只有在特定条件下才存在相关性。目前，在各国经济实践中，普遍的做法是在审慎监管前提下，尽可能利用债务扩大化的好处。关于不断高企的债务率，本章认为要辩证地、全面地和历史地看。首先，融资是现代经济社会的重要功能。公共部门作为一种社会主体，在缺乏资金的情况下，也可以利用金融市场，进行有效债务融资。其次，金融市场的发展，又为借贷提供了便利，许多以前没有的融资方式，现在迅速诞生；许多以前封闭的市场，现在也不断开放。这些条件都内在催生了公共债务率的提升。

2.6 文献评述及国际趋势

2.6.1 文献简评

主权信用评级的威慑力、公正性和决定因素等在本质上是紧密相关的问题。首先是因为主权信用评级具有对金融市场的威慑力，才会引发人们对它的重视和对其所做评级是否公正的追究；其次是为了验明其评级的公正性，才引起了人们对主权信用评级决定因素的研究。如果能够较为客观地揭示出影响主权信用评级的因素，就可以减少各方争议、增加评级过程透明度和结果的说服力。本研究将在已有研究的基础上，克服现有评级模型的缺陷，引入较为全面和新颖的指标，以及使用较为科学的计量方法，以更好拟合现有评级和预测未来趋势。

国外关于主权信用评级的研究成果种类丰富且较为深入：（1）种类上已完成对评级概念的界定、评级特点的甄别、分类、案例以及产生的市场效应及应对策略等的广泛探讨。但近几年，国外研究地区多聚焦于欧洲（欧债危机所致）地区，美国鲜见。（2）内容上主要以评级模型的构建和对金融市场的影响为主，但目前对评级影响因素的研究及提炼尚欠深入和创新。（3）方法上主要使用面板数据回归、有序概率回归和事件分析法等，鲜有计量方法上的创新。

国内研究处于起步阶段：对于评级模型的构建和揭示，国内学者已经进行了一定的研究。准确揭示评级模型，有利于维护国家利益，澄清事实真相，抵制刻意歪曲。对于主权信用评级对金融市场的冲击和影响，国内学者已经广泛开展了对“一带一路”国家、信贷和汇市、股市、债市以及 CDS 影响的研究，但这些研究的原创性偏低，尤其是新理论和新方法的使用相对较少。

2.6.2 国际趋势

从国际发展趋势来看，次贷危机和欧债危机后，由于外界的质疑加大和经济环境的要求，主权信用评级正在发生一些变化，国际三大评级机构在努力改进自己的评级方法，并提升了透明度。具体而言，主权信用评级正在朝着三个方向发展：

首先，对传统指标框架体系的创新和发展。对一国主权信用的影响因素是多方面的，既有那些宏观的、基础性的经济指标，比如人均 GDP、通胀率、GDP 增长率、失业率等。同时，也要突出对外债务和政府收支等个别性指标，比如一国的国际收支、外部资产负债表、一般政府数据，尤其是中央政府的对外债务和借款（Central Government Debt 和 Borrowing），这些指标直接测度了主权违约的可能性，对主权信用评级具有更为显著的影响。S&P 公司目前就将 6 个方面、50 个指标作为主权信用评级的影响因素①。

其次，新因素和新指标在评级体系中出现和受到重视。传统指标正在被一些新评级指标所替代和修正，这些新指标具有更为准确和细致的描述功能。比如 CARs（Current Account Receipts）是指国际收支中经常研究的收入，包括一国的出口收入、利息收入等，相比传统评级中使用的出口指标更为准确，也是目前 S&P 公司经常用到的指标；尚未到期的短期外债（Short-term External Debt by Remaining Maturity）指标将短期因素引入到评级过程，这与 Ferri 等人的研究是相符合的，意在指出有些评级的调整可能是突发的；有关中央政府债务方面的新指标包括：长期商业总借款（Gross LT Commercial Borrowing）、商业债务存量（Commercial Debt Stock）、短期债务（ST debt）等，这些指标从不同侧面刻画了与评级有关的中央政府债务状况。

第三，指标比率的构建也更加多元化。早期评级中经常使用的比率指标有出口 /GDP、政府余额 /GDP、外汇储备 /GDP 等，经过发展，现在出现

① S&P 公司网址：https：//www.spratings.com/sri/，具体 6 大类指标如下：1.Economic Data（10 项）：Nominal GDP（bil. LC）、Nominal GDP（bil. US$）、GDP per capita（US$）、Real GDP growth（%）、Real GDP per capita growth（%）、Real investment growth（%）、Investment/GDP（%）、Savings/GDP（%）、Exports/GDP（%）、Unemployment rate（%）；2.Monetary Data（8 项　）：CPI growth（%）、GDP deflator growth（%）、Exchange rate，year-end（LC/$）、Banks' claims on resident non-gov't sector growth、Banks' claims on resident non-gov't sector/GDP、Foreign currency share of claims by banks on residents、Foreign currency share of residents' bank deposits、Real effective exchange rate growth；3.General Government Data（10 项）：GG balance/GDP（%）、Change in GG debt/GDP（%）、Primary GG balance/GDP（%）、GG Revenues/GDP（%）、GG Expenditures/GDP（%）、GG interest expenditure/revenues（%）、Gross GG debt/GDP（%）、Debt/Revenues（%）、Net GG debt/GDP（%）、Liquid assets/GDP；4.Balance-Of-Payments Data（9 项　）：CARs/GDP（%）、Real exports growth（%）、Current account balance/GDP（%）、Current account balance/CARs（%）、Usable reserves/CAPs（months）、Gross ext. fin. needs/（CAR + use. res.）（%）、Net FDI/GDP（%）、Trade balance/GDP、Net portfolio equity inflow/GDP；5.External Balance Sheet（4 项）：Narrow net ext. debt/CARs（%）、Net ext. liabilities/CARs（%）、Short-term external debt by remaining maturity/CARs、Usable reserves（US$ mil.）；6.Central Gov Debt and Borrowing（9 项　）：Gross LT commercial borrowing（US$ bil.）、Commercial debt stock（year end，US$ bil.）、ST debt（US$ bil.）、Bi-/Multilateral debt（% of total）、ST debt（% of total）、FC debt（% of total）、LT fixed-rate debt（% of total）、Roll-over ratio（% of debt）、Roll-over ratio（% of GDP）

了 CARs/GDP、Gross ext. fin. Needs/（CAR+use.res.）、GG Interest Expenditure/Revenues 等新的指标比率，这些指标更加全面和准确反映了评级所涉及的因素。近些年，对短期因素和政府外债比较重视，Erdem 和 Varli（2014）发现外债/出口对评级等级有显著影响，该变量的提高对信用等级的负面影响尤其对新兴市场经济更为严重。

第 3 章　主权信用评级、经济增长与公共债务

一国政府债务的过度增加会导致公共财政的脆弱性，并引发对主权国家偿债能力的担忧。因此，较高的债务水平通常会导致主权信用评级的下降。从图 3.1 可以看出，2021 年发达国家的主权信用评级与其自身的公共债务率呈明显的反向关系，即高债务率与低评级相对应，二者的简单回归系数为 –0.029。

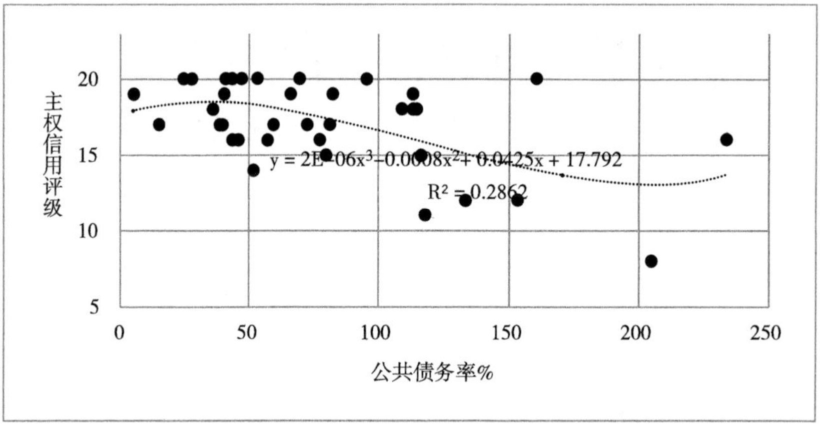

图 3.1　2021 年发达国家公共债务率与主权信用评级关系

资料来源：S&P 评级公司数据库，网址 https：//www.spratings.com/sri/，本文对评级符号进行了 1–23 的线性转换。

本章提出了一个基于内生增长理论框架下的公共债务模型，并采用 80 个国家 2001—2018 年的数据，实证检验了在多因素交互作用下，公共债务率如何作用于生产性政府支出，进而对长期经济增长产生影响。研究发现公共支出对经济增长的影响机理不是一种简单关系，而是一种复杂的、非线性和异质性的交互关系。生产性支出对经济增长的影响不仅受到税负大小的影响，而且也受债务率的影响，这些因素会交叠在一起产生作用。

在面对新冠疫情等不确定性事件冲击时，本章建议政府在充分发挥公共债务积极作用的同时，要严控债务增量和结构，警惕债务上升所引发的财政和金融风险。

3.1 当前全球公共债务的状况

2020 年初新冠疫情的爆发，严重影响了世界各国的经济活动，使得全球经济普遍陷入衰退之中。一季度，美国、中国和欧盟的 GDP 分别同比下降 4.8%、6.8% 和 2.7%，这种全球主要经济体同步大幅缩减（即负增长）在经济史上是非常罕见的。与经济缩减相比，更令人担忧的是失业激增，4 月美国创下大萧条以来的单月新低，飙升至 14.7%，这直接关乎民生和社会稳定。为了应对危机，各国实施了空前宽松的政策。美联储推出了无限量 QE 政策，欧洲和日本央行积极跟进，一起将全球宽松货币推升至新高。同时，各国政府也大规模举债以应对疫情，截至 2022 年 4 月，美国政府举债规模已突破 30 万亿美元。如果考虑到疫情尚未结束，各国政府还会进一步采取刺激措施，那么最终形成的财政赤字率和债务水平还远不止此。

目前导致全球债务居高不下的原因，既有历史因素，也有现实因素。2008 年各国政府为了应对次贷危机而大规模举债，是造成目前债务率较高的历史原因，而全球疫情冲击和经济增长乏力是造成这种情况的现实原因。从最近几年的情况来看，公共债务率虽然上升趋缓，但却并未止步。据国际金融协会（IIF）测算，2019 年全球债务占 GDP 之比历史性地超过 322%，其中发达国家的公共债务率为 103.1%，新兴市场和发展中国家为 53.3%，发达经济体几乎是新兴的 2 倍（见图 3.2）。美国政府债务率上升至新高 108%，而中国的政府债务率也以近 10 年来的最快速度增长。这些迹象都表明，全球债务问题形势严峻，是困扰国际金融安全，影响宏观经济运行的不确定因素。

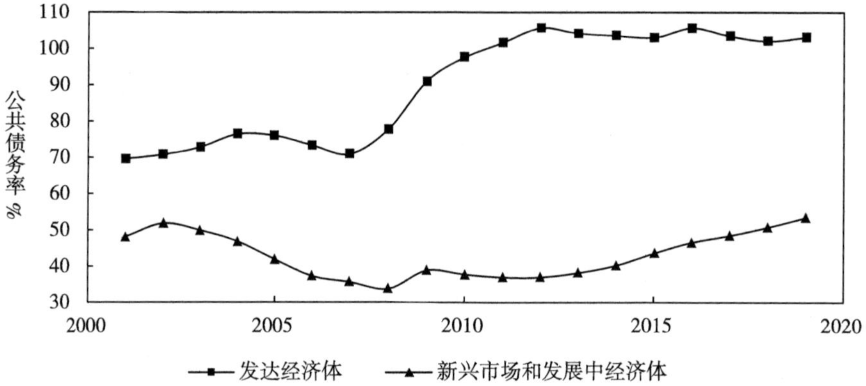

图 3.2　2001—2019 发达国家和新兴市场公共债务率走势图

数据来源：IMF 的 General Government Debt 数据库（2019.12）

有关举债的孰是孰非，一直以来都是经济学界争议不断的问题，甚至因此而形成分歧较大的学派。一些学派认为举债是解决经济问题的良方，另外一些学派则反对这种观点。但不管怎么样，2020 年全球公共债务率创新高是一个关乎经济发展和社会稳定的重要问题。如何发挥好债务对经济的积极作用以及把握好举债的尺度，是目前急需研究的问题。从已有研究来看，公共债务与经济增长不是一种简单的关系，越来越表现为一种错综复杂的关系，它不仅受各国制度、体制和市场环境等国情的影响（异质性），也受国际政治、经济和金融形势的影响（时变性），更多的研究表明它受债务率本身水平的影响（非线性）。

所以，在后疫情时代，当我们面临复杂的国际经济和政治形势时，更应重视和警惕公共债务上升所引发的财政和金融风险。

3.2 公共债务的研究脉络及观点概括

有关公共债务和经济增长之间的关系，学术界已有广泛关注和深入讨论，但却鲜有一致观点。从时间脉络来看，这种分歧自经济学诞生以来就有，先后经历了从反对到赞成，到再反对的过程。为了厘清这种脉络关系，本章把学术界争议的焦点归为三类：

（1）负相关

反对和否定公共债务的观点，由来已久。从大卫·休谟（1750）到古典经济学的创立者亚当·斯密（1776），到现代经济学家克鲁格曼（1988）和巴罗（1989），他们基本都反对政府借债。古典经济学家不主张政府借债的观点同他们对自由市场的信仰是一致的，主张一切资源依赖市场调配和认为政府应该是“无为”和“廉价”政府。亚当·斯密认为“政府借债是因为当权者奢侈而不知节俭，国债是非生产性的，会减少社会生产资本”。这种观点成为了自由资本主义时期占主流的政府债务管理思想，并付诸实践。

20 世纪 90 年代学术界出现了一系列有关公共债务的文献。这些研究主要集中在债务问题较为严重的拉美国家，通过研究公共债务与经济增长的关系，发现二者呈现反向关系（Sachs，1985；Hojman，1986；Foxley，1987；Pastor，1989 和 Geiger，1990）。此后，Amoako-Adu（1996）、Fosu（1999）、Iyoha（1999）、Pattillo 等人（2002）和 Hussain 等人（2015）以及 Akinkunmi（2017）的研究进一步支持非洲国家也有类似现象，同样揭示了显著的负向债务与增长关系。Afonso 和 Alves（2015）使用由 14 个欧洲国家组成的样本，来评估增长、生产力和政府债务之间的联系，发现债务率对经济增长的负面影响为 -0.04。

关于产生这种负相关的原因，一些文献进行了探索：①公共债务可以挤出私人投资，并通过产生更高的长期利率来阻止经济增长（Gale & Orszag，2003；Kumar & Baldacci，2010）；②产生更高的通货膨胀率（Barro，1995；Cochrane，2011），这对低收入国家和法治不健全国家更甚；③导致未来更高的扭曲性税收（Barro，1979；Dotsey，1994），高债务导致投资者对未来高扭曲税收的预期，阻碍了新的投资，这反过来又减缓了资本积累，影响增长（Krugman，1988；Sachs，1989）；④由于在高公共债务的情况下，政府实施反周期财政政策的能力降低，这可能导致经济出现更高的波动性和更低的增长（Aghion & Kharroubi，2007；Woo，2009）；⑤高债务水平也可以通过降低全要素生产率来减少经济增长，Pattillo、Poirson 和 Ricci（2002），Schlarek（2004）和 Checherita-Westphal 和 Rother（2012）等人通过实证分析债务对全要素生产率的影响，发现高债务率会降低全要素生产率，进而影响经济增长。

（2）不相关

一些研究认为公共债务和经济增长之间不存在相关性。这一主张与著名的“李嘉图等价定理”有关。1817 年李嘉图提出在某些条件下，政府不论是采取举债还是征税手段，其最终所致结果是一致的。这一假说引起了学者们的广泛兴趣。Barro（1974）是坚定的“李嘉图等价定理”支持者，他在一个跨期新古典增长模型中，进一步论证这一假说的合理性，认为如果公众是理性预期的，那么政府不论是采用征税还是借债，并不会影响经济中的实际产出、消费、投资和利率水平，也即构成二者的等价性。那些对“李嘉图等价定理”的反对者认为在更多情形下，这种假说只是一种理论抽象，实际中的许多因素会使它失效，税收和政府债务会对消费、投资等产生实质性影响，进而影响经济增长。

在近几年，Ogunmuyiwa（2011）评估了债务对尼日利亚在 1970—2007 年经济增长的影响，结果显示债务与增长之间不存在显著的影响关系。

Shah（2012）调查了1980—2012年间孟加拉国公共债务对经济增长的影响，发现债务对增长没有影响。Tchereni 等（2013）分析了 1975—2003 年间债务对马拉维经济增长的影响，发现二者不存在统计上的显著关系。

（3）正相关

许多研究认为公共债务在短期内可以促进经济增长，支持通过政府举债来刺激经济。这些主张与 30 年代“经济大萧条”的出现和凯恩斯主义崛起有关，标志着近现代经济理论和实践的重大转折和理论创新。人们开始摒弃古典经济学有关债务无用论的观点，重新思考公共债务的功能和定位。凯恩斯主义扩大总需求政策的核心是在经济萧条时期，利用扩张性财政支出来刺激总需求，进而促进实际产出和就业增加，来度过经济危机。这种政策基本上是一种“赤字财政”政策，因为在萧条期的政府收入必定会减少，而支出又扩大了，最终只能导致债务率的上升。在凯恩斯之后，诸多经济学家进一步扩展和完善了这一思想，阿尔文·汉森创立了“政府债务新理论”；劳伦斯、克莱因指出政府债务资金并不是非生产性的，财政政策应从整个经济体系的利益出发来权衡得失，而不必局限于预算平衡；萨缪尔森支持运用减税来刺激经济；布坎南认为政府部门在举债方面存在类似于私人部门的功能。

在经济实践中，由于凯恩斯主义在拯救经济衰退和萧条中的效果和作用，自其诞生以来都凸显其作用，在历次经济金融危机中，包括 30 年代的大萧条、亚洲金融危机、美国 911 危机、次贷危机和欧债危机，以及当下的新冠疫情危机，普遍受到各国政府的偏好和采用。从实际效果来看，其对经济的快速恢复和拉升作用非常明显，能够缓减失业、投资和消费的下降，提振市场信心，保持经济和社会稳定。

综上所述，经济学家们在经过多年的理论探索和实证研究后，较为一致的共识是二者在短期内呈现一种正相关关系，即政府举债会刺激经济增长，促进就业。但从长期来看，这种关系是不确定的和分歧较多的，一些研究认为存在负相关关系；一些研究认为不存在任何关系；也有一些研究认为只有在特定条件下才存在相关性。

为了进一步探索公共债务对经济增长的影响途径，弥补已有研究的不足，本章在借鉴 Barro（1990）和 Saint-Paul（1992）模型的基础上，提出一个具有代际交叠效应的内生增长模型，探讨在多因素交互作用下，政府举债如何影响经济增长。之后，使用一组面板数据来对理论模型进行实证检验，所用方法控制了时间的不变性和国家异质性，另外，也解决了内生性问题。

3.3 公共债务与主权信用评级的非线性关系

在这一部分中，以 1998—2019 年间 122 个发达国家、新兴市场经济体为样本，研究了公共债务与主权信用评级之间的关系，发现较高的公共债务率通常会降低主权信用级别，但在相同债务率下，发达国家会得到比新兴市场较高的评级；一国的公共债务率与评级之间的关系是非线性的，这种关系具体由评级所处的状态决定，大致呈现出“U”形状态，即处于中间级别的国家最为敏感，而两端的反应则较小；非线性关系的发现进一步解释了发达经济体与新兴经济体债务对评级的不同影响。这些结果适用于总债务、净债务，及置换为其他因变量、分析技术和经验关系式，结论都是稳健和可靠的。

3.3.1 经济现实与研究意义

一个主权国家较高的债务率通常会增加该国经济的脆弱性，并引发对该国偿债能力的担忧。因此，在国际金融市场，较高的债务率通常会带来较低的主权信用评价，这种低评价一则是市场对偿债能力的担忧，另一则是可能会扭曲偿债意愿，最终导致信用评级下降。本节利用 2019 年 S&P 评级数据，发现债务占 GDP 比率较高的国家，主权信用评级也往往较低，这个现象从图 3.3 的总债务、净债务的趋势线可以明显看出向右倾斜向下，印证了推断。

在进行发达国家与新兴市场的样本分类后，从图 3.3 可以进一步发现，在同一债务率水平下，新兴和发展中经济体（EMDEs）的主权信用评级通常也低于发达经济体（AEs）的评级，直观表现为虚线（圆点）低于实线（三角形）。在债务率相同时，AEs 的主权信用评级明显高于 EMDEs 国家，从 2019 年数据，可以看出在公共债务率为 50% 时，AEs 比 EMDEs 高出 8~9 个级别。这种状态在少数 AEs 国家中非常典型，比如日本（234%，A+）、新加坡（160%，AAA），尽管有很高的债务水平，但却享有非常高的信用评级。这种不对等关系也是国际舆论对评级不公平指责的一个原因。

本节聚焦于公共债务与主权信用评级之间的实证关系。在进行主权信用评估时，关注公共债务主要有三个原因。首先，债务率通常被认为是主权信用评级最重要的解释变量之一（参见 Afonso、Gomes&Rother，2011；Bruha 等，2017）。在已有研究中，虽然 Cantor 和 Packer（1996）开创性地研究了主权信用评级的决定因素，发现了人均收入、GDP 增长率、通货膨胀、外债、经济发展水平和违约历史共六个因素在决定评级方面起着作用，而 Afonso 更是比较了这些因素中，哪些因素更为重要。通过对评级量表进行线性、逻辑和指数变换，Afonso、Gomes 和 Rother（2011）发现了这六个变量对信用评级重要性的一些差异性影响，人均 GDP、GDP 增长、政府债务和财政平衡的变化具有短期影响，而政府效力、外债、外汇储备水平和违约历史是信用评级的长期决定因素。Bissoondoyal Bheenick

（2005）指出，经济变量的相关性在不同的评级类别和国家组之间并不一致，因为信用评级机构对不同经济变量的重视程度取决于经济发展水平。在这种情况下，许多研究把主权信用评级作为广泛的经济因素的函数（见 Bissondoyal Bheenick，2005；Mora，2006；Afonso、Gomes&Rother，2011；Gaillard，2014）。其次，对众多解释变量进行分析表明，公共债务可能比其他因素在解释主权信用评级时更为重要。第三，公共债务是决策者可以直接操控的因素。

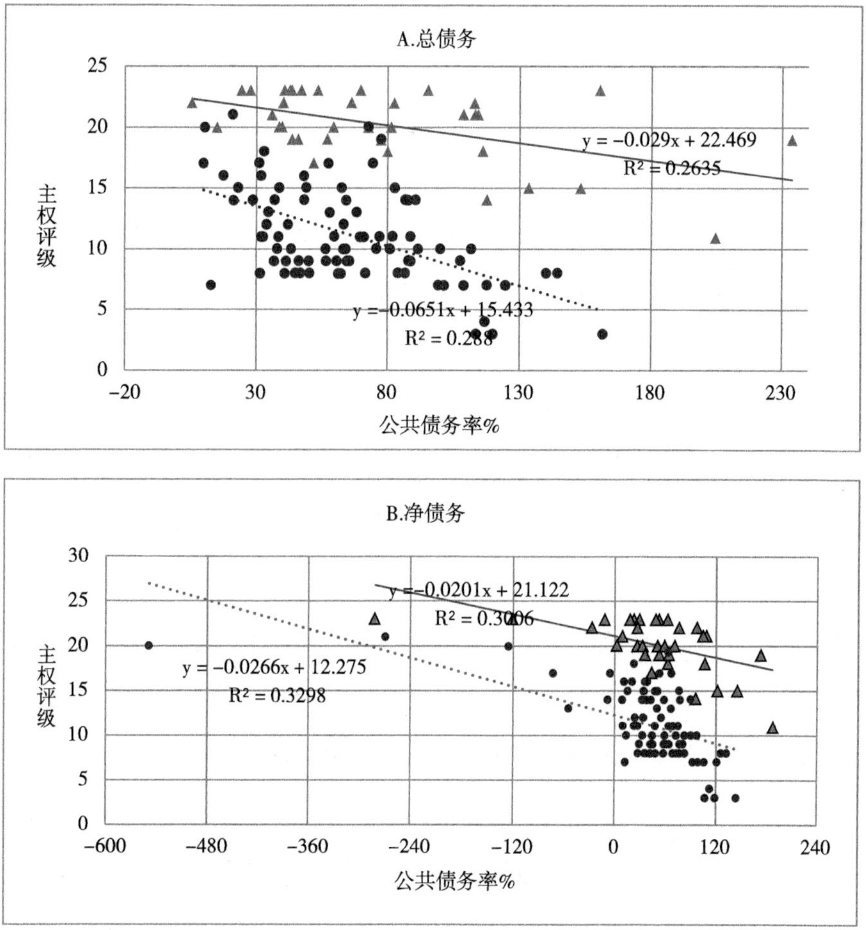

图 3.3　2019 年主权信用评级和公共债务的关系图

来源：S&P 评级和世界银行的 WDI 数据库

本节采用的研究方法既与之前一系列的实证研究相关，但也有别于它们。首先，聚焦于公共债务率对主权信用评级的影响，之后，运用广泛的分析技术、关系式和国家分组进行研究，揭示这种关系的非线性性质，表明即使在控制收入水平的情况下，这种非线性也是导致 AEs 和 EMDCs 之间明显差异的主要原因。

3.3.2 数据与实证方法

1. 数据及变量

本文选择 122 个国家在 1998—2019 年期间的年度数据，该数据涵盖了一些国际通行的主要国家组别划分方法，比如发达经济体和新兴和发展中经济体都包含在各种方程式中。

（1）主要变量：

①政府总债务率、净债务率的数据来自 IMF 的世界经济展望（WEO）数据库。

②主权信用评级数据来自 Fitch 评级。

③机构投资者指数来源于 Institutional Investor 公司，该指数基于全球领先银行、货币管理以及证券公司的高级经济学家和主权风险分析师提供的违约可能性信息。

（2）控制变量：

① GDP 和通货膨胀来自 WEO 数据库。

②人均购买力平价 GDP 来自世界银行的世界发展指标（WDI）。

③ 10 年期美国利率和隐含波动率指数 VIX 则来自彭博社（Bloomberg）。

④主权债券利差系列来自摩根大通的全球新兴市场债券指数（EMBIG）。

⑤出口指标来自世界银行的世界发展指标（WDI）。

2. 主权信用评级和经济发展水平的走势关系

从图 3.4 的观察，特别是在比较 AEs 和 EMDEs 时，会想到一个关键的观察结果：更富裕或更发达的国家也可能有更好的制度和市场环境，所以享有更好的信誉（信用评级）。图 3.4 提供了支持这种推测的直观证据，显示了各国较高的人均 GDP 与其主权信用评级之间的正相关关系。这种关系在各种其他研究中得到了印证（Bissondoyal Bheenick，2005）。当然，在控制了人均 GDP 后，AEs 和 EMDCs 之间的一些差异依然持续存在，这提示我们这种剩余差异与债务和评级之间关系的非线性性质有关，本章后续研究。

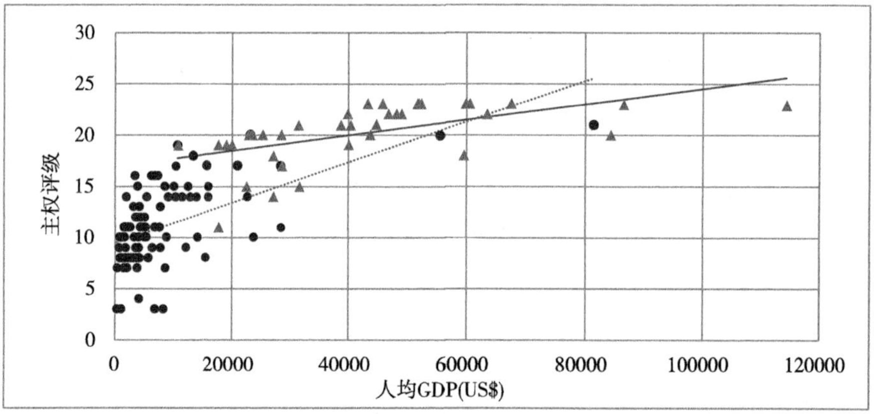

图 3.4　2019 年主权信用评级和人均 GDP（US$）关系图

来源：S&P 评级和世界银行的 WDI 数据库

3. 公共债务在对主权信用评级进行解释中的地位分析

通过优势分析（Dominance Analysis）研究公共债务对评级的重要影响。优势分析结果见表 3.1 和表 3.2，从排名来看，公共债务优于其他解释变量，是主权信用评级的第一位决定因素。

表 3.1　一般优势统计量（General Dominance Statistics）

	优势统计量	标准化后优势统计量	排名
债务率	0.20	0.53	1
GDP 增长率	0.04	0.10	3
通胀率	0.01	0.02	5
VIX 指数	0.00	0.00	6
美元利率	0.03	0.07	4
人均 GDP	0.10	0.27	2

根据这些结果，债务在实证研究中通常比其他相关解释变量，如人均 GDP 水平、GDP 增长率、通货膨胀率、波动率（VIX）、利率，更占主导地位。

表 3.2　完全优势地位分析（Complete Dominance Designations）

	债务率 Inflation VIX	GDP 增长率	通胀率	VIX 指数	美元利率	人均 GDP
债务率	0	1	1	1	1	1
GDP 增长率	–1	0	1	1	0	–1
通胀率	–1	–1	0	1	0	–1
VIX 指数	–1	–1	–1	0	0	–1
美元利率	–1	0	0	0	0	–1
人均 GDP	–1	1	1	1	1	0

注：1. 值 1 表示行变量占优势，–1 表示列变量占优势。
2. 本表基于具有特定国家固定效应的完整样本的面板回归方程的计算。

4. 评级数据分类

本节采用 S&P 的 23 个评级类别，其中 1 代表最低信用评级类别，23 代表最高信用评级类别。为了评估 AEs 和 EMDEs 之间的差异，对样本进行分割，根据惯例和数据可用性将信用评级分为三类，首先将主权信用评级分为投资级和非投资级，然后进一步将投资级划分为高投资和低投资级，这样总计得到三类：高投资等级（HIG）；低投资等级（LIG）；非投资等级（NIG）。

5. 实证方法

①面板有序概率回归

有序概率模型在理论上是比较适合用来作为评级建模的，因为评级结果通常采用一系列离散、有顺序的字母“A、B、C、D”和“+、-”符号的组合来代表，一般有 20 个左右的级别，而且级别之间的距离也不相等，这些特点符合有序概率建模的条件。

$$y_{it}^{*} = \beta D_{it} + \gamma X_{it} + u_i + \epsilon_{it}$$

$$y_i^{*} = \begin{cases} 1, \text{ if } y_i \in DD \\ \quad\cdots \\ 23, \text{ if } y_i \in AAA \end{cases}$$

其中：因变量y_{it}^{*}是国家 i 的信用等级类别，可以取从 1 到 23 的所对应的信用等级；D_{it}代表第 t 年国家 i（总的或净的）债务与 GDP 比率；X_{it}代表 t 年国家 i 的控制变量集；u_i代表特定国家的固定效应。

②面板 OLS 固定效应回归

线性回归模型是比较传统的一类模型，也是目前许多文献用来进行主权信用评级的常用方法，考虑到特定国家的固定效应，由面板 OLS 估计值补充有序概率回归的结果，与有序问题中使用的关系式相似：

$$y_{it}^{*} = \beta D_{it} + \gamma X_{it} + u_i + \epsilon_{it}$$

其中，变量的含义与上式一样。

3.3.3 实证结果

（1）检验公共债务与主权信用评级的负相关关系

表 3.3 中的结果证实了较高的公共债务会导致较低的主权信用评级。

在（1）中，将所有 23 个评级等级视为因变量类别的有序概率（即每个信用评级等级对应一个有序概率类别），结果表明债务率的增加会降低被置于更好评级类别的概率。这些结果在数量上也与固定效应面板回归方法（2）报告的结果完全一致。从系数看，债务率每增加 10% 会导致大概半个级别的主权信用评级下降。

表 3.3　回归结果（全样本，总债务）

	（1）	（2）
	有序概率回归	固定效应面板回归
Gross debt	−0.0362*** （0.00001）	−0.0393*** （0.00003）
GDP growth	0.0391*** （0.00214）	0.0498*** （0.00399）
Inflation	−0.0328*** （0.000298）	−0.0339*** （0.00646）
VIX	0.00633 （0.389）	0.00543 （0.584）
US interest rate	0.271*** （8.05e−07）	0.344*** （3.00e−05）
GDP per capita	3.245*** （0）	4.230*** （0）
Observations	716	716
Countries	106	106
R−squared		0.373

p−val in parentheses

*** p<0.01, ** p<0.05, * p<0.1

注：因变量代表评级类别，其中 23 个值对应 23 个信用等级。人均 GDP 按购买力平价调整。

从表 3.3 的其他（控制）变量看，都具有预期效果。较高的人均 GDP 和实际 GDP 增长率与较高的主权信用评级相关，而更高的通胀率则会产生相反的结果。此外，VIX 和美国利率也包括在内，以控制全球因素。值得注意的是，人均 GDP 所代表的发展水平所取得结果非常显著，这证实了前边图 3.4 的走势。这一点非常重要，因为在控制人均 GDP 之后，AEs 和 EMDEs 之间的残差实际上是很明显的，这主要与非线性关系有关。在表 3.3 中给出了一般债务与评级关系的检验结果后，分析现在转向这种关系的更为细致之处：公共债务对主权信用评级的负面影响是否在评级级别和国家组之间一致？

（2）检验信用评级等级之间的非线性关系

本节将分析债务率与评级之间的非线性关系，从而在整个信用评级范围内考察债务率与评级之间的关系，旨在解释公共债务率的增加所导致的更差评级“惩罚”是否在不同国家之间会产生一致性影响（即异质性是否存在的问题）。

①面板有序概率回归

图 3.5 显示了滚动有序概率回归的系数估计值（基于 5 级窗口）。从整个图形来看，回归系数呈现出“非对称 U 形”意味着公共债务对信用评级的负面影响是高度非线性的。非常低等级的负面影响最弱，非常好的等级则稍高一点，而“中等”级别的负面影响最大。例如，左边的第一个观察值描述了从有序概率回归中得到的系数估计值，它只包括与评级等级 4 到 8（即 CC 到 B–）相对应的观测值，依此类推。

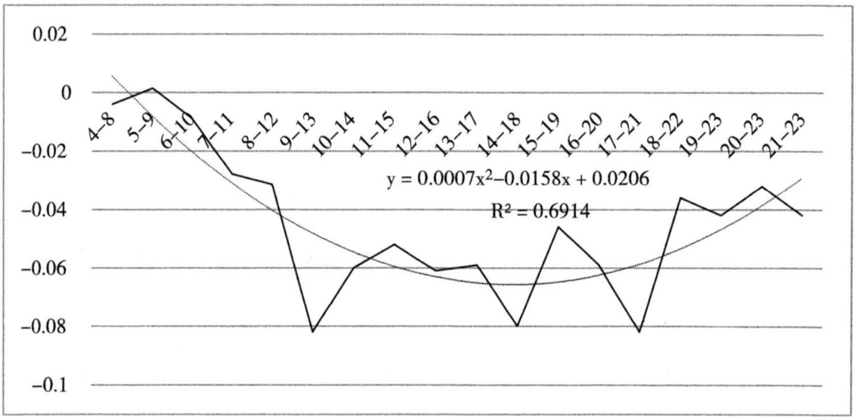

图 3.5　有序 Probit 滚动回归结果（5 级窗口）

注：该图表显示了有序概率滚动回归的系数估计值。横轴表示 5 个信用评级等级的滚动窗口。

这个发现背后的可能解释是：对于风险已经非常高、信用评级最差的国家来说，由于债务增加而进一步下调评级的空间是有限的，即坏到不能再坏了。此外，这些国家可能会受到其他因素的影响（如法律制度的不完善、政策可信度低、市场不成熟）。那些处于信用评级最高的国家同样会受到债务增加的负面影响，因为这些国家的高排名需要良好的财政情况。然而，与最差国家相比，这些国家可能受益于良好的制度和信誉，会削弱债务增加对评级中的抑制作用。而处于“中间评级”是由一些最好的 EMDEs 和一些低风险的 AEs 组成，被发现对债务的增加最为敏感，这类经济体通常是接近投机级别和较低投资级别的群体，包括全部 LIG。

②面板固定效应回归（OLS–FE）

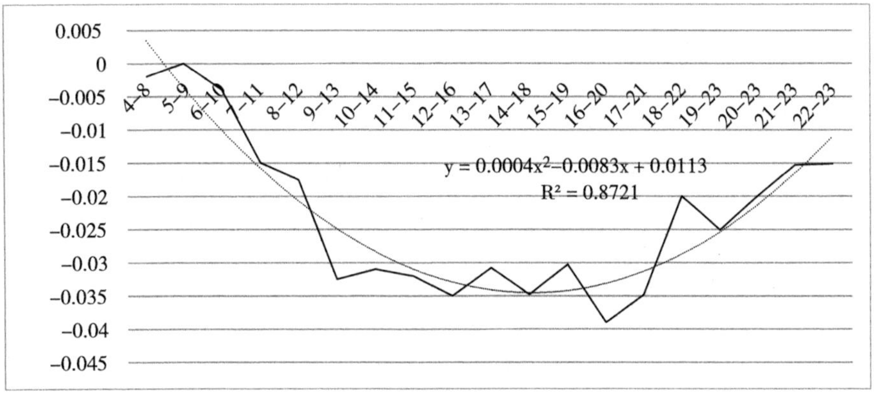

图 3.6　滚动面板回归结果（5 级窗口）

图 3.6 给出了滚动面板 OLS 回归的系数估计值，该回归具有 5 级滚动窗口，考虑到特定国家的固定效应，与有序概率回归的情况类似，非线性和不对称 U 形现象在图 3.6 中也很明显。债务增加对处于中等评级国家（主要是 LIG 类别）的信用评级影响大于处于极端值（最好和最差）国家。而在极端情况下，对信用评级较差经济体的影响要弱于对评级好经济体的

影响。

就量化关系而言，在评级的中间区间（LIG 组），债务率增加 10% 与评级下降 0.5 个级别相关；对于较低的评级（NIG 组），这种影响会下降，而对于最低评级，最终会接近于零；而对于更高评级（HIG 组），影响约为 0.25 个级别。

3.4 公共债务对经济增长的影响机理

在这一部分中，本章构建一个基于内生经济增长理论的代际交叠模型（Overlapping Generations Model），并对不同财政政策下实现的经济均衡，分别进行研究。

3.4.1 一般竞争性均衡

1. 个人

考虑一个代际交叠模型，其中每一代人都生活在两个时期，并由在区间（0，1）内连续存在的相同个体组成。一个出生于 t = 0，1 期间的个人的效用函数被定义如下：

$$U = \ln c_t^t + \beta \ln c_{t+1}^t \tag{1}$$

其中：c_i^t是出生于 t 的个体在时期 i 的消费量；β代表个体对两期的偏好度，0< β <1。

假设最初一代的老年人被赋予了k_0单位的资本，其后的几代人都被赋予了 1 单位的劳动力，则第 t 代年轻人有以下限制：

$$c_t^t + s_t^t \leqslant (1-\tau) w_t \tag{2}$$

$$c_{t+1}^t \leqslant (1+r_{t+1}) s_t^t \tag{3}$$

$$(c_t^t, c_{t+1}^t) \geqslant 0 \tag{4}$$

其中：$s_t^t = k_{t+1} + d_{t+1}$是储蓄，而$d_t$是私人部门所拥有的政府债券。每个人都将工资$w_t$、实际利率$r_{t+1}$和税率$\tau$视为给定的。显然，每个年轻人都会（无弹性地）供给一个单位的劳动力，而没有老年人愿意去储蓄。

2. 企业

假设有一家代表性企业，处于完全竞争市场中，生产目的是实现利润最大化，并具有以下生产函数：

$$y_t = Az_t^{1-\alpha} k_t^{\alpha} l_t^{1-\alpha} \tag{5}$$

其中：y_t是产出；z_t是生产性政府支出，它会影响资本的边际产出；l_t是劳动力；k_t是资本存量，由下式决定：

$$k_t = \left(1 - \delta\right) k_{t-1} + i_{t-1}$$

其中：δ是折旧率；i_t是投资水平。

为简单起见，本章假设$\delta = 1$；假设劳动力供应与年轻一代的人口规模相同，即$l_t = 1$；假设政府将生产性支出的数量限制为总产出的一部分：

$$z_t = xy_t \tag{6}$$

其中，x是 GDP 用于生产性支出的部分。把（6）代入（5）中，如下：

$$y_t = A^{\frac{1}{\alpha}} x^{\frac{1-\alpha}{\alpha}} k_t \tag{7}$$

因此，尽管随着资本投入的不断增加，企业的资本边际产出通常表现为下降的趋势，但由于政府生产性支出所产生的外部性，生产函数最终会表现出固定的资本边际收益。

3. 政府

政府花费产出的固定比例g在消费上，且$0 < g < 1$；政府还在生产性支出上花费一部分x，并对私人部门收入征收税率τ。此外，它还通过发行债

券d_t从私人部门融资，并支付无风险利率$(1+r_{t+1})$，其中$d_0=0$。政府债务的变化表示为基本赤字$(g+x)d_t-\tau w_t$，加上债务利息$r_t d_t$。因此，下面的等式代表了跨时期的政府预算约束：

$$d_{t+1}-d_t=r_t d_t+(g+x)y_t-\tau w_t \tag{8}$$

4. 竞争均衡

在给定k_0后，这个经济体的竞争均衡就涉及一系列的资源分配问题$\{k_{t+1},d_{t+1},y_t,c_t^t,c_{t+1}^t,s_t^t\}_{t=0}^{\infty}$及价格确定$\{w_t,r_t\}_{t=0}^{\infty}$。

对年轻一代在期间 t 的最优化问题的求解，可以得到以下结果：

$$s_t^t=\frac{\beta(1-\tau)w_t}{1+\beta} \tag{9}$$

企业的利润最大化导致了：

$$\frac{\partial y_t}{\partial k_t}=\alpha A z_t^{1-\alpha}k_t^{\alpha-1}=r_t$$

我们发现，将式（6）和（7）代入上式，得到：

$$r_t=\alpha A^{\frac{1}{\alpha}}x^{\frac{1-\alpha}{\alpha}} \tag{10}$$

而且，假定技术在私人部门具有固定的规模收益，且没有经济利润；因此

$$y_t-\frac{\partial y_t}{\partial k_t}k_t=(1-\alpha)Az_t^{1-\alpha}k_t^{\alpha-1}=w_t$$

并且类似地

$$w_t=(1-\alpha)A^{\frac{1}{\alpha}}x^{\frac{1-\alpha}{\alpha}}k_t \tag{11}$$

因此，由于生产性政府支出会影响经济的产出，它们自然也会影响利率和工资。由于目前的经济增长是以 AK 模型的形式表示，所以储蓄会影响长期经济增长。式（9）表明对均衡工资的冲击将导致更大的储蓄，而

式（11）表明对生产性政府支出的冲击会增加工资水平。因此，政府生产性支出的增加将导致永久性的产出冲击和更高的工资。这种变化导致储蓄和投资的增加以及由此引致的经济增长。

然而，重要的是要注意在式（9）中，储蓄负向依赖于τ；随着τ的减少，产出的净所得也会增加。该结果与 Barro（1990）、Glomm 和 Ravikumar（1997）所得的结果一致。

3.4.2 固定财政赤字率政策下的均衡

假设政府通过调整个人所得税率以满足预算约束，在这种情况下，赤字比率是外生的，定义为 $\gamma=\frac{d_{t+1}-d_t}{y_t}$，而税收则是内生的。因此，我们可以把式（8）改写为：

$$ry_t+\tau w_t=\left(g+x\right)y_t+r_t d_t \tag{12}$$

我们可以使用把式（7）和（10）代入式（12）表示税率为：

$$\tau=\frac{\left(g+x-\gamma\right)+\alpha\dfrac{d_t}{k_t}}{1-\alpha} \tag{13}$$

并把式（7）、（11）和（13）代入式（9）表示资本增长率如下：

$$\begin{aligned}\frac{k_{t+1}-k_t}{k_t}=&\frac{\beta}{1+\beta}\left[\left(\gamma-g-x\right)+\left(1-\alpha\right)\right]A^{\frac{1}{\alpha}}x^{\frac{1-\alpha}{\alpha}}-\gamma A^{\frac{1}{\alpha}}x^{\frac{1-\alpha}{\alpha}}\\&-\left(1+\frac{\beta}{1+\beta}\alpha A^{\frac{1}{\alpha}}x^{\frac{1-\alpha}{\alpha}}\right)\frac{d_t}{k_t}-1\end{aligned} \tag{14}$$

式（14）右边的三个组成部分展示了生产性政府支出的增加可能会影响经济增长的三条途径。

等式的第一部分展示了生产性支出对储蓄的影响，从而表明了对经济增长的影响。如前所述，一旦提高劳动力的边际产量，这种影响就会模糊不清，但为了保持赤字率不变，政府必须增加税收。

等式的第二部分表明在赤字率为零时，该部分也将为零。该部分还表明，生产性政府支出的边际效应取决于赤字，这表明当政府增加其生产性支出时，会对经济增长产生负面影响，因为这会直接增加政府债务并减少用于私人投资的储蓄。

等式的第三部分再现了生产性政府支出对负债以及经济增长的间接影响。由于 x 的增加提高了利率，并且由于政府支付公共债务的利率，生产性支出的增加会影响债务的成本，这就间接地提高了政府债务的比率。随着公共债务的增加，生产性支出对经济增长的边际影响反而降低。

为了分析经济中是否存在稳态均衡，必须检验债务的动态过程。使用式（7）和赤字率的定义，可得：

$$\frac{d_{t+1}-d_t}{d_t}=\gamma A^{\frac{1}{\alpha}}x^{\frac{1-\alpha}{\alpha}}\frac{k_t}{d_t} \tag{15}$$

因此，对于k_t和d_t的增长速率恒定或者二者存在平衡，比率$\frac{d_t}{k_t}$需要是常数，比如$\frac{k_{t+1}}{k_t}=\frac{d_{t+1}}{d_t}$。通过让式（14）和式（15）相等，我们得到了均衡债务 / 资本比率的一个二次方程，其解被定义如下：

$$\frac{d}{k}=\frac{WA^{\frac{1}{\alpha}}x^{\frac{1-\alpha}{\alpha}}-1\pm J\sqrt{H}}{2J}$$

上式中的 W、J 和 H 被定义为：

$$W\equiv\frac{\beta}{1+\beta}\left[(\gamma-g-x)+(1-\alpha)\right]-\gamma$$

$$J\equiv 1+\frac{\beta}{1+\beta}\alpha A^{\frac{1}{\alpha}}x^{\frac{1-\alpha}{\alpha}}$$

$$H \equiv \left[\frac{1 - WA^{\frac{1}{\alpha}} x^{\frac{1-\alpha}{\alpha}}}{J} \right]^2 - 4\gamma \frac{A^{\frac{1}{\alpha}} x^{\frac{1-\alpha}{\alpha}}}{J}$$

因此，如果上述方程又至少存在一个正的实根解，则存在稳态的平衡。Brauninger（2005）指出平衡的存在依赖于模型的参数值。

3.4.3 固定税率政策下的经济均衡

假设税率是外生的，那么在这种情况下，如果政府想要增加支出，它必须通过增加赤字来做到这一点。

我们可以使用式（7）~ 式（10）表示资本增长率如下：

$$\frac{k_{t+1} - k_t}{k_t} = \frac{\beta}{1+\beta} \Big[(1-\tau)(1-\alpha) \Big] A^{\frac{1}{\alpha}} x^{\frac{1-\alpha}{\alpha}} - \big[g + x - (1-\alpha)\tau \big] A^{\frac{1}{\alpha}} x^{\frac{1-\alpha}{\alpha}} - \left(1 + \alpha A^{\frac{1}{\alpha}} x^{\frac{1-\alpha}{\alpha}} \right) \frac{d_t}{k_t} - 1 \quad (16)$$

因此，我们得出了一个类似于先前模型的资本增长率的等式，由此也得到一些结论：（1）生产性支出的增加，通过产出和储蓄的途径增加了经济增长。然而，正如 Barro（1990）所言，随着税收负担的增加，这种影响的效应会减小；（2）基本赤字比率通过增加政府债务对增长会产生负面影响；（3）债务水平会减少经济增长，因为利息支出的同比例上升。

把式（7）、式（10）和式（11）代入式（8），再除以d_t，我们得到了债务增长率：

$$\frac{d_{t+1} - d_t}{d_t} = \alpha A^{\frac{1}{\alpha}} x^{\frac{1-\alpha}{\alpha}} + \big[g + x - (1-\alpha)\tau \big] A^{\frac{1}{\alpha}} x^{\frac{1-\alpha}{\alpha}} \frac{k_t}{d_t} \quad (17)$$

像以前一样，通过让式（16）和式（17）相等，我们得到了均衡债务 / 资本比率的二次方程，其解如下：

$$\frac{d}{k}=\frac{W'A^{\frac{1}{\alpha}}x^{\frac{1-\alpha}{\alpha}}-1\pm J'\sqrt{H'}}{2J'}$$

其中，将 W'、J' 和 H' 定义为：

$$W'\equiv\frac{\beta}{1+\beta}(1-\tau)(1-\alpha)-\alpha-\left[(g+x)-(1-\alpha)\tau\right]$$

$$J'\equiv 1+\alpha A^{\frac{1}{\alpha}}x^{\frac{1-\alpha}{\alpha}}$$

$$H'\equiv\left[\frac{1-W'A^{\frac{1}{\alpha}}x^{\frac{1-\alpha}{\alpha}}}{J'}\right]^2-4\left[(g+x)-(1-\alpha)\tau\right]\frac{A^{\frac{1}{\alpha}}x^{\frac{1-\alpha}{\alpha}}}{J'}$$

从上述模型中可以得出一些有意义的结论，将政府生产性支出纳入生产函数意味着公共债务是影响经济增长的一个重要渠道。政府生产性支出（如基础设施、教育和卫生支出）对经济增长的边际影响会受到多种因素制约，其中之一就是债务率。在债务率较高的国家，生产性支出的增加意味着资本边际产出的增加，从而影响利率。Gamber 和 Seliski（2019）发现债务占 GDP 的比率每增加 1 个百分点，债务对利率的平均长期影响在 2 到 3 个基点之间。利率在很大程度上会受到生产性支出的影响，而私人投资又受到利率的影响，所以可能存在“挤出效应”，该效应的大小与债务率成正比。这种影响也可以看作是将资源从年轻人（储蓄者）转移到老一代，这反过来减少了生产性政府支出对增长的贡献。随着债务的增加，利率的挤出效应也会增加。同样，税收负担和财政赤字的规模也会调节生产性支出对经济增长的影响程度。

3.5 公共债务对经济增长影响的实证检验

3.5.1 经济指标和数据选取

本章选取 80 个国家 2001—2018 年的经济数据进行分析，数据来源于 World Bank、IMF 和 IIF 网站。在借鉴已有文献所用变量的基础上，本章选择人均实际 GDP 增长率作为被解释变量，公共债务率、中央政府基本盈余率、公共支出率、个人所得税作为解释变量，以及公共支出率与其他 3 个变量的交互项（见表 3.4），表中括号为影响的预期方向，比如公共支出率对人均 GDP 有正向提升作用，所以括号内的符号为正。

表 3.4　经济指标列表

变量	变量名称	简称	来源
被解释变量	人均实际 GDP 增长率	gr_{it}	WDI 数据库
解释变量	公共债务率（+/–）	d_{it}	IIF 数据库
	公共支出率（+）	x_{it}	WDI 数据库
	中央政府基本盈余率（+）	$surplus_{it}$	IMF 数据库
	个人所得税（–）	τ_{it}	WDI 数据库
交互项	公共支出率 * 公共债务率（+/–）	$x_{it} * d_{it}$	WDI 数据库
	基本盈余率 * 公共支出率（+）	$x_{it} * surplus_{it}$	WDI 数据库
	公共支出率 * 所得税率（+/–）	$x_{it} * \tau_{it}$	WDI 数据库

注：括号内“+、 -”为参数的预期方向。

3.5.2 实证方法

在这一部分，本章将进行实证分析，以确定是否能够验证理论模型所预测的变量之间的相关性。在借鉴 Bevan（2005）所提的方法基础上，本章将债务率的影响也包括在内，建立一个带有交互项的模型，以检验生产性支出与增长之间的关系，模型设定如下：

$$gr_{it} = \theta_0 + \sum_{s=1}^{T} \alpha_s gr_{it-s} + \gamma_0 x_{it-1} + \gamma_1 x_{it-1} * \tau_{it-1} + \gamma_2 x_{it-1} * surplus_{it-1}$$

$$+ \gamma_3 x_{it-1} * \frac{d_{it-1}}{y_{it-1}} + \gamma_4 \frac{d_{it-1}}{y_{it-1}} + \epsilon_i + \epsilon_t + e_{it} \quad (18)$$

其中：gr_{it}表示国家 i 在 t 年的人均 GDP 增长率，T 是因变量的滞后期数。x_{it}是中央政府生产性支出占 GDP 的比率，本章遵循由 Aschauer（1989）、Barro 和 Sala-i-Martin（1995）、Devarajan 等（1996）、Kneller 等（1999）和 Bevan（2005）所提出的标准，把中央政府在教育、健康、交通、通信和能源方面的支出归为生产性支出，因为这些支出可以形成物质和人力资本。τ表示个人所得税，$surplus_{it}$表示中央政府基本盈余占 GDP 的比率，$\frac{d_{it}}{y_{it}}$是债务占 GDP 的比率。

交互项由x_{it}分别与税负、债务和基本盈余组成。ϵ_t表示各国之间随时间的共同影响因素。ϵ_i用来捕获特定国家的异质性，其目的是控制在研究期间的不同国家在制度、地理因素的影响。在理论模型中，生产性支出或政策其他方面的改变对经济增长的影响是存在的，因为这些政策改变了资本的边际收益，从而影响投资。因此，本章将实证模型定义为具有交互作用的非线性方程，以更好地拟合理论模型的含义。

在估计过程中，模型本身的动态结构将使得 OLS 方法会产生有偏和不一致的估计量。为了避免内生性问题，本章将使用标准的 GMM 估算方法，选择与e_{it}和e_{it-1}不相关的内生变量的滞后值作为工具变量，以期获得一致估计量。此外，使用工具变量也可以纠正财政变量同期值的内生性。

如果理论模型是正确的，那么非线性特性可以解决大部分的参数异质性问题。然而，腐败和官僚主义等其他制度特征也可能影响增长方程中的生产性支出系数，因此，本章使用 Pesaran 和 Smith（2006）提出的组间平均值（Mean Group）和多因素误差结构（Multifactor Error Structure）方法来分别解决参数的异质性问题和横截面依赖问题。

3.5.3 实证结果

使用 Pooled 数据所得方程估算结果如表 3.5 所示，该表报告了 5 种不同方法的回归结果，其中每种方法所使用的滞后期、计量方法和交互项有所区别。前两列报告了使用 OLS 方法所获得的结果，其中第一列是带有四个滞后期、无交互项的回归结果；第二列是有交互项的回归结果；第三和第四列是使用两步 GMM 方法的结果，其中第三列无交互项，第四列有交互项；第五列是使用因变量滞后 1 期和 GMM 方法所得的结果。

在 GMM 方程中，gr_{it-1}，x_{it-1}，$x_{it-1} * \tau_{it-1}$，$x_{it-1} * surplus_{it-1}$，$x_{it-1} * \frac{d_{it-1}}{y_{it-1}}$被视为内生的。工具变量包括$gr_{it-5}$、人均 GDP 的滞后 5 期和 6 期、投资占 GDP 的百分比的滞后 2~4 期、国际贸易占 GDP（出口和进口之和）滞后 2 期和 3 期、通货膨胀的滞后 2 期和 3 期。

对使用 OLS 和 GMM 方法所获得的结果进行比较后，本章发现使用 OLS 方法所获得的结果，大大低估了增长率持续性的程度，低估了财政变量对经济增长的长期影响，因此，本章聚焦于 GMM 方法所得到的结果。

在没有交互项的方程（列 1 和列 3）回归结果中，生产性支出对经济增长影响的两个长期系数都是负向和不显著的。相反，通过纳入财政变量的交互项后，生产性支出具有显著的正向影响，但是这种影响取决于理论模型中的其他财政变量情况。这样的结果表明，政府预算中包含的其他要素会使得模型更加完整，生产性支出对各国经济增长影响的异质性取决于每个国家的融资条件和初始财政健康状况，一个将多要素融入的模型可以更好地确定生产性支出的影响（Kneller 等，1999）。

表 3.5 基本方程回归结果

变量 \ 方法	(1) OLS	(2) OLS	(3) GMM	(4) GMM	(5) GMM
滞后期	4	4	4	4	1
x_{t-1}	-4.49e-06 (-0.35)	0.0418 (0.70)	-0.0002* (-3.14)	0.4361* (2.15)	0.4522* (2.62)
$\frac{d_{t-1}}{y_{t-1}}$		-0.0081** (-1.86)		0.0107 (0.26)	0.0031 (0.10)
$x_{t-1} * surplus_{t-1}$		1.48e-08 (0.69)		1.56e-07* (2.15)	1.62e-07* (2.62)
$x_{t-1} * \tau_{t-1}$		-1.04e-07 (-0.73)		-1.03e-06* (-2.15)	-1.07e-06* (-2.61)
$x_{t-1} * (d_{t-1} / y_{t-1})$		-0.0001 (-0.70)		-0.0011* (-2.16)	-0.0011* (-2.63)
长期效应					
x	-6.05e-06 [-0.35]	0.0467 [0.70]	-0.0016 [-1.17]	0.3745* [3.32]	0.3754* [3.50]
$x * surplus$		1.65e-08 [0.69]		1.34e-07* [2.15]	1.34e-07* [2.62]
$x * \tau$		-1.16e-07 [-0.73]		-8.87e-07* [-2.12]	-8.89e-07* [-2.58]
$x * \left(\frac{d}{y}\right)$		-0.0001 [-0.71]		-0.0009* [-3.35]	-0.0009* [-3.52]
Hansen J Stat P 值			11.198 [0.1907]	3.322 [0.5055]	2.217 [0.8184]
一阶序列自相关检验 P 值	-2.10 [0.03]	-1.09 [0.27]	-3.27 [0.001]	0.41 [0.68]	0.64 [0.52]
二阶序列自相关检验 P 值	-1.50 [0.13]	-0.34 [0.73]	1.06 [0.28]	1.37 [0.17]	1.09 [0.27]

注：t 值在小括号（ ）中；长期效应的 z 值、序列相关性检验和过度识别 Sargan-Hansen 检验的 p 值在方括号 [ ] 中。* 和 ** 分别代表的显著性水平为 0.05 和 0.10。

根据本章模型的结果，生产性支出对经济增长的影响大小，在基本盈余为 -3%、税负为 23%时（这种假定符合大多数经济体的情况），当债务率从 10%向 120%变动时，生产性支出 /GDP 的 1%的增长对长期经济增长的边际效应从 0.36%到 0.26%之间变动（图 3.7）。税负和盈余值的变化使这种关系向上或向下移动。然而，这些交互项的系数非常小，所以这些变化并不明显。这一结果表明，支出与税负和盈余的相互作用虽然很重要，且具有预期的方向，但数值并不大。债务与 GDP 比率的大小是生产性支出对增长影响的最相关变量，因为这个变量具有统计上的显著性。

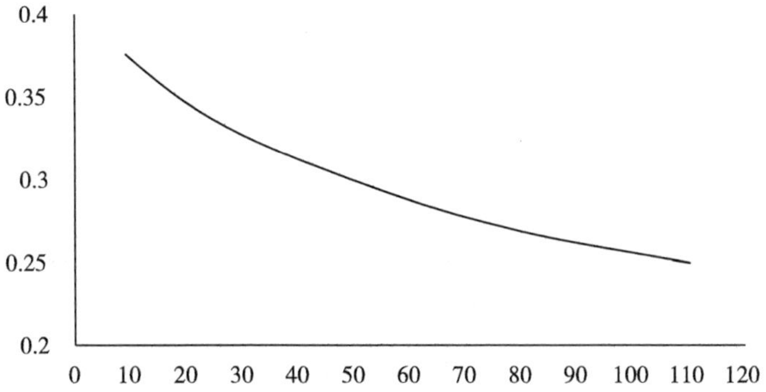

图 3.7　生产性支出影响经济增长的边际效应

债务水平可能会阻碍经济增长，因为当期的高债务意味着未来会有更高的税收，这会阻碍投资。在所有因素中，如果税收的跨期替代是最重要的影响，那么债务水平应该是与税收最相关的变量。尽管理论上如此，但实证的估计结果中的债务水平是不显著的，只有债务与生产性支出的相互作用才是显著的。这为本章提供了一些证据，表明可以通过利率渠道对增长产生影响。

3.6 参数异质性与稳健性检验

3.6.1 参数异质性检验

由于各国的政治制度、法律规范及文化传统不同，公共支出的效率是有差异的，因此在这一部分中，我们将放宽各国斜率参数相同的假设，重新估计基本模型。

表 3.6　平均组间估计

长期效应	稳健均值	稳健均值
是否允许截面依赖	否	是
x	0.0250 [0.01]	0.0225 [0.02]
$x * surplus$	7.98e-09 [0.09]	9.10e-09 [0.04]
$x * \tau$	-7.54e-08 [0.02]	-6.99e-08 [0.03]
$x * \left(\frac{d}{y}\right)$	-0.0001 [0.02]	-0.001 [0.01]

注：p 值在方括号中；工具变量为偏离平均值形式。

另外，假如一个国家的经济增长会影响其他国家的增长，那么就会导致方程残差e_{it}在各个国家之间不是独立的，会产生横截面依赖问题。为解决这些问题，本章使用 Pesaran 和 Smith（2006）提出的平均组间估计（Mean Group Estimator）方法，从原始系列中减去同一年的样本平均值，以纠正共同冲击的影响。同时，选用两步 GMM 方法及工具变量来估计式（18），以克服内生性问题。

在表 3.6 中，报告了不同国家参数的平均值和稳健标准差，列 1 和列 2 分别报告了是否允许横截面依赖的回归结果，所有结果都是长期数值。其中，财政政策对经济增长的影响较之先前要低，当债务率大于 22.5%时，生产性支出的边际效应为负值。这表明如果在考虑了参数异质性后，实证方法（Pooled Estimation）的结果有所提升。

3.6.2 稳健性检验

为了进一步验证在多因素交互作用下的公共债务率对不同类型国家增长率的影响，增加上述结论的可靠性和稳定性，本章分别对 OECD 国家

（高收入国家的代表）和非 OECD 国家进行了对比检验。

表 3.7　OECD 和非 OECD 国家子样本

变量	OECD	Non-OECD
x_{t-1}	0.3793 （1.12）	0.5320** （1.86）
$\frac{d_{t-1}}{y_{t-1}}$	0.0958 （1.30）	-0.2001 （-0.89）
$x_{t-1} * surplus_{t-1}$	-0.0263 （-0.68）	1.90e-07** （1.87）
$x_{t-1} * \tau_{t-1}$	0.0131 （0.97）	-1.26e-06** （-1.86）
$x_{t-1} * (d_{t-1} / y_{t-1})$	-0.1192 （-1.40）	-0.0013** （-1.87）
长期效应		
x	0.4716 [0.75]	0.3846* [2.13]
$x * surplus$	-0.0328 [-1.10]	1.38e-07** [1.87]
$x * \tau$	0.0163 [1.24]	-9.10e-07** [-1.84]
$x * \left(\frac{d}{y}\right)$	-0.0148 [-0.98]	-0.0009* [-2.14]
Hansen J Stat P 值	2.878 0.5784	3.147 0.5336
一阶序列自相关检验 P 值	-3.50 [0.0005]	-3.60 [0.0003]
二阶序列自相关检验 P 值	-1.42 [0.15]	-0.32 [0.74]

注：t 值在小括号中；长期效应的 z 值、序列相关性检验和过度识别 Sargan Hansen 检验的 p 值在方括号中。*、** 分别代表的显著性水平为 0.05 和 0.10。

从结果可以看出（表 3.7），两组变量在回归数值和显著性上有较大差别，其中 OECD 国家显示财政变量与经济增长之间没有显著关系，这与其他研究（Jones，1995；Aghion 等人，2006；Bond 等人，2010）非常一致，而低收入国家则相反，许多变量都显著，意味着这些变量会影响经济增长，这与之前的全样本估计结果非常相似。另外，所有长期系数都具有与理论模型所预期的相同方向，并且具有统计显著性，说明模型是稳健的。

3.7 结论与建议

2020年全球疫情爆发，各国政府不得不扩大支出，增加财政赤字和债务率，以应对疫情危机，这使得债务问题凸显为影响经济稳定的重要因素。本章构建了一个基于内生增长理论框架下的公共债务模型，并从代际交叠的角度进行了研究，发现随着公共债务率的不断提高，公共支出对经济增长的影响不是一种简单关系，而是一种复杂的、非线性和异质性的交互关系。生产性支出对经济增长的影响不仅受到税负大小的影响，而且也受债务率的影响，这些因素会交叠在一起对经济增长产生作用。同时，公共债务的增加还可能会导致更大的债务（不良循环），这会进一步减少资本积累，从而影响长期经济增长。

政府生产性支出对经济增长的边际影响，因其支出的性质、构成和大小、以及政府的基本盈余和债务规模而对经济的影响各异。一般来说，会产生两种竞争性的效果：一是积极影响，即公共支出的增加（比如教育、科技和基础设施的支出）会减少交易成本、提升生产要素的质量，进而对经济增长产生积极影响。另外一种是负面影响，它可能会增加税收，减少储蓄和私人投资，进而影响长期经济增长。公共支出的增加还有一个额外的间接影响，随着生产性支出的增加，利率一般会上升，而私人投资又受到利率的影响，所以可能存在挤出效应，该效应的大小与债务率成正比。同时，利率增加会导致债务利息增加和储蓄率减少。

目前，我国的政府债务风险总体可控，债务率远低于发达国家水平，还有进一步提升空间。值此特殊时期，通过增加政府债务，既可以满足民生等基本需求，缓减疫情带来的不利影响，又可以借此契机增加经济的长期性供给，将资金投向那些能够给经济带来长期增长的方面，比如新基建、新能源和新材料等，为实现我国经济转型和高质量发展奠定基础。在扩大债务的同时，我们也要把握好公共债务率的结构和尺度，严防风险累积、叠加和传播。今后伴随着赤字财政的持续增加，政府债务风险将明显累积。坚持防范债务风险将是未来工作的重中之重，在充分发挥政府举债缓减疫情作用的同时，有效防范和化解债务风险，为我国经济健康发展保驾护航。

第 4 章　主权信用评级的决定因素分析

主权信用评级研究的核心问题是对评级模型的揭秘和构建。从目前来看，三大评级机构的模型仍属于商业机密，对外是不完全公开的。人们只能从少数已经公开了的指标中去挖掘、猜测和还原评级模型，这就导致不同的研究者之间存在很大差异。从目前研究成果来看，构造一个评级模型主要包括以下几个方面因素：计量方法、解释变量、国家个数、数据时期、评级结果转化方式等因素。

本研究拟在传统指标框架体系上进行创新和发展，修正和替代一些旧指标，增加一些新指标。比如 CARs（Current Account Receipts），相对传统指标就更为准确。同时，在比率指标的构建方面，也争取更加多元化。早期评级中经常使用的比率指标有出口 /GDP、政府余额 /GDP、外汇储备 /GDP 等，经过发展，现在出现了 CARs/GDP、GG interest expenditure/revenues 等新的指标比率，这些指标的加入更加全面和准确反映了评级所涉及的因素。

4.1 数据选取和评级模型

4.1.1 数据选取

（1）评级符号的转换

主权信用评级一般采用字母“ABCD”和“+ -”符号来代表等级的变化，AAA/Aaa 通常被认为是最高等级，具有最低的违约率，D 代表违约级别。三大机构的评级一般也有 20 种以上，但较少的国家处于极端低的评级，多数处于中间范围。那些被评为“BBB”以上的通常被认为具有“投资级别”，而以下的则被认为是“投机级别”的债券。对于每个被评估的政府[①]，当主权风险评级预期出现变化时，评级机构可将其放在单独的列表中。比如 S&P 称之为评级警报（Credit Watch），其评级为“正面”，“负面”或“稳定”，通常在风险评级中期（一至三年）公布评级结果。

在已有的文献里，对评级符号的转换有线性和非线性转换两种做法，比如 Ferri（1999）在分析东亚危机中的顺周期行为时，就对三大评级机构的数据做了两种非线性转换，其中跨度最大的部分是评级处于 Baa3 附近的部分，即由投资级转为投机级的时段。但总的来说这样的划分方法受主观因素影响，不同的研究者可能有不同划法。本章采用较为客观的线性转换，表 4.1 概括了本章对 S&P、Moody's 和 Fitch 公司的评级和相应的转换。

表 4.1　主权信用评级符号的线性变换

评级符号	线性变换	评级符号	线性变换	评级符号	线性变换
AAA/Aaa	20	BBB+/Baa1	13	B/B2	6
AA+/Aa1	19	BBB/Baa2	12	B–/B3	5
AA/Aa2	18	BBB–/Baa3	11	CCC/Caa1	4
AA–/Aa3	17	BB+/Ba1	10	CC/Caa2	3
A+/Aa1	16	BB/Ba2	9	C/Caa3	2
A/A2	15	BB–/Ba3	8	D	1
A–/A3	14	B+/B1	7		

注：上表所列符号以 S&P 和 Moody's 为代表，Fitch 也可参照此表做出相似变换。

现实中，国际三大评级机构经常对同一主权国家发布评级报告，这些评级虽然在发布时间上有先后差别，但结果通常大致是相同的。本章选择 2009—2016 年间 S&P、Moody's 和 Fitch 对 80 个国家所发布的评级数据的

① 有些国家的政府是没有进入三大评级机构的评估范围，比如朝鲜等特殊国家，但总的趋势是越来越多的国家进入。

平均值和方差进行相等性检验，结果显示以 0.97 和 0.68 概率接受相等性假设（见表 4.2）。因此，本章没有采用 Afonso（2010）对三大评级公司的数据进行分开建模的方式，而是采用评级的平均数来进行建模，这样避免了重复计算。其中，三大评级公司的数据全部来源于 Wind 数据库。

表 4.2　三大公司评级结果相等性检验

均值相等性			方差相等性		
检验方法	计算值	概率	检验方法	计算值	概率
Anova F-test	0.03028	0.9702	Bartlett	0.75265	0.6864
Welch F-test*	0.03020	0.9703	Levene	0.55301	0.5753
			Brown-Forsythe	0.53807	0.5840

（2）经济指标的选取

鉴于数据的可得性，我们采用 80 个国家 2009—2016 年的经济数据进行分析，数据来源于 World Bank、IMF 和 S&P 网站。在借鉴已有主权信用评级文献所用解释变量经验的基础上，本章对 S&P 网站所列出的六大类指标：宏观经济数据、货币数据、政府收支数据、中央政府债务数据、对外经济等共 50 小项指标进行筛选，通过剔除其中重复、数据不全的 30 项指标，最后选择了剩余 20 项指标（见表 4.3）。这样就引入了一系列较新的解释变量，比如 CARs、Narrow Net Ext. Debt 等指标，这些变量在刻画评级过程上更为细致和准确，同时也对变量的框架体系进行了调整，归为四大类变量，其中括号内为参数对评级影响的预期方向，比如人均 GDP 对评级有正向提升作用，所以括号内的符号为正。

表 4.3　主权信用评级的解释变量（20 项）及预期方向

1、宏观经济变量： ①人均 GDP（+） ②实际 GDP 增长率（+） ③失业率（-）	3、国际收支和外部资产负债变量 ①经常账户余额 /GDP（+） ②经常账户收入 /GDP（+） ③可用储备 /GDP（+）

续表

④ 通胀率（+/－）	④ 窄口径净外债 /CARS（－）
⑤ 实际投资增长率（+）	⑤ 尚未到期的短期外债 /CARs（－）
⑥ 储蓄 /GDP（+/－）	⑥ 可用储备 /CAPs（+）
2、政府收支和债务变量	⑦ 净 FDI/GDP（+）
① 一般政府余额 /GDP（+）	4、虚拟变量
② 净政府债务 /GDP（－）	①发达经济体（+）
③ 中央政府全部长期商业借款（－）	②违约历史（－）
④ 中央政府商业债务存量（－）	
⑤ 中央政府短期债务（－）	

注：括号内“+、－”为参数的预期方向。

4.1.2 模型设定

为了全面衡量主权信用评级的方法和指标体系，本章在前人所使用指标和模型的基础之上，进行了综合和改进。在指标方面，除了对各国宏观经济的分析之外，加入了对外经济、政府收支和负债等指标；在模型方面，主要建立面板线性回归和有序概率两大类模型，根据变量的显著性，进一步对这两类模型进行分解和细化为不同类型。

（1）线性回归模型

线性回归模型是比较传统的一类模型，也是目前许多文献用来进行主权信用评级的常用方法，本章首先将模型设定为如下最简单的形式：

$$R_{it} = X_{it} + \alpha_i + \mu_{it} \tag{1}$$

其中：i 代表国家；t 代表时期；R_{it}为线性或非线性转换的因变量；X_{it}为影响评级的解释变量向量；α_i代表每国家 i 的个体效应。此外，我们假定扰动项μ_{it}独立于截面和时间变量。

在使用面板数据时，对方程（1）的估计大概有三种方法：混合效应（Pooled OLS）、固定效应（Fixed Effects）和随机效应（Random Effects）。

当$E\left(\alpha_i \mid X_{it}\right)=0$时，即国家效应与解释变量不相关时，三种方法的估计量是一致的。Afonso（2010）认为按照效率高低（估计量方差的大小）的排序是随机效应模型、固定效应模型和混合效应模型，也就是最有效的估计方法是随机效应模型。

但现实当中，评级模型中的国家效应α_i与解释变量X_{it}通常是相关的，这就会导致使用随机效应或混合效应模型所得到的是不一致的估计量。在这种情况下，固定效应模型表面看上去是最有效的，那明（2014）也曾经使用这种方法。但由于模型中的因变量通常变化很小，具有黏性，即一个国家的评级随着时间的推移并没有多大变化，这就会导致固定效应模型也存在解释意义上的不足。

基于以上的问题，本章在借鉴 Afonso（2010）、Santos 和 Porto（2004）等人研究的基础上，采用 Wooldridge（2002）的方法来弥补截面误差与解释变量相关所导致随机效应方法失效问题。这个方法的基本思路是给这两个相关变量以一个明确的关系式：

$$E\left(\alpha_i \mid X_{it}\right)=\eta \bar{X}_i \tag{2}$$

如果把方程式（2）稍作变化为$\alpha_i=\eta \bar{X}_i+\epsilon_i$，代入方程式（1），就得到

$$R_{it}=X_{it}+\eta \bar{X}_i+\epsilon_i+\mu_{it} \tag{3}$$

其中 ϵ_i是与解释变量不相关的误差项。这样通过将解释变量的均值加入到回归方程中，我们就解决了之前的相关性问题。将方程式（3）通过变化，可以重写为：

$$R_{it}=\left(X_{it}-\bar{X}_i\right)+\delta \bar{X}_i+\epsilon_i+\mu_{it} \tag{4}$$

式 4 中的系数的意义也是比较直观的，其中 $\delta=\eta+\beta$可以解释为影响

评级的长期效应，β为短期效应。这样的区别也有利于政策制定者选择那些因素来提升中短期或长期评级。

（2）有序概率模型

有序概率模型在理论上是比较适合用来作为评级建模的，因为评级结果通常采用一系列离散、有顺序的字母“A、B、C、D”和“+、–”符号的组合来代表，一般有 20 个左右的级别，而且级别之间的距离也不相等，这些特点符合有序概率建模的条件。我们假定存在一个潜在连续变量R^*，存在如下的线性关系式：

$$R_{it}^* = \left(X_{it} - \bar{X}_i\right) + \delta \bar{X}_i + \epsilon_i + \mu_{it} \tag{5}$$

实际评级结果R_{it}的离散性通过对连续变量R^*的切割，就对应着长短不同的边界范围，最终的评级以如下形式给出：

$$R_{it} = \begin{cases} AAA(Aaa) & \text{if} \quad R_{it}^* > c_{17} \\ AA+(Aa1) & \text{if} \quad c_{16} < R_{it}^* < c_{17} \\ AA(Aa2) & \text{if} \quad c_{14} < R_{it}^* < c_{15} \\ & \cdots \\ < CCC(Caa2) & \text{if } R_{it}^* < c_1 \end{cases} \tag{6}$$

式（5）和式（6）中的β、δ和切割点$c_1 \sim c_{17}$都是需要估计的参数，每个评级 R 的概率为：

$$\begin{cases} Pr\left(R_i = 1 \mid X_i, \beta_i, \delta_i, c\right) = Pr\left(R_i^* \leqslant c_1\right) = Pr\left(\left(X - \bar{X}\right) + \delta \bar{X} + \epsilon + \mu \leqslant c_1\right) \\ \qquad = F\left(c_1 - \left(X_i - \bar{X}\right) - \delta \bar{X} - \epsilon\right) \\ Pr\left(R_i = 2 \mid X_i, \beta_i, \delta_i, c\right) = Pr\left(c_1 \leqslant R_i^* \leqslant c_2\right) = Pr\begin{pmatrix} c_1 \leqslant \left(X - \bar{X}\right) + \delta \bar{X} \\ +\epsilon + \mu \leqslant c_2 \end{pmatrix} \\ \qquad = F\left(c_2 - \left(X_i - \bar{X}\right) - \delta \bar{X} - \epsilon\right) - F\left(c_1 - \left(X_i - \bar{X}\right) - \delta \bar{X} - \epsilon\right) \\ \qquad \cdots \\ Pr\left(R_i = 18 \mid X_i, \beta_i, \delta_i, c\right) = Pr\left(c_{17} \leqslant R_i^*\right) = Pr\left(c_{17} \leqslant \left(X - \bar{X}\right) + \delta \bar{X} + \epsilon + \mu\right) \\ \qquad = 1 - F\left(c_{17} - \left(X_i - \bar{X}\right) - \delta \bar{X} - \epsilon\right) \end{cases}$$

其中 F 为残差项的累计分布函数，根据残差项分布假定的不同，可以有 Probit、Logit、Extrem Value 等不同估计方法。结合评级数据的特点，本章采用一般有序概率方法和面板有序概率两种方法来估计相应参数。

4.2 实证结果

根据上述分析，我们将按照如下思路进行实证分析和讨论结果：（一）线性面板数据回归模型，包括混合效应（Pooled OLS）模型和随机效应（RE）模型；（二）有序概率回归，包括一般有序概率（Ordered Probit）模型和面板有序概率（RE Ordered Probi）模型。这些模型中的短期效应是指解释变量对均值的偏移量$X_i - \bar{X}_i$,长期效应是指解释变量的均值$\bar{X}_i$，进一步根据变量显著性不同，对每种模型分为非限制模型（Unrestricted Model）和限制模型（Restricted Model），其中非限制型包含了所有解释变量，而限制型是剔除了不显著变量的模型。

4.2.1 面板线性回归结果

面板模型一般是通过 F 检验和 Hausman 检验，在混合、固定和随机效应三者间进行选择。但考虑到本章所用解释变量较多及截面数目较大，F 检验存在一定困难，所以只用 Hausman 检验排除了固定效应，保留了混合效应模型。

（1）混合效应（Pooled OLS）模型

这类模型通过将截面和时序数据综合起来，适合数据少而需要更多信息的情况。由于本章可得数据量的限制，所以首先采用此模型来分析问题（见表 4.4）。在混合效应模型中，非限制（1）和限制性（2）模型的 R^2 分别为 0.94 和 0.97，意味着两个模型的解释力都比较大，拟合得比较好。在模型（1）中的 40 个解释变量中有 31 个显著，模型（2）除了人均 GDP 的短期效应外，其余 29 个变量都显著。但在两个模型中，变量的短期和长期系数是有差异的，并且个别变量的系数在长短期上有的显著，有的不显著。具体各解释变量的回归结果见表 4.4。

表 4.4　面板数据混合效应（Pooled OLS）回归结果

	（1）		（2）	
	短期效应	长期效应	短期效应	长期效应
人均 GDP	0.001** （1.98）	0.001*** （10.37）	0.000 （1.58）	0.000*** （15.73）
实际 GDP 增长率	0.138*** （-3.08）	0.471*** （-7.36）	0.113*** （-8.24）	0.574*** （-6.00）
失业率	-0.497*** （-161.82）	-0.082*** （-3.66）	-0.565*** （-21.49）	-0.087*** （-3.16）
通胀率	0.015*** （2.76）	-0.137*** （-13.21）	0.016*** （7.73）	-0.138*** （-22.07）
实际投资增长率	-0.011 （-1.03）	0.281*** （12.18）		0.313*** （7.74）
储蓄 /GDP	0.014 （0.47）	0.159*** （13.07）		0.166*** （8.65）
一般政府余额 /GDP	0.241*** （46.86）	0.098* （1.62）	0.183*** （15.87）	0.092* （1.86）
净政府债务 /GDP	0.019*** （3.03）	-0.009*** （-6.32）	0.014*** （5.70）	-0.010*** （-9.23）
中央政府全部长期商业借款	0.003*** （4.51）	-0.014*** （-5.98）	0.003*** （5.58）	-0.015*** （-7.51）
中央政府商业债务存量	0.000 （0.69）	0.003*** （6.39）		0.003*** （7.55）
中央政府短期债务	0.000*** （3.09）	0.000*** （-3.86）	0.000*** （4.64）	0.000*** （-5.20）
经常账户收入 /GDP	0.020 （0.96）	0.003 （1.69）		
经常账户余额 /GDP	-0.081 （-1.55）	-0.141*** （-4.76）		-0.161*** （-10.04）

续表

	（1）		（2）	
	短期效应	长期效应	短期效应	长期效应
可用储备 /GDP	1.671*** （-2.73）	-1.437 （-1.52）	1.983*** （-3.81）	-1.072* （-1.67）
窄口径净外债 /CARs	-0.014*** （-8.33）	-0.001** （2.09）	-0.013*** （-11.50）	-0.002* （1.72）
尚未到期的短期外债 /CARs	-0.025** （7.54）	-0.001 （0.80）	-0.022*** （5.81）	
可用储备 /CAPs	0.197*** （2.28）	0.135*** （4.61）	0.267*** （6.78）	0.146*** （8.57）
净 FDI/GDP	0.017*** （9.43）	-0.005 （-1.28）	0.008*** （3.53）	
发达经济体	1.694*** （9.58）		1.529*** （19.74）	
违约历史	-6.695*** （-34.51）		-6.708*** （-27.64）	
常数项（C）	6.071*** （59.35）		6.097*** （64.57）	
拟合优度（R^2）	0.941		0.973	
国家个数	73		73	
观察值	217		217	

注：1.（1）为非限制模型，（2）为限制模型。2.( ) 内为 t 统计量值，*、**、*** 分别表示在 10%、5%、1%的显著性水平下拒绝原假设。

（2）面板数据随机效应（RE）回归

利用普通的混合效应回归所得结论比较笼统，无法更深入、细致地对国家效应做进一步的研究，因此在确定了模型的基本形式后，本章进行了面板数据的 Hauseman 检验，结果（见表 4.5 的下部）显示接受原假设，所以，可以使用面板随机效应模型对此问题进一步分析。具体回归结果如下（见表 4.5）：

第一类变量：宏观经济变量。该类变量涉及经济增长、人均收入、通货膨胀、失业和储蓄、投资等六个方面：① 人均 GDP 是最重要的宏观经济指标之一，它反映了一国经济发展水平的高低和该国偿还外债能力的大小，Cantor 和 Packer（1996）、Gartner（2011）和 Hill（2010）等人的研究中认为该指标对主权信用评级具有正向的作用。Afonso（2003）也认为该指标对发达国家和发展中国家都是一个重要影响因素。在本章的模型中，该变量基本保持了对评级的显著影响，但系数很小，说明近几年的实践弱化了这一指标的影响力。尤其在欧债危机中，一些研究者发现了相反现象。Amstad（2015）发现一些高收入国家，如美国、日本和欧猪五国被降级，而新兴市场国家的评级却基本保持稳定。② GDP 增长率是反映一国经济未来的重要指标。在评级实践中，尽管有些国家的收入水平不高，但增速较快，也被授予了较高评级。2015 年中国的人均 GDP 只有 8000 多美元，但所得评级较高，其中就有增长较快的原因。③ 失业率的系数符号为负，符合预期判断，表明较高的失业率不利于评级的提升。当失业率在提高 1% 时，评级将短期下调 0.16 个点。④ 通胀率对评级的短期影响为正的 0.4%，而长期为负的 13.6%。这意味着温和通胀对经济存在短期有利的一面，而长期不利于经济的发展。⑤ 投资和储蓄对评级的长期影响显著为正，系数分别为 0.395 和 0.185，这意味着提高投资和储蓄率有利于提升长期的主权信用评级。

第二类变量：政府收支和债务变量。该类变量包括五个变量。首先是一般政府（包括中央和地方政府）指标：① 政府余额 /GDP 对评级存在短期影响，长期系数不显著。② 净政府债务 /GDP 对评级的影响显著但方向相反，其长短期系数分别为 –0.01 和 0.01，表明短期负债可以缓解经济衰退，而长期负债却不利于经济增长和评级提升。其次，三个中央政府指标：① 中央政府全部长期商业借款对评级的影响与净政府债务对评级影响相似，都存在长短期符号相反的现象。② 中央政府商业债务存量对评级的影响的长期系数为 0.003，短期不显著。③ 中央政府短期债务对评级的影响显著，但系数很小，表明存在较小影响力。

第三类变量：对外经济和债务变量。该类变量包括对外收支、对外债务、可用储备和对外投资四个方面，共七个变量。首先是对外收支指标：① CARs/GDP 对评级在短期不具备统计上的显著性影响，但长期却存在负向影响，即经常账户如果存在长期的结余是不利于评级提高的，这也意味着出口导向是一种不能持续的政策。②经常账户余额 /GDP 对评级的影响与 CARs 指标类似。其次是可用储备指标，包括外汇和黄金储备等。可用储备 /GDP 和可用储备 /CAPs 对评级的长期影响和短期影响方向相反。第三是对外债务指标：窄口径净外债 /CARs 和尚未到期的短期外债 /CARs 对评级的影响都不显著，这可能与本章数据较少有关。第四是对外投资指标：净 FDI/GDP 对评级短期影响不显著，但长期存在较小的负向影响。

第四类变量：虚拟变量。该类变量包括是否发达国家和有无违约历史两个虚拟变量。发达国家或高收入国家曾经是给予较高评级的一个关键因素，但近几年在弱化，反映在模型的系数上也是只有 0.175 点的提高。违约历史是一个较为公认的影响评级的因素，一旦有过违约的不光彩历史，会较大程度影响未来的评级。本章的研究结果表明违约一次会导致 1.3 个级别左右的降级惩罚。

表 4.5 面板数据随机效应（RE）回归结果

	（1）		（2）	
	短期效应	长期效应	短期效应	长期效应
人均 GDP	0.000*** （3.16）	0.000*** （4.10）	0.000*** （3.44）	0.000*** （12.95）
实际 GDP 增长率	0.008 （0.30）	0.656** （−2.21）		0.471*** （−2.73）
失业率	−0.128*** （−14.84）	−0.067 （−1.14）	−0.164*** （−4.51）	

续表

	(1)		(2)	
	短期效应	长期效应	短期效应	长期效应
通胀率	0.004* (1.91)	−0.136*** (−4.39)		−0.125*** (−4.60)
实际投资增长率	−0.010*** (−3.57)	0.394*** (5.89)	0.007*** (−2.67)	0.395*** (3.08)
储蓄 /GDP	0.051 (0.94)	0.190*** (5.41)		0.185*** (7.10)
一般政府余额 /GDP	0.081*** (4.09)	0.005 (0.03)	0.070*** (18.19)	
净政府债务 /GDP	0.019*** (3.03)	−0.009*** (−6.32)	0.014*** (5.70)	−0.010*** (−9.23)
中央政府全部长期商业借款	0.000 (0.82)	−0.018*** (−8.36)		−0.013** (−2.07)
中央政府商业债务存量	0.000 (0.31)	0.003*** (10.48)		0.003** (2.24)
中央政府短期债务	0.000*** (−4.10)	0.000*** (−2.92)		0.000*** (−10.73)
经常账户收入 /GDP	0.010 (0.88)	−0.002* (−1.80)		−0.004** (−2.38)
经常账户余额 /GDP	−0.045 (−0.63)	−0.128*** (−4.02)		
可用储备 /GDP	−0.357 (−0.32)	1.769 (0.72)		
窄口径净外债 /CARs	0.000 (0.00)	0.001 (0.42)		
尚未到期的短期外债 /CARs	0.001 (0.10)	−0.002 (−0.37)		
可用储备 /CAPs	−0.029 (−0.38)	0.039 (1.39)		
净 FDI/GDP	0.001 (0.26)	−0.005*** (−2.69)		
发达经济体	0.225*** (2.70)		0.175* (1.96)	

续表

	(1)		(2)	
	短期效应	长期效应	短期效应	长期效应
违约历史	-1.492** (-2.48)		-1.343*** (-3.23)	
常数项(C)	5.578*** (7.13)		4.959*** (8.43)	
拟合优度(R^2)	0.586		0.538	
国家个数	73		73	
观察值	217		217	
Hausman 检验	0.006(0.98)		0.005(0.99)	

注:1.(1)为非限制模型,(2)为限制模型。2. Hausman 检验列出了卡方值和相应概率。3.( )内为 t 统计量值,*、**、*** 分别表示在 10%、5%、1% 的显著性水平下拒绝原假设。

4.2.2 有序概率回归结果

有序概率模型可以对主权信用评级的决定因素提供更多解释意义,克服了线性模型对评级距离相等假定的局限,也允许估计评级曲线的形状。

(1)一般有序概率(Ordered Probit)模型

本研究的检验结果表明,有序概率模型比混合效应模型在解释变量的显著性数量上增多,且部分变量的符号和系数也不一样(见表 4.6)。宏观经济指标中投资和长期储蓄、失业和 GDP 增长对评级的影响不显著。政府收支和债务指标中,除了政府余额在短期有影响外,其余变量只存在对评级的长期影响。对外收支和债务指标中,可用储备 /GDP 和窄口径净外债 / CARs 对评级不显著。最后,一国是否发达经济体对评级的影响变得不显著,也意味着这一指标在弱化,这个结果也验证了以前模型的结果。

表 4.6 底部报告了模型的 17 个截断点估计,可以看出截断点之间的距离并不均匀,存在一定程度的跳跃,尤其是估计阈值指向 BBB- 和 BBB 的评级之间存在较大跳跃。对于投资级别以上的部分,阈值之间的距离首先

下降，然后上升，意味着一国要想取得较高等级是非常困难的。

表 4.6　一般有序概率（Ordered Probit）回归结果

	(1)		(2)	
	短期效应	长期效应	短期效应	长期效应
人均 GDP	0.000*** (-2.29)	0.000*** (7.14)	0.000* (-1.78)	0.000*** (9.19)
实际 GDP 增长率	0.112** (-2.02)	0.117 (0.87)	0.140*** (-2.91)	
失业率	-0.186*** (-3.03)	-0.044* (-1.77)	-0.194*** (-3.23)	
通胀率	0.055*** (-3.24)	-0.092*** (-5.90)	0.057*** (-3.27)	-0.099*** (-6.44)
实际投资增长率	-0.015 (-0.87)	0.060 (0.95)		
储蓄 /GDP	0.020 (0.27)	0.044*** (2.58)		0.072*** (5.91)
一般政府余额 /GDP	0.240*** (4.87)	0.106** (2.02)	0.235*** (6.31)	0.082* (1.83)
净政府债务 /GDP	0.029*** (2.74)	-0.008** (-2.08)		-0.008** (-2.16)
中央政府全部长期商业借款	0.001 (0.29)	-0.013*** (-3.48)		-0.017*** (-5.04)
中央政府商业债务存量	0.002** (2.06)	0.003*** (3.50)		0.003*** (4.99)
中央政府短期债务	0.000 (-1.33)	0.000*** (-3.04)		0.000* (-1.81)
经常账户余额 /GDP	0.042* (1.71)	0.009** (2.39)		0.007*** (4.10)
经常账户收入 /GDP	0.106** (-2.00)	-0.082** (-2.42)	0.083*** (-2.94)	-0.122*** (-5.30)
可用储备 /GDP	0.117 (0.03)	-0.878 (-0.75)		
窄口径净外债 /CARs	-0.009** (-2.17)	0.001 (0.68)		

续表

	(1)		(2)	
	短期效应	长期效应	短期效应	长期效应
尚未到期的短期外债 /CARs	0.009* (1.83)	-0.003* (-1.61)		-0.004*** (-3.59)
可用储备 /CAPs	0.134 (1.34)	0.086* (1.88)		0.076*** (3.17)
净 FDI/GDP	0.024*** (3.72)	-0.005 (-0.46)	0.018*** (5.38)	
发达经济体	0.261 (0.78)			
违约历史	-9.932*** -(17.91)		-9.663*** (-21.20)	
对数似然比	-376.53		-390.94	
国家个数	73		73	
观察值	217		217	

截断点

(1)						(2)					
Cut1	-2.60	Cut7	0.94	Cut13	3.85	Cut1	-1.60	Cut7	1.44	Cut13	4.26
Cut2	-1.69	Cut8	1.34	Cut14	4.63	Cut2	-0.78	Cut8	1.84	Cut14	4.99
Cut3	-0.76	Cut9	2.02	Cut15	5.10	Cut3	-0.03	Cut9	2.51	Cut15	5.42
Cut4	-0.13	Cut10	2.66	Cut16	5.48	Cut4	0.48	Cut10	3.12	Cut16	5.74
Cut5	0.16	Cut11	3.11	Cut17	5.91	Cut5	0.73	Cut11	3.55	Cut17	6.12
Cut6	0.55	Cut12	3.76			Cut6	1.06	Cut12	4.17		

注：1.（1）为非限制模型，（2）为限制模型。2.（ ）内为 z 统计量值，*、**、*** 分别表示在 10%、5%、1%的显著性水平下拒绝原假设。

（2）面板有序概率（RE Ordered Probit）模型

该模型比随机效应模型多 3 个不显著的解释变量，且部分变量的符号和系数也有差异（见表 4.7）。宏观经济指标中投资、GDP 增长率和长期失业、短期储蓄对评级的影响不显著。政府收支和债务指标中，只有净政府债务 /GDP 存在短期影响。对外收支和债务指标中，经常账户收入 /GDP、

窄口径净外债 /CARs 和尚未到期的短期外债 /CARs 对评级存在短期影响。最后，一国是否发达经济体对评级的影响依旧不显著，违约历史对评级存在较大影响力。

表 4.7 底部报告了模型 17 个截断点的估计，在评级较低的阶段，级别之间的距离较短，而随着评级提高，级别间的距离有增大趋势。这意味着评级越高，要求也越高。

表 4.7　面板有序概率（RE Ordered Probit）回归结果

	(1)		(2)	
	短期效应	长期效应	短期效应	长期效应
人均 GDP	0.000*** （4.82）	0.000*** （6.83）	0.000*** （5.34）	0.000*** （8.94）
实际 GDP 增长率	−0.014 （−0.59）	−0.562 （−1.11）		
失业率	−0.343*** （−9.06）	−0.082 （−0.79）	−0.350*** （−9.76）	
通胀率	−0.065*** （−5.57）	−0.132*** （−3.18）	0.147*** （−3.86）	−0.064*** （−5.86）
实际投资增长率	0.001 （0.16）	0.351 （1.51）		
储蓄 /GDP	0.028 （0.85）	0.208*** （2.51）		0.181*** （4.07）
一般政府余额 /GDP	0.027 （1.30）	0.139 （0.74）		
净政府债务 /GDP	−0.047*** （−7.88）	−0.009 （−0.56）	−0.047*** （−8.70）	
经常账户收入 /GDP	0.017*** （1.69）	0.00 （0.60）	0.017** （2.00）	
经常账户余额 /GDP	−0.034 （−1.36）	−0.211* （−1.74）		
可用储备 /GDP	0.414 （0.23）	2.167 （0.51）		
窄口径净外债 /CARs	−0.008*** （3.74）	0.010 （1.45）	−0.008*** （3.61）	

续表

	(1)		(2)	
	短期效应	长期效应	短期效应	长期效应
尚未到期的短期外债/CARs	-0.006*** (3.68)	-0.002 (-0.45)	-0.006*** (3.67)	
可用储备/CAPs	0.062 (1.07)	0.093 (0.51)		
净 FDI/GDP	0.006 (0.64)	-0.039 (-0.82)		
发达经济体	-0.125 (-0.29)			
违约历史	-2.031*** (-3.43)		-1.926*** (-3.28)	
对数似然比	-807.9		-816.4	
国家个数	75		75	
观察值	600		600	

截断点

(1)				(2)			
Cut1	-1.74	Cut10	7.70	Cut1	-1.97	Cut10	7.37
Cut2	-0.82	Cut11	8.48	Cut2	-1.05	Cut11	8.16
Cut3	0.21	Cut12	9.47	Cut3	-0.03	Cut12	9.14
Cut4	1.17	Cut13	9.92	Cut4	0.89	Cut13	9.58
Cut5	2.27	Cut14	11.30	Cut5	1.97	Cut14	10.94
Cut6	2.97	Cut15	12.60	Cut6	2.67	Cut15	12.23
Cut7	3.86	Cut16	14.02	Cut7	3.55	Cut16	13.63
Cut8	4.99	Cut17	15.34	Cut8	4.68	Cut17	14.94
Cut9	6.29			Cut9	5.96		

注：1.（1）为非限制模型，（2）为限制模型。2.（ ）内为 z 统计量值，*、**、*** 分别表示在10%、5%、1%的显著性水平下拒绝原假设。

4.3 模型预测能力（拟合效果）分析

根据上述四类模型所得到的系数估计值，将各国的经济数据代入相应的模型，可以得到的拟合结果如表 4.8。该表中共 9 种模型，是在原有的四类 8 种模型基础上，对面板随机效应模型做了两种预测：带国家效应 V*i* 和不带国家效应 V*i* 的预测。从表中的预测效果可以看出，9 种模型中预测力最好的模型是面板随机效应（带有国家效应 V*i*）模型，该模型的预测正确率达到 95.4%，如果允许增加一个误差缺口，可以达到 99.9% 的正确率。预测力排名第二的是一般有序概率模型，正确率达到 73.5 %，如果允许增加一个误差缺口，可以达到 95.8% 的正确率。

预测能力最差的模型是面板有序概率模型，预测正确率只有 10 % 左右。这虽然和之前预期的有所相悖，但和已有的一些文献较为吻合。Afonso（2010）对面板随机效应和面板有序概率进行比较研究后，发现是前者的预测力高于后者，前者有 70% 左右的正确率，后者只有 35% 左右的正确率，但他并未解释原因。国内的陆留存和田益祥（2011）也发现面板有序概率模型对评级的预测力并不高，只有 17%，同时认为并不是越复杂的研究方法对问题的研究结论就越好。本章的实证也发现同样的结果，可能是因为评级模型的被解释变量分类太多，即主权信用评级一般也在 16 种以上、20 种左右的级别，这么多的类别就可能导致采用面板有序概率方法计算所得系数的不太准确，所以预测就有较大的偏离和误差。如果适当降低分类的数量，比如把所有类别合并为投资级和投机级两大类，采用二元选择（Binary Choice）模型就有可能提高预测力，但这样会损失相当数量的信息。

Erdem 和 Varli（2014）对新兴市场经济的评级研究中，发现混合效应是其所用 5 种模型中预测力最高的模型，有 61% 的正确率（在一个评级缺口内）。本章的研究是42%的正确率，预测能力不及面板随机效应和有序概率，但优于面板有序概率模型。这一点也可能是和评级本身的特点有关，一般的评级模型都是对100个左右的国家、10个以上（本章20个）的解释变量和10年左右的数据进行回归，其中一旦有数据的缺失和遗漏，很可能导致一些复杂的计算出现错误，所以反而是最简单的混合效应模型提高了模型的预测力。

鉴于实证分析过程中模型的预测力，本章在随后的分析中，将采用预测力较高的模型——面板随机效应（带有国家效应 Vi）模型来进行数据拟合和个案分析。

表 4.8 模型预测误差概括

模型类型		观察值	预测误差（缺口数）					完全正确 %	误差1个缺口 %	误差2个缺口 %
			-2	-1	0	1	2			
混合效应（Pooled OLS）	非限制型	217	16	23	91	25	26	41.9	64.1	83.4
	限制型	217	21	17	91	28	22	41.9	62.7	82.5
面板随机效应（Random Effect）	非限制型	217	25	23	61	29	26	28.1	52.1	75.5
	限制型（无 Vi）	217	25	24	59	26	32	27.2	50.2	76.5
	限制型（有 Vi）	217	0	4	205	6	1	94.5	99.1	99.9
一般有序概率（Ordered Probit）	非限制型	600	1	71	443	59	25	73.8	95.5	99.8
	限制型	600	0	82	441	52	22	73.5	95.8	99.5
面板有序概率（RE Ordered Probit）	非限制型	632	13	25	64	68	80	10.1	24.8	39.4
	限制型	632	16	14	59	68	65	9.3	22.3	35.1

注：1. 缺口数是指预测值与实际值所差的级别数，例如实际值是3而预测值是1，则误差2个缺口。

2. Vi 是指截面效应。

4.4 主权债券 CDS 利差分析：一种领先的方法

主权债券 CDS 在国际上被认为是一种领先于主权信用评级的重要金融工具，可以用来预测主权信用评级的变化和规避风险。主权债券 CDS 允许市场主体之间进行风险交易或互换（Swap）以抵消不确定性，在主权债务的风险交换或衡量方面发挥着重要的作用。目前，CDS 广泛应用于汇市、债券和股市等各个金融领域。当主权债券持有人担心借款国有违约可能性的时候，就可以购买 CDS 来抵消该风险。当然，天下没有免费的午餐，风险是有价格的，大多数 CDS 需要支付费用，这类似于保险单。在违约风险较小的时候，CDS 的价格较低，而当风险增加时，CDS 价格会升高。所以，CDS 是一种基于交易双方对风险评价之后进行的价格计量，该价格在市场完备（多主体、规则透明、信息充分）情况下，可以灵敏和及时反映对应债务违约风险的工具，也受到市场参与者的关注。

逻辑主线：债务危机→债务重组→债权人损失 30%~50% →预测违约就非常重要→评级滞后（顺周期）→ CDS 值得研究

4.4.1 CDS 研究的背景与意义

主权债券通常被认为是一种较为安全的债券，甚至是无风险债券。一国之内，政府的信用和还债手段及能力相对于私人部门而言更加强大。但 2009 年欧元区债务危机的爆发，让市场一贯的认知发生了诸多改变。许多主权国家的债券，比如 PIIGS 国家（欧猪 5 国）出现了大范围违约，其风险成为当时市场关注焦点。一些有关主权债务违约所带来损失的研究文献表明，债务违约后各方所进行的挽救措施和债务重组给投资者带来的损失是惨重的。Cruces 和 Trebesch（2013）研究了从 1978—2010 年的 180 个债务重组案例，发现在 8.29 多万亿美元的主权债务重组中，投资者的平均成本折减率（Haircuts）为37%，也就是大概只能收回60%多的本金。在将样本缩短至1998—2010年期间，重组的平均折价率增加到50%，这充分表明，近年的债务重组的折价率趋势是上升的，这意味着投资者损失的增加。

债务违约所导致的高折价率会促使投资者千方百计预防和提前评估这种风险的可能性。从历史上看，投资者非常依赖于主权信用评级机构（如S&P、Moody's和Fitch）所提供的信息。这种依赖性意味着评级下调会对资本市场和实体经济产生负面影响，进而影响被评级者（政府、企业）通过债务渠道筹集资金的能力。Almeida等人（2017）发现，主权信用评级下调通常会导致国际投资减少约10%，企业筹资减少2%，企业持有的现金量在降级当年会大幅减少。这些变化根源于主权信用评级的下调，而非公司基本面的变化。一些证据表明，巨额主权债务水平会对一国未来GDP增长产生负面影响（Reinhart和Rogoff，2012年）。本文的研究发现CDS利差可以在负面主权信用评级事件发生前的七个月内对其进行事前预测，这将有助于投资者及时做出决策，缓解其资本损失。

4.4.2 主权信用评级与主权CDS的对比研究

鉴于评级公告对经济和金融市场的重要影响力，一些国际著名评级机构在发布前是非常审慎的，会进行反复核对数据和资料，以增加评级的准确性，并试图保持评级的稳定性，以防止出现较大波动（Cantor和Mann，2007）。Altman和Rijken（2006）指出评级机构一般采用全周期（Through-the-Cycle）方法，该方法会刻意忽略季节性、随机性事件所带来的影响，主要依据一些财务（经济）指标的永久性变化来进行评级。这种方法既有优点，也有缺点。方法虽然是谨慎的，但代价是缺乏时效性。由于评价所用时间较长，与市场期望的及时性和有效性目标发生了冲突。Kiff、Kisser

和 Schumacher（2013）发现，虽然基于全周期的评级相对来说是稳定和准确的，但却延迟了评级对经济形势的及时反应，缺乏对未来违约的及时预报。一般而言，评级机构采用的类别相对较少（仅仅是相对于连续无限变量而言，其实也有 20~23 种左右），这也支持了稳定评级方案，使评级机构在调整评级时有更大的灵活性。Goel 和 Thakor（2015）发现，评级机构之间竞争的加剧、投资者的评级选购行为等，激励了评级机构进行虚增评级（评级膨胀），但为了声誉，仍试图保持公正性（信誉约束是另外一种力量），由此导致评级机构的两难选择及评级粗糙问题。Goel 和 Thakor 还证实，降低粗糙度（即提升细致化）可以改善社会福利。全周期方法同时也需要确认在整个周期内，评级大幅下调是否一定会发生，一旦确认，会导致市场混乱和危险的资产甩卖。

在另外一个方面，对债券风险的时间点进行评估，可能不会像全周期方法所反映问题那样持久。然而，采用时间点评估方法却能更及时反映风险，更便于预测主权债务违约的可能性。同时，也不会像评级大幅变动所导致的流动性紧缩效应。总体而言，时间点评估和全周期评估可以作为两个互补性工具，一个侧重短期评价，一个侧重长期评价。CDS 利差是投资者及时可用的主权风险衡量指标之一。

在一个成熟和有效市场，CDS 价差应该是适度的，以反映风险及其他因素的影响大小。早期的理论文献表明，CDS 息差是无风险利率和违约强度的风险中性度量的函数，可以直观地将其视为风险调整损失（Longstaff、Mithal&Neis，2005；Pan&Singleton，2008；Duffie&Singleton，1997）。这一理论框架导致认为 CDS 利差完全是违约的衡量标准。然而，近些年的实证文献发现影响 CDS 利差还有一些其他因素。特别是，全球因素（Longstaff et al.，2011；Pan&Singleton，2008）以及宏观经济和局部因素（Remolona、Scatigna&Wu，2008；Caceres、Basurto&Guzzo，2010；Aizenman、Hutchison&Jinjarak，2013；

Lee、Naranjo&Sirmans，2015）也被发现会影响 CDS 利差。这些补充性研究，丰富了对 CDS 息差决定因素的研究。

大多数试图解释主权信用评级决定因素的文献集中在宏观经济和政治变量上的研究上。Cantor 和 Packer（1996）首次考察了 8 个宏观经济变量对 Moody's 和 S&P 评级的解释能力，发现人均收入、国内生产总值（GDP）增长、通胀、外债、经济发展水平和违约历史在解释主权债务评级方面起着重要作用。

Maltritz 和 Molchanov（2013）研究了影响评估主权信用违约风险的 30 多个因素，发现政治和治理因素并不重要，而违约和债务率是重要的影响因素。这些研究突出了信用评级的后向性（延迟性）。由于在主权信用评级中使用的宏观经济变量不经常发布（中国 GDP 是季报数据），是导致主权债务评级缓慢演变的因素之一。

有关 CDS 利差和评级决定因素的众多文献表明，宏观经济变量在解释评级变动方面非常重要。CDS 息差的变化反映了这些宏观经济变量的实时变化，而评级机构可能需要较长时间来消化，如几个月的时间来反映这些变化。由于宏观经济指标的计算和发布需要较多时间，投资者最好使用 CDS 息差来代替评级。CDS 利差和评级之间的领先 - 滞后关系，以及 CDS 和评级决定因素基本类似的事实表明，CDS 利差可以作为评级变动的一个先行指标。评级机构可以在其评级方法中使用 CDS 作为反映市场信息的变量。

4.4.3 主权 CDS 比评级的领先性及理论推导

主权 CDS 息差可以作为主权债务评级的替代物，以及发挥在预测主权违约方面的功能。Rodr í guez（2019）发现 CDS 利差与评级显著相关，在控制不变的时间和国家效应后，CDS 利差包含了作为评级决定因素的宏观调控指标。该研究也发现 CDS 利差对评级决定因素的解释力会因该指标的加入而增加，CDS 利差可以单独解释 45% 的主权信用评级变动，而宏观经济变量的解释力约为 40%。在进一步的稳健性检验中，将 CDS 利差作为被解释变量，评级滞后变化作为解释变量，在控制了制度、国家和时间固定效应后，未发现评级变动对 CDS 息差有任何影响，表明评级变动基本不是 CDS 变化的原因，评级变动对 CDS 变动没有任何预测力。但反过来，CDS 的利差变动却对评级变动有预测作用，这是一个重要的发现。

在 CDS 市场与债务评级之间的关系方面，其中一些研究聚焦在公司债 CDS 市场方面，另外一些聚焦在市场效率检验方面。一些研究检验了 CDS 市场能否在短期内预期评级，这意味着如果 CDS 市场能够预期评级就说明它们是有效的。Hull、Predescu 和 White（2004）研究了公司债 CDS 利差对信用评级事件的预测程度，发现对负面事件，CDS 利差可以反映该事件所带来的新信息，但对正面事件却没有相同结果，这项研究提示市场可能存在非对称效应。同样，Ismailescu 和 Kazemi（2010）采用事件研究法，对新兴市场国家的主权 CDS 利差与评级公告的关系进行了研究，与 Hull 等人（2004）相反，该研究发现 CDS 市场对负面事件不积极，对正面事件有强烈反应，还发现一个月内 CDS 价差的变化可以预测下个月的负面评级事件。

与 Ismailescu 和 Kazemi（2010）的研究相比，Rodr í guez（2019）发现 CDS 变化的领先时间在理论上可以比 1 个月更长，甚至能够预测未来 n 个月的主权债务评级事件。通过实证研究，1 个月 CDS 的变化对负面评级事件的预测能力可以达到 7 个月，但 Rodr í guez 的研究并不支持反向的因果关系，这与其他研究类似。

为了确定 CDS 利差是否比主权债务评级更能预测负面的主权事件，Rodr í guez（2019）在 CDS 利差和评级之间进行了一项对比实验，进而是对这二者的有效性分析，并直接检验它们对投资者的效用。研究结果表明，CDS 价差的变化可以预测负面的主权债务事件，而评级的变化却没有能力预测这些事件。当 Moody's 和 S&P 的评级变动达到或超过一个级别时，CDS 利差对事件的预测能力更强。这证实了 CDS 价差能够捕捉到比评级更多的信息。主权 CDS 息差可以预测其他金融变量（肖燕和张晓明，2017），以及主权信用评级无法预测主权债务危机。

（1）CDS 息差的决定因素

有关主权 CDS 息差决定因素的文献一般认为 CDS 是投资者为确保自己免受违约风险而支付的价格，该息差主要受到违约概率、全球因素和所在地的宏观经济影响。特别是，先前的文献强调了 CDS 利差的领先性，其中在 t 期的利差S_t可以表示为：

$$S_t = f\left(E_t\lambda, E_tG, E_tM\right) \tag{1}$$

其中：E_t是时间 t 的期望值，λ是违约率（Default Rate），G 是全球因素的向量，M 是局部宏观经济因素的向量。与宏观经济数据相比，CDS 利差数据的可用性较高，因此 CDS 利差是衡量主权违约的一个非常可行的指标。

（2）主权债务评级

前面讨论的评级决定因素文献突出了主权债务评级的一个关键方面。也就是说，这些因素和宏观经济指标的回顾性意味着本文可以将评级表示为：

$$R_t = f(\lambda_{t-k}, G_{t-k}, M_{t-k}) \tag{2}$$

上式表明，在 t 年的评级是$t-k$年的违约概率、全球因素和当地宏观经济因素的函数。这些变量在低频下可用，表明评级的变动是缓慢的。Cantor 和 Mann（2007）认为稳定性（即缓慢演变和低可变性）是评级的一个重要特征，基于市场措施的高可变性可能会提高准确性，但会以稳定性为代价。

在本文中，利用 CDS 利差、评级及其共同决定因素之间的滞后 – 领先结构来模拟评级作为滞后 k 年 CDS 利差的函数。将方程式（1）代入方程式（2），以证明可以将评级建模为过去 k 年的 CDS 利差的函数：

$$R_t = f\left(S_{t-k}\right) \tag{3}$$

上式是一个简化形式，集合了驱动评级和价差变动的各种基本因素。在此基础上，本文认为 CDS 息差是评级的一个可行的替代方案，可以被投资者用于财务决策。此外，由于 CDS 息差是宏观经济和全球因素的汇总变量，使用它们有助于减少主权债务评级建模所使用变量太多所导致的模型设定问题。

（3）CDS 与主权债务评级

一些文献通过研究评级事件对 CDS 市场的影响来检验市场效率。Lee、Naranjo 和 Sirmans（2014）发现即使公司 CDS 市场处于相对（非绝对）有效的状态，CDS 动量利润仍然是存在的。Hull 等人（2004）分析了企业 CDS 市场对信用评级事件的可预期程度，发现市场对负面事件有预期能力，然而对正面评级事件没有显著结果。Ismailescu 和 Kazemi（2010）对 22 个新兴市场国家的研究与 Hull 的结论相反，发现市场对负面事件（降级）不积极，而对正面事件（升级、展望正面等）有强烈反应。对这一现象，他们的解释是由于投资级和非投资级个体的不同反应造成的，投资级实体对负面评级事件反应强烈，而非投资级实体对正面评级事件反应强烈。他们还发现，一个月内 CDS 息差的变化可以预测下个月的负面评级事件。

综上，在这一部分，首先讨论了 CDS 息差是集合了违约率、全球因素和当地宏观经济因素的函数。其次，本文强调了这样一个事实，即已有文献暗示主权债务评级是前期宏观经济指标和措施的函数。评级决定因素和CDS利差决定因素之间的领先－滞后结构能够将评级建模为滞后CDS利差的函数，并可以将CDS利差作为一个有效替代主权债务评级的工具。这自然会引出一个值得研究的问题：CDS价差能解释评级的变化吗？1个月的CDS变化能够预测几（n）个月主权信用评级事件？在CDS息差和债务评级之间，哪一个更能预测主权事件？这些都是有价值的研究方向，值得进一步深入研究，发现更好的预示主权债务风险指标。

4.5 结论及建议

次贷危机和欧债危机发生后，世界经济形势发生一系列深刻的变化，许多国家的主权债务问题凸显，主权信用评级也倍受重视。本章采用80个国家（地区）2009—2016年的数据，在借鉴已有文献基础上，构建了一系列新的评级指标体系，通过使用线性回归和有序概率两种方法，将影响评级因素分为长期和短期因素，并对中国和美国等国家进行了评级预测与展望。

4.5.1 主要贡献和结论

研究的结论和贡献主要包括三个方面：

（1）对传统的主权信用评级指标体系进行了修正。

本研究在借鉴已有文献所用评级指标的基础上，引入了一些新的解释变量，组成一组包含20项指标的新评级体系。这20个指标中，包括一些在评级中已经出现和受到重视的新指标，通过新指标对旧指标的替代，提高了评级的准确性和模型的拟合优度。那些过去曾经较多使用的比率指标如出口/GDP、政府余额/GDP、外汇储备/GDP等，经过近些年的发展出现了 CARs/GDP、Gross ext. fin. needs/（CAR + use. res.）等较新的指标比率，这些指标更加全面和准确地反映了评级的影响因素。与此相反，也存在一些指标在主权信用评级中的弱化现象，比如，人均 GDP 曾被许多学者认为是影响评级的一个重要因素，但本章的研究却发现这一因素的影响力在下降。有些高收入国家，比如美国、PIIGS 国家在近几年就曾被降级。

（2）从长期和短期两个角度来分析了影响主权信用评级的因素，这为政策制定者提供了参考依据。

长期因素主要是指影响经济发展的宏观性和基础性因素。本章研究发现人均 GDP、实际 GDP 增长率、失业率、通胀率、投资和储蓄增长率、是否有违约史和是否发达国家这些因素，对评级长期的影响力很大。实际 GDP 增长率对评级的长期影响系数大概是短期的 5 倍；失业率的长期影响系数是短期的 3 倍左右；投资增长率对评级的影响系数大概是 0.4 左右。而当一国有过主权违约历史，会导致大约 1.5 个级别的长期主权信用降级，产生较大影响。所以，基于以上分析，一国要想从根本上提高自己的主权信用级别，就要从经济的基本面入手，只有宏观经济的基本面向好，才能为取得较高级别打下基础。短期因素是那些能迅速影响评级的因素，这类因素以一国政府收支和对外债务两大类指标为主，通常中央政府比地方有更大的影响力。本章列入了 5 个与政府有关的指标，其中政府收支余额短期影响系数达到 0.2 左右；政府债务对评级有负面影响，系数为 –0.01 左右，意味着过度的负债会降低政府评级。有关中央政府的 3 个指标是商业借款、商业债务存量和短期债务情况，本章测算发现这 3 个指标在短期都有负向的系数，意味着这些指标的增加会降低主权信用评级，尤其当这些指标超越警戒线的时候，就有可能迅速被国际评级机构降级。在对外收支方面，本章发现一国的可用储备、经常研究和净 FDI 的增加以及短期净外债的减少，都会有助于短期内提升评级，反之则不然。

（3）本章采用对比分析方法和面板随机效应模型，集中分析了中国与相关国家的评级是否公正以及未来走势。

研究结果表明，我国在2011年以前存在低估1个级别的现象，但2012—2016年却存在高估1~2个级别的现象，并且评级实际值与拟合值的剪刀差缺口越来越大，高估的程度越来越严重，将来不排除被降级的可能性，我们要警惕和防范这一风险。与此相反，美国、德国、法国的评级在2010前存在高估现象，但2012年后却存在低估现象，并且将来随着这些国家经济的好转和评级拟合值的走高，美国和法国评级有可能重回AAA级。印度、俄罗斯和中国香港的评级实际值和拟合值基本吻合，不存在高低估现象。中国台湾最近两年的经济走弱，导致评级拟合值有调头向下的趋势，将来也有可能存在降级的风险。

4.5.2 政策建议

近几年，由于受疫情和贸易摩擦影响，我国的财政赤字、公共债务和对外贸易都有许多不利因素。这些因素对我国的主权信用评级有不利的一面，可能对评级造成不良的影响。总体上，一国经济与主权信用评级最为相关和敏感的部分是债务问题，尤其是对外债务。当一国不景气的时候，政府可能会大举借债，以此来弥补总需求不足，达到刺激经济的目的。但这样做，不利的一面是政府需要借债来弥补赤字，当对内借债的额度不足或成本过高时，就可能对外举债，一旦外债到期不能偿还，这就涉及主权债务违约问题。

目前，我国政府债务和全社会杠杆率并不高，债务率处于国际中下游水平，低于60%的国际警戒线。债务余额也主要以内债为主，外债较少，对外违约风险较低。但是近些年非金融企业债务和地方债务风险快速上升，尤其是2008—2014年期间，非金融企业债务风险从98%提高到

149.1%，猛增了 51%，这样的上升势头值得警惕。我们要防止对内债务和对外债务间的相互影响和传导，尤其当一国财政和外贸出现“双赤字”时候，对主权信用评级而言是极其不利的，意味着一国的对外债务不大可能通过传统的贸易盈余渠道来弥补，这对于资本研究下有管制的国家而言，其所拥有的选择空间是相当有限的。虽然我国目前对外贸易尚处于盈余阶段，但趋势在下降，形势不容乐观。

主权信用评级是国家金融安全大局的一个有机组成部分和重要环节之一。如果我国较多的与评级相关的经济指标短期内出现大幅的波动和下降，在客观上就存在被降级的潜在风险。而一旦主权信用评级遭到连续下调，就有可能引发一系列金融事件，影响国家的金融稳定和安全。所以，我们要重视和警惕主权信用评级所蕴含的潜在风险和苗头，未雨绸缪，从改善经济运行的长期因素和整体层面上，加大财政和外贸的收支平衡和盈余能力，夯实国家的整体偿债能力。在短期内，也要学会采取一些应急手段，采用减债、偿债和转债等方式快速处理不当债务，避免债务间的相互传染和冲击干扰，确保我国的主权信用评级稳定向好，为金融和经济的持续健康发展保驾护航。

第 5 章　主权信用评级的公正性问题

本章将在第一阶段所建立主权信用评级模型基础上，延伸到第二阶段——利用模型来进行评价和预测，进而判断主权信用评级的“公正性”问题。主要采用的方法有三种：一是对比分析方法（定性法），对不同的国家进行群组分类，比如对 G20、BRICS（金砖 5 国）和人均 GDP 相近国家所得评级进行对比研究；二是模型预测法（计量法），主要采用带有国家效应 Vi 的面板随机效应模型进行拟合和预测，通过构建和评比各种模型，找出一种预测力最好的模型，进行回归和拟合；三是引入“评级缺口”的这一概念，来衡量实际值与拟合值之间的差距，进而鉴定某个国家的评级是否存在高估或低估现象，为这些国家维护自己权利，采取有效措施提供依据。结果表明，我国在 2011 年以前存在被低估现象，但 2012 年后却存在被高估现象。本章建议我国在被 Moody's 降级之后，要保持适度警惕，采取必要政策和措施，以防降级事件的再次发生。

5.1 主权信用评级公正性问题的争议及中国背景

5.1.1 舆论焦点与争议话题

主权信用评级的公正性问题是国际社会关注的一个焦点。我们经常会看到评级机构一旦对某一国家做出降级公告，就会遭到降级国的一通抱怨和指责，处于舆论的风口浪尖之上。主权信用评级的公正性问题也是一个广受争议的话题。Ferri 和 Stiglitz 等（1999）关于三大评级机构在东亚危机期间的“顺周期行为（Procyclical Role）”的研究，揭示这些机构存在“事前不预警，事后才警告”，有加重危机的嫌疑。Host 等人（2012）通过对三大信用评级机构在欧债危机蔓延过程中的行为分析，认为信用评级机构没有在危机发生之前就发出市场风险信号。然而，Kaminsky 和 Schmukler（1999）却认为信用评级机构所做的只是对一个国家违约可能性的独立意见，市场不应该过度解读。既然存在争议，那么在评级和被评级二者之间，最好有一个相对客观的标准：即主权信用评级是依据什么样的指标和模型做出的？如果一旦这个模型被客观地揭示出来，那么主权信用评级的公正性问题也就相应得到了解决。

5.1.2 中国面临复杂的后疫情国际背景

2017 年 5 月 24 日国际信用评级机构 Moody’s 将中国主权信用评级从 Aa3 调降至 A1，这是自 1988 年 Moody's 首次对中国评级以来的第二次降级事件（第一次是 1989 年），也是继去年“负面”展望的一个后续操作。同年 9 月 21 日下午，S&P 宣布将我国长期主权信用评级从 AA- 降至 A+，展望调整为“稳定”。对于这两次事件，中国财政部有关负责人都及时回应，认为 Moody's 和 S&P 调降中国主权信用评级的行为令人费解。这些国际评级机构调降的主要依据是中国的信贷增速过快和债务率过高，而忽视了中国的经济增长潜力。财政部认为信贷增长是一个国家经济发展阶段及融资结构等的综合反映，受经济结构、经济增长、历史文化等多重因素影响。不同经济体的融资结构本身存在较大差异，客观上会使货币信贷呈现不同的水平，不具有直接可比性，应结合一国实际具体分析。

事实上，这两次降级事件对当日和次日的中国股市、债市和离岸人民币造成了冲击。我国主权信用被降级，不仅受自身债务和杠杆率等因素的影响，也有深刻和复杂国际背景的原因。次贷危机和欧债危机发生后，世界经济形势发生一系列深刻的变化，一些发达国家的主权债务问题凸显，债务违约事件频有发生，这些事件不仅影响其国内经济发展，而且对世界经济和金融秩序也带来了不利影响。

我国自 1988 年被 Moody's 公司进行首次评级开始，三大评级机构陆续开展了对我国的主权信用评级。30 年间，伴随着我国经济的快速增长，主权信用评级也一直维持积极向上的势头。根据世界银行的计算，我国 2015 年的人均收入、总储蓄、总储备和公共外债分别是 1988 年的 28 倍、43 倍、143 倍和 5 倍。而我国的主权信用评级也由最初较低的 Baa1，上升了 4 个级别，到达了较高的评级 Aa3。从主权信用评级和相关经济指标的关系看，

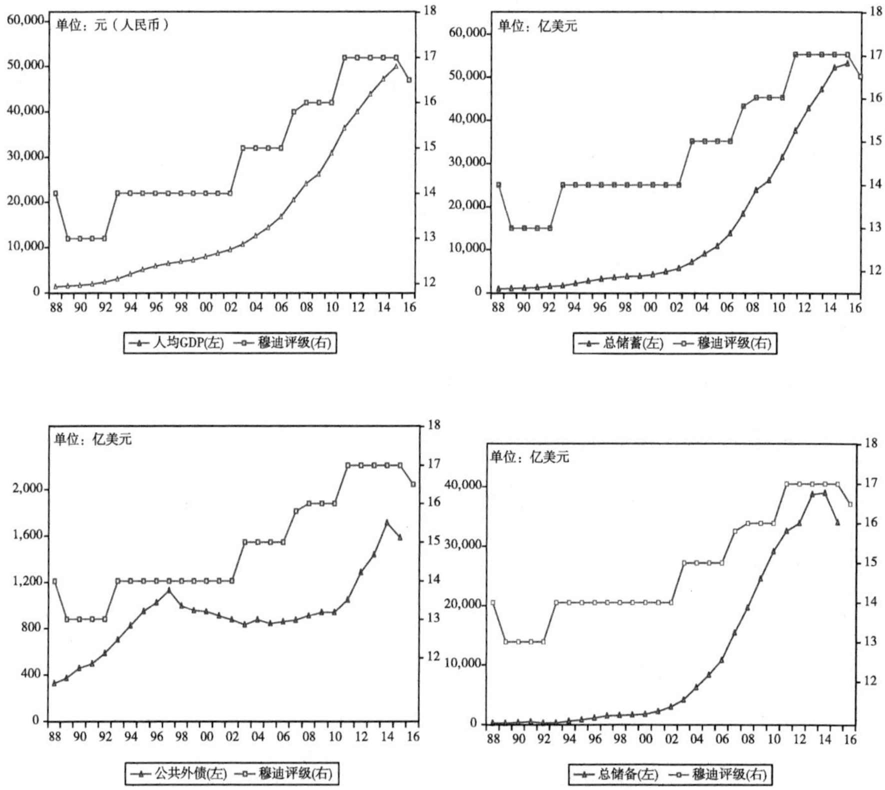

图 5.1　中国的主权信用评级与相关经济指标走势图

数据来源：世界银行和 Wind 资讯数据库。此图对评级字母符号进行了线性数值转换，并对展望积极 / 负面进行了上下 0.5 级别的调整。

二者在近 30 年间基本维持了协同上升的势头（见图 5.1），这反映了我国主权信用评级和经济基本面的状况是紧密相关的，当宏观经济积极向好的时候，主权信用一般会获得较高的评级，而相反则不然。

次贷危机后，受到国际经济和产业结构调整的影响，我国宏观经济持续下滑，2015 和 2016 年的 GDP 增长率分别为 6.9% 和 6.7%，跌破了自 1991 年以来一直保持的 7% 以上的增速。同时，外汇储备在近两年也出现下降势头，到 2016 年末降为 3.01 万亿美元，比最高值 3.8 万亿少了约 8000 亿美元。而另一方面，政府财政赤字却在逐年加大，2015 年占 GDP 的比例突破 3% 的警戒线以后，到 2017 年第一季度就出现了 1551 亿元的赤字。这些与主权信用评级密切相关的经济指标出现较大幅度下滑，潜藏着一些对我国的主权信用评级不利的因素。

5.2 评级付费模式对评级膨胀及公正性的影响

5.2.1 国际主流的评级付费模式

1. 美国

从历史进程来看，美国、英国和法国等发达国家的信用评级远早于我国，大概源于 19 世纪中后期，与这些国家出现的债券违约有关。一般而言，违约会导致损失，投资人因此想避免损失，而自身无法预测和评估风险，只好求助于市场专业机构。早期，美国评级市场较多采用“投资人付费”模式，即投资者为了获得评级报告而必须付出费用的模式。20 世纪 70 年代，美国证监会为了规范评级市场，授予当时市场占比较大的 Moody's、S&P 和 Fitch 三家机构为首批“国家许可的评级机构”（Nationally Recognized Statistical Rating Organization，简称 NRSRO），也是现在人们熟悉的国际三大著名评级机构，为这些机构的国际地位奠定了基础。此后，随着美国经济的快速增长，金融市场上的各类证券也蓬勃发展，在债券方面，政府债、银行债、公司债发行量急剧增加，导致了投资者对这些债券风险评估的需求，于是催生了评级公司的发展。早期的投资者付费，一旦被一个投资人购买后，该报告就可能扩散，加之当时一些电子技术已经出现，如复印、照相、传真等，使盗版的评级报告日益增多，严重影响了评级机构的经济利益。于是，一些评级机构开始探索新的付费模式，逐步由“投资人付费”转向“发行人付费”模式，这一转变，减轻了知识产权被盗取的程度，保障了评级机构的利益，但却造成了另外一些问题，比如评级虚高、评级选购（Rating Shopping）、评级膨胀（Rating Inflation）等问题。

到了21世纪，美国次贷危机和欧债危机的爆发，一些评级机构事前“虚高”评级的乱象被揭露出来，将评级机构推向了舆论中心，质疑声音不断。为进一步规范评级市场，防止评级机构的垄断利润和不规范评级行为，美国在2010年出台了由两名议员执笔的《多德-弗兰克法案》（Dodd-Frank Act）出台，该法案促使在美国证监会设立了一个专司信用评级的办公室，来专门负责对评级机构进行监管。该举措一定程度上提高了对评级机构的监管力度，增加了对不合规机构的惩罚力度，直至将其从NRSRO中除名。该法案的出台较之前规范了评级市场秩序，减少了部分不良行为，但也有一些学者认为这造成了评级机构趋于保守、不敢预测经济变化、评级延后、评级失效等新问题，使得评级在经济发展和金融稳定上所起的作用在某种程度上有所下降。

2. 中国

我国评级市场的发育较晚，这大概和我国市场经济主体地位的确立较晚有关。改革开放后，随着经济的活跃，1988年，我国首家评级机构——上海远东资信评估有限公司成立，标志着中国评级业的诞生。但评级机构之后的发展并不顺利，早期的评级机构大多隶属于银行系统，兼有多种身份、责任和义务，并非纯粹盈利的商业机构。在 20 世纪 90 年代，一些评级机构出现了许多不规范问题，国家对此进行了清理整顿，有些被关闭，有些脱离原有体系走向独立经营。发展到现在，我国的评级市场基本形成了以中债资信为代表的“投资人付费”模式和以大公国际、中诚信、联合资信、联合信用、中证鹏元、新世纪、东方金诚等为代表的“发行人付费”模式。

从评级效果和专业规范性来看，一些学者（Livingston et al.，2018；Amstad & He，2019）经过统计后发现，中国的“评级虚高”现象非常明显，评级上调频率远大于评级下调频率。最近几年，为了促进国内评级业的发展和与国际接轨，监管部门有序放开了国际准入限制，引进了一些国际知名机构，促进了我国评级业的发展，为本土机构树立了执业标准和行为典范，一定程度上遏制了评级市场乱象。但马榕和石晓军（2016）认为国际机构的加入导致了我国“评级虚高”现象的提升，他们利用 2005—2011 年间的上市公司数据，实证后发现上市公司应计盈余管理能够正向影响我国评级结果，这表明我国评级机构无法排除污染信息的干扰，甄别力较差，这一效应在短期融资券市场更加明显。

5.2.2 付费模式对评级公正性影响的机理及不同观点

（1）反对“发行人付费”模式

目前，大多数国家的评级市场中占主流的方式是沿用美国“发行人付费”评级模式，该模式虽然避免了评级报告的盗版问题，但也带来了严重的双向（投资人和发行人）利益冲突问题，导致信用评级偏离客观公正标准，呈现向上偏误倾向。已有较多文献（Bonsall，2014；Xia，2014；Jiang et al.，2012）认为，“发行人付费”模式比“投资人付费”模式对同一发债主体给出的评级显著提高。Jiang 等人（2012）利用 1971—1974 年间 Moody's 从“投资人付费”改用“发行人付费”的窗口期，而 S&P 依旧采用“投资人付费”进行对比研究，发现 Moody's 对同一发债主体给出的评级显著高于 S&P。但在 S&P 也改用“发行人付费”后，两者评级差异不再显著。之后，进一步利用 S&P 评级付费模式改变前后的数据进行研究，发现 S&P 对一些机构分歧较大的公司给予的评级通常会更高。Cornaggia（2013）对比了“投资人付费”模式中的 RP（Rapid Ratings）方式和“发行人付费”模式中 Moody's 公司对同一主体的评级差异，发现 Moody's 给出的评级虽然较为稳定，但在及时性方面较差，弱于 RP。进一步研究发现 RP 信用评级从序数上来看比 Moody's 更符合信用风险的真实分布，这从一个侧面证实了“投资人付费”模式下的评级质量更高。Xia（2014）采用“投资人付费”模式中的 EJR（Egan-Jones Rating）金融这一事件，研究了 S&P 公司如何对此进行应对，发现在 EJR 进入后，S&P 公司的评级质量显著提高，即能够更好地反映信用风险的变化，且 S&P 评级调整的信息效应亦显著扩大，这看似有悖于以往文献认为的“发行人付费”会导致评级机构竞争的加剧，有损于评级质量的观念。他们的研究发现 EJR 进入后 S&P 评级质量的提高是因为此时 S&P 开始更加重视其市场声誉。当然，一家机构评级质量的提升原因是多方面的，既有外部竞争的加剧，也有内在自我提升的要求。

国内也有一些学者研究了两种模式下优劣之处。吴育辉等人（2020）通过研究发现中债资信评级的“投资人付费”模式较“发行人付费”模式给出的评级更低。当然与评级越低对应的是发债主体的盈利能力就会变差，预期违约风险也提升，这看似反映出中债资信的评级质量较高，且“发行人付费”模式下虽然较主动评级的中债资信具有更佳的信息可得性，能够更方便地获取非公开信息，有助于其改善评级质量，但受制于独立性的缺失，其对非公开信息的处理往往不够客观和公允，导致其评级质量仍低于中债资信，这也体现出了独立性在评级业务中的重要地位。阮永锋等人（2019）利用中债资信 2008—2016 年数据进行研究，发现一旦发债主体被给出较低评级后，其所发债券的信用利差通常会显著提升。但一个发债主体是否被中债资信评级，并不影响“发行人付费”评级机构对其评级的高低，这表明虽然中债资信的评级对发债主体具有信息价值，但囿于目前良好外部环境的缺失，中债资信给出的评级尚无法改善“发行人付费”评级机构的评级质量。

（2）支持“发行人付费”模式

目前，更多学者支持“发行人付费”模式。Bonsall（2014）认为在同等条件下，尽管“发行人付费”模式给出的评级高于“投资人付费”模式，但他通过双重差分 DID 模型进行检验后，发现“发行人付费”模式给予被评级主体更高评级的原因是比“投资人付费”模式能够获得更多发债主体的信息，这既体现在“发行人付费”评级机构给出的更高评级能够预示发债主体更好的盈利前景，又体现在评级机构改用“发行人付费”模式后，其评级能够更为准确和及时地预测发债主体违约。Berwart 等人（2019）也有类似发现，即“发行人付费”给出的评级比“投资人付费”有更高的信息含量，且更及时。这一方面是因为“投资人付费”评级机构基本均非 NRSRO，另一方面是因为“发行人付费”评级机构给出的评级下调对股票异常收益率的负面影响更大，表明“投资人付费”评级机构亦有其长处。

国内学者一些学者对中债资信进行了研究，截至目前，该公司是我国唯一一家采用“投资人付费”模式的评级机构。一般而言，中债资信评级低于“投资人付费”评级机构的评级，因此，“发行人付费”评级机构需要对中债资信给出的低评级做出策略性反应，或下调评级进行“跟随”，或维持评级不变，或上调评级进行“对冲”。林晚发等（2017）发现随着中债资信对某一发债主体给出跟踪评级，“发行人付费”评级机构调整后续评级，且“发行人付费”评级机构的评级质量也会随之提高，他们还发现这一效应在“发行人付费”评级机构与发债主体间存在严重合谋时更为显著。孟庆斌等（2018）进一步发现了中债资信给出较低主体评级的发债主体，其在一级市场上所发行的债券信用利差显著更高，而被中债资信给出较低评级的债券二级市场风险溢价亦显著提升，且这一提升具有长期性，他们还发现了在中债资信市场份额较高的行业中，“发行人付费”评级机构的评级较低，证实了中债资信在这些行业对“发行人付费”评级机构的评级行为起到了正向的引导作用。寇宗来等人（2020）基于双重差分DID模型发现面对中债资信给出的较低评级“发行人付费”，评级机构不但不会跟随其下调主体评级的结果，反而会基于“监管套利”考虑，上调拟发债主体的后续主体评级，以对冲来自中债资信的负面冲击，确保拟发债主体顺利发债。

综上，在我国对金融市场特殊的审慎监管背景下，“发行人付费”和“投资人付费”模式所产生的评级结果既具有国际一般性特点，也具有我国的特殊性。

5.2.3 评级选购行为模式

在发行人付费模式下，就可能衍生出许多问题。Skreta和Veldkamp（2009）从评级选购的角度解释了基于“发行人付费”模式下的评级膨胀（虚高），该研究建立了一个均衡模型，发现发债主体可以从多个评级机构中进行意向性选择，找出那个自己中意的评级进行对外公布（即评级选购），这种对评级的选购过程势必会造成一定程度的评级膨胀，且随着金融工具的日益复杂，这种评级膨胀就会更为明显，甚至在单个评级无偏的情况下，在整个评级市场上造成向上系统性偏误。可见，基本的制度和模式，会造成一个结果，评级机构往往倾向于尽可能高地给出评级，以防止发债主体选择其他评级机构，从而损失其市场份额（Bolton 等，2012），但又不能施以过度宽松和不严谨的标准，因为这类评级行为一旦被市场发现和警觉，该机构长期积累的市场声誉将会显著受损，亦会有损于其市场份额和评级的融资成本效应（DeHaan，2017），甚至可能会被逐出评级市场。换言之，评级机构需要在短期利益和长期利益之间，市场声誉和市场份额中间进行选择权衡，如果着眼于长期利益，就不应该评级虚高。

5.2.4 评级膨胀的动因及不同路径机制

主权信用评级不同于私人产品，在某种程度上具有公共产品性质。评级报告具有明显的外部性和非排他性，一旦发布，很难防止其他人使用，故自由竞争难以达到评级市场的最优均衡（苏民，2017）。从积极的方面来看，评级膨胀有助于确保投资者对发债主体更为乐观，从而降低了发债主体的融资成本，进而改善其投资行为。

（1）评级竞争→评级选购→评级膨胀

在已有研究中，Skreta 和 Veldkamp（2009）从理论模型的角度证实了评级选购会在整个评级市场上造成向上的系统性偏误，评级选购即发债主体可从多个评级机构对其给出的评级中选择最优评级对外报告，故评级机构为了不损失市场份额，很可能倾向于为发债主体给出较高评级，意味着评级市场竞争会导致评级机构放松评级标准。Bolton et al.（2012）同样通过理论模型证实了在评级市场存在竞争的情况下，迎合性评级会推动评级膨胀，即评级机构为了迎合发债主体、争取市场份额，很可能会有动力向上偏离实际信用状况，对发债主体给出向上有偏的评级结果，强调了这种评级迎合现象会受到评级市场竞争的推动，表明评级竞争会助长评级迎合，进而促进评级结果施行更为宽松的评级标准，最终造成评级膨胀。由于 Skreta 和 Veldkamp（2009）和 Bolton 等人（2012）均为理论文章，此后，部分学者开始在评级市场竞争的背景下实证研究评级选购和评级迎合是否在债券市场中切实存在，例如 Griffin et al.（2013）在担保债务凭证（Collateralized Debt Obligation，简称 CDO）评级市场上进行了实证检验，发现当一家评级机构以较为宽松的评级标准开展评级后，其余评级机构亦会以相同策略跟进，证实了评级迎合的存在，但他们同时发现被 S&P 和 Moody's 同时评级的资产相比仅被其中一家评级机构评级的资产更易违约，表明评级选购现象在 CDO 评级市场中并不存在，这是因为在评级选购理论下，发债主体同时披露了两家评级机构给出的评级时的信用资质，显然较仅公布一家评级机构给出的评级时高。此外，Chu et al.（2019）在商业抵押担保证券（Commercial Mortgage Backed Securities，简称 CMBS）评级市场允许评级竞争的背景下，他们借助拍卖理论发现了评级竞争会导致评级机构迎合发行主体，使得评级产生向上的扭曲，但这一现象在 2008 年国际金融危机后有所缓解，证实了评级竞争导致评级膨胀。

在对此类行为的研究中，许多学者通过新的评级机构的进入这一外生事件，试图证明在评级市场竞争加剧的背景下，评级机构如何进行策略性应对，从而以动态的视角证明了评级竞争加剧对于评级机构行为的影响。Camanho et al.（2020）通过理论模型发现，在评级竞争加剧的背景下，既有评级机构会在当前利益（膨胀评级）和长期利益（市场声誉）间进行权衡，最终会选择膨胀评级，但评级膨胀并不一定会带来福利的损失，在新进入评级机构声誉较高时，评级膨胀会增进福利，而新进入评级机构声誉较低时，评级膨胀会降低福利。因此，信用评级市场较低的准入限制会加剧评级膨胀，并带来福利水平的下降。Becker 和 Milbourn（2011）采用 Fitch 成立并进入评级市场这一外生事件开展研究，通过实证研究发现

Fitch 进入评级市场后，既有的 S&P 和 Moody's 会显著提升评级水平，证实了评级竞争的加剧会导致评级膨胀，但 S&P 和 Moody's 评级的融资成本效应以及评级预测发债主体违约风险的能力却会明显弱化。但是，同样利用上述事件作为研究对象，Bae et al.（2015）认为 Becker 和 Milbourn（2011）的研究未考虑由不可观测的行业效应导致的内生性问题，他们通过进一步控制行业固定效应和发债主体特征从而解决了相关内生性问题后得出了相反的结论，发现 Fitch 市场份额与公司债评级水平无关，从而表明评级竞争加剧并不会导致评级机构放松评级标准。他们还发现在排除管制行业（如金融业和公共设施行业）债券后，Fitch 市场份额的提升并不会推高评级水平，表明 Becker 和 Milbourn（2011）所观测到的评级差异实际上反映了管制行业与非管制行业的评级差异。

（2）经济周期高涨（萧条）→违约概率低（高）→评级膨胀（紧缩）

一些学者认为信用评级是否有偏亦与经济周期相关。Bar-Isaac 和 Shapiro（2013）从信用评级质量与经济周期关系的角度，建立了理论模型，发现信用评级质量呈现出逆周期特征，即当评级收费较高、劳动力市场供不应求或债券违约概率较低时（一般而言，此时经济形势较好），评级机构更倾向于发布较有偏的评级结果，该结论对于允许评级竞争的评级市场亦成立，他们认为经济繁荣期评级机构给出的信用评级较高，是因为一方面此时发债主体能够以更低的成本进行融资，评级机构对其给出高评级风险较小，经济利益较高，另一方面此时发债主体投资前景较好，这也会激发其发债融资的动力，评级机构对其给出高评级有助于发债主体顺利地发债融资并拓展评级机构的市场份额，他们还发现若债券市场存在较多不成熟的投资者，信用评级质量与经济周期间的反向关系会显著放大。夏凡和姚志勇（2013）、Yao et al.（2017）也得出了与 Bar-Isaac 和 Shapiro（2013）一致的结论，他们认为评级机构需在对发债主体给出高评级带来的当前收益和未来声誉成本中进行权衡，在他们构建的理论模型达到均衡时，既可能出现评级膨胀，也可能出现评级紧缩。具体地，当经济衰退期来临，发债主体违约概率较高，此时声誉成本较高，故评级机构会以更严格的评级标准进行评级，从而导致评级紧缩，而经济繁荣期恰相反，此时发债主体违约概率较低，评级机构更关注当前收益，倾向于以更宽松的评级标准进行评级，从而导致评级膨胀，故信用评级是顺周期（Procyclical）的。

（3）声誉约束→标准严苛→评级紧缩

从长期角度来看，评级竞争不仅不会促使评级膨胀，反而会导致评级机构更加重视自身市场声誉，从而采用更严格的评级标准，因为这有助于其获得长期回报（Bar-Isaac&Shapiro，2013）。Manso（2013）利用其理论模型发现，当评级市场竞争加剧后，既有评级机构会更加注重其评级行为，这种竞争压力会导致其下调评级，但这种评级下调具有明显的负面影响，一方面会导致被下调评级的发债主体更易发生违约，另一方面也显著降低了福利水平。在国内也有一些学者研究了类似 Fitch 进入评级市场的评级竞争加剧的历史事件，徐晓萍等（2018）利用中证鹏元 2008 年 9 月获准进入我国企业债评级市场这一外生事件开展研究，发现评级市场竞争确实会加剧“评级虚高”，并显著弱化评级的融资成本效应。邢天才等（2016）通过构建评级机构声誉指标，在企业债和公司债市场上证实了评级竞争导致“评级虚高”，并降低了评级质量。

关于市场声誉的约束机制，Mathis 等人（2009）通过实证检验，发现评级机构市场声誉的约束机制，只在评级机构的主营收入来自非评级业务时才成立，当评级收入在总收入中占比过高时，评级机构往往倾向于采用较宽松的不严格标准，采用向上有偏的评级结果来公布，从机制上证明了如果存在利益冲突会对信用评级产生负面影响。Efing 和 Hau（2015）在结构化债券评级市场中同样发现，在控制发债主体固定效应和一系列信用风险代理指标的情况下，发现若评级机构与发债主体之间存在更多的双边证券业务，评级机构就会倾向于对发债主体给出更高评级，反映出利益冲突会加剧评级膨胀，且这一效应在结构化债券更为复杂以及结构化债券在信用膨胀期间发行时尤为明显。此外，Manso（2013）通过理论研究发现信用评级机构不仅应关注评级的准确度，也要考虑评级对发债主体未来继续存续概率的影响，意味着评级机构不应轻易地对发债主体给出大幅降级，而是应当尽量保持信用评级的稳定性，这是因为大幅降级不利于整体福利的帕累托改进，他还指出了“发行人付费”评级机构虽然在一定程度上造成评级膨胀，但更有助于增进福利。Goldstein 和 Huang（2020）在构建模型后发现，虽然评级机构需要在市场声誉和市场份额中进行权衡，但在均衡条件下，评级机构会向投资者报告向上有偏但仍具有信息含量的评级结果，他们还发现虽然评级膨胀是评级市场的常态，但这并不影响评级机构能够将信用资质极差的个别发债主体逐出债券市场，且这一评级膨胀对发债主体的影响并非完全负面。

（4）监管严苛→资产组合（高评级）→评级迎合→评级膨胀

从监管要求角度来看，监管部门对一些投资机构，比如银行、保险和券商等，要求它们的资产组合仅能配置一些高投资级的债券（Livingston et al.，2018），这会倒逼评级机构为了迎合顾客需求而高估评级。Stolper（2009）借鉴委托 - 代理理论对信用评级这一问题进行研究，发现一方面由于评级监管对机构资产的要求，评级机构为了迎合顾客，会通过合谋的手段共同提升评级水平，从而造成评级膨胀。而另一方面，如果监管部门能够采用严厉措施，甚至以取消认证，来惩处那些不尽职的评级机构，这就会产生一种铁炉效应，导致一些评级机构改善评级质量。但总体上，这两种效应叠加后，目前来看第一方面的短期行为更明显，会导致评级膨胀。Kisgen 和 Strahan（2009）利用加拿大 DBRS（Dominion Bond Rating Service）评级机构被纳入为 NRSRO 这一外生事件，发现在 2003 年被纳入 NRSRO 后，DBRS 给出的评级若高于其他机构给出的评级，该发债主体的融资成本将显著降低。平均而言，DBRS 对发债主体的评级相比其他 NRSRO 每提高一级，发债主体的融资成本即可下降约 39 个基点。但是他们同时也发现 DBRS 被纳入 NRSRO 后对某一发债主体给出的评级较其他 NRSRO 更低，该发债主体的融资成本在 DBRS 评级机构被纳入 NRSRO 后并不会出现显著变化。Opp 等人（2013）通过理论模型研究了有关信用评级的监管措施对评级机构的影响，他们发现这些监管措施虽然既可能提高也可能降低信用评级的信息价值。但毋庸置疑，这些监管措施一定会提升高评级债券的数量和占比，体现出监管套利行为，他们还发现评级机构的评级标准与发行主体信用资质的分布及所评资产的复杂程度均显著相关，这表明评级监管要求很可能会推升评级水平。

在实证研究方面，Cheng 和 Neamtiu（2009）发现当评级机构所受的监管程度更为严格时，比如在一些事件发生（次贷危机、欧债危机）后，评级机构倾向于暂时提高信用评级的准确性，并维持评级的稳定性，从而证明了评级机构所受监管的严格程度也能影响评级机构行为。在 2010 年美国出台《多德 – 弗兰克》法案后，一些学者研究了这一法案对美国评级市场的影响效果。Dimitrov 等人（2015）发现该法案出台后，美国“评级虚高”现象确实有所缓解，但也引致了评级机构过于保守、反应不及时等问题，导致评级下调的信息效应显著弱化，这虽然反映出评级机构开始更加重视其市场声誉，但显然也损害了评级效率。DeHaan（2017）发现虽然评级机构的总体质量在次贷危机后有所改善，但投资者已降低了对信用评级的信任度，表明信用评级的市场价值不复从前。一些新的工具和方法也被投资者所采用，比如 CDS 价格的变动，一定程度也反映了风险的大小。

5.3 评级的对比分析（定性）方法

这一部分采用对比分析方法，这是一种定性研究方法，按照某一指标，找出处在同一层级的几个国家，对比它们所得的主权信用评级是否一致。如果不一致，分析原因。对比对象主要包括人均 GDP 相近国家的评级比较、G20 国家的主权信用评级比较、金砖 5 国（BRICS）的评级比较。

（1）相同评级 AA 组（包括 AA+、AA、AA-）的比较

AA 组是 S&P 和 Fitch 公司给予的仅次于 AAA 级的一个类别。截至 2017 年 2 月，S&P 的 AA 组包括美国、澳大利亚和中国等 18 个国家。在 S&P 公司所列的与评级相关的 10 个宏观经济指标中，我国除了人均 GDP 和出口 / GDP 在该组处于倒数第一和第三名外，其他指标的位次都比较靠前，尤其是增长类指标，比如 GDP 增长率、投资增长率和投资 /GDP、储蓄 /GDP 都名列第一（见表 5.1）。由此可以看出，虽然我国在以人均 GDP 为代表的经济发展程度较低，但经济增长势头良好，这也是我国能够进入这一组别中的重要因素。从而可以推断评级公司不仅仅关注目前的经济水平和状态，更关注该经济体未来的增长潜力。

表 5.1　2015 年中国在 AA 评级组中经济指标排名比较

指标名称	人均 GDP	GDP 总量	GDP 增长率	投资 /GDP	储蓄 /GDP	出口 /GDP
中国位次	18	2	1	1	1	15

数据来源：S&P 公司网站

（2）人均 GDP 相近国家的主权信用评级比较

2015 年中国的人均 GDP 为 8086 美元，我们选择该数据的上下限的 20%（即 6469 美元 ~9703 美元）共 12 个国家作为比较对象（见表 5.2）。在该组中，S&P 给予我国的评级是最高的 AA-，那些高于我国人均 GDP 的国家，比如马来西亚、罗马尼亚、俄罗斯和巴西都没有我国评级高。由

此可见，我国取得 AA- 这样评级，并不是由于人均 GDP 这一代表发展程度的单一因素所决定的。

表 5.2　2015 年人均 GDP 相近国家的主权信用评级比较

国家名称	人均 GDP	评级	国家名称	人均 GDP	评级
苏里南	9481.2	B+	俄罗斯	8527.2	BB+
马来西亚	9302.8	A-	墨西哥	8354.4	BBB+
罗马尼亚	9194.0	BBB-	中国	8086.9	AA-
土耳其	9001.9	BB	保加利亚	7213.5	BB+
巴西	8790.5	BB	多米尼加	7173.9	BB-
黎巴嫩	8619.3	B-	哈萨克斯坦	7120.5	BBB-

数据来源：S&P 公司网站

（3）G20 国家的主权信用评级比较

目前 G20 是代表了全球总量最大的国家经济体，在这 20 个国家中，主权信用评级超过我国的包括拥有 AAA 级的 3 个、AA+ 级的 1 个、AA 级的 3 个，我国名列第 8，拥有 AA- 级别（见表 5.3）。剩余的 12 个国家中，包括俄罗斯、印尼、土耳其等 5 国拥有 BB+ 等垃圾评级。由此可见，在 G20 中我国的主权信用评级排名并不落后。

（4）金砖 5 国（BRICS）的主权信用评级比较

BRICS 是新兴市场经济国家中最有代表性的 5 个国家，我国在这个组别中评级名列第一，远好于其他 4 国的评级：印度 BBB- 级、南非的 BBB- 级、俄罗斯的 BB+ 级和巴西 BB 垃圾级。

表 5.3　中国与其他国家的主权信用评级分类比较

组别名称	金砖 5 国	G20 国家	AA 评级组	人均 GDP 相近国家
国家个数	5	20	18	13
中国位次	1	8	12	1

数据来源：S&P 公司网站。

5.4 随机效应面板数据模型拟合与预测

根据第三章对 4 种模型预测力的评估，本部分采用预测力较高的模型——面板随机效应（带有国家效应 Vi）模型，来进行中国、美国和德国等 8 个国家的数据拟合和评级分析。所选的 8 个国家大致分为 3 类：1. 大中华区，包括大陆、香港和台湾地区。2. 发达国家。美国、德国和法国是典型的发达经济体，次贷危机和欧债危机中主权信用评级都受到较大影响。3. 新兴市场经济。俄罗斯和印度是比较有代表性的新兴市场国家，最近几年评级一直处于波动状态。

从图 5.2 的模型拟合情况来看，有如下的趋势：（一）发达国家主权信用评级有积极向好的一面。美国、德国和法国在经历过次贷危机和欧债危机的洗礼后，经济状况出现了好转的趋势，在此带动下，主权信用评级的拟合值出现了高于实际值的良好态势，在图面上表现为拟合值与实际值的剪刀式缺口在不断扩大。这也意味着美国曾经在 2011 年遭 S&P 降为 AA+ 级别可能美国经济好转后会反转，恢复到原先的 AAA 主权信用级别。（二）大中华区的主权信用评级并不乐观。根据计算，大陆评级的实际值在 2009—2011 年前低于拟合值 1 个级别，意味着此阶段我国的主权信用评级有被低估的嫌疑，但在 2013—2016 年，模型的拟合值急剧直下，图像呈现向下的剪刀差，这可能意味着此阶段存在高估的可能性，大概高估 1~2 个级别。国际三大评级公司之所以没有及时调整，可能因为主权信用评级存在一个观察期的过程，评级的实际值通常落后于经济的实际变化。台湾地区的评级在 2015 年前一直处于一个上升的势头，但之后的评级拟合值转头向下，有恶化的趋势，这可能和几年来台湾经济不景气有关。香港地区的评级在经过一段时间的上升后，目前比较稳定。（三）新兴市场经济的主权信用评级稳中有降。俄罗斯的主权信用评级处于下滑通道，实际值和拟合值都有向下势头，不存在分离和高低估现象。印度的拟合值和实际值都比较稳定，有轻微的上升势头，也不存在高低估现象。

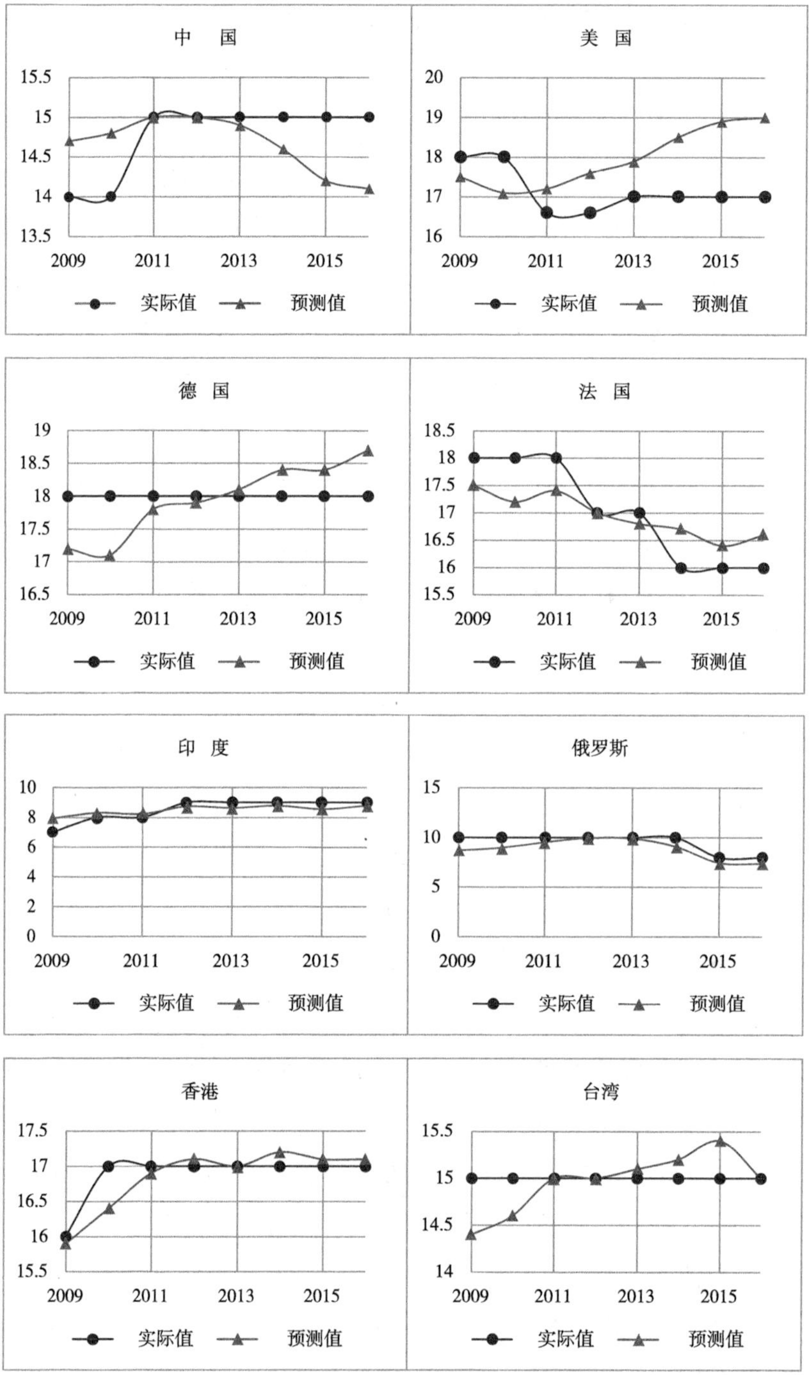

图 5.2　八个国家（地区）的实际与模拟评级对比图

5.5“评级缺口”模型评估与预测

在这部分，引入“评级缺口”的这一概念，来衡量实际值与拟合值之间的差距，具体计算过程如下式：

$$\Delta Ratings_i = Ratings_{act,i} - Ratings_{fit,i} \tag{7}$$

其中：$\Delta Ratings_i$代表评级缺口；$Ratings_{act,i}$代表实际评级值；$Ratings_{fit,i}$代表模型拟合值。当评级缺口为正时，意味着实际值高于拟合值，存在高估的可能性；当缺口为负时，意味着实际值低于拟合值，存在低估的可能性。

实证对象选择与我国紧密相关的大中华区及发达国家和新兴市场三类国家群体来进行主权信用评级拟合和预测：1. 大中华区，包括大陆、香港和台湾地区。2. G7 国家。这一群体是西方发达国家的代表，包括加拿大、法国、德国、意大利、日本、英国和美国，它们的 GDP 约占世界经济总量的 2/3 左右。次贷危机和欧债危机中美国、法国和意大利的主权信用评级受到了影响。3. 金砖（BRICS）5 国是新兴市场经济的代表，包括巴西、中国、俄罗斯、印度和南非。这些国家受经济形势的影响，最近几年评级一直处于波动状态。

从图 5.3 的模型拟合情况来看，有如下的趋势：（一）大中华区的主权信用评级并不乐观。根据本章计算，大陆在 2009—2011 年间的评级缺口为 0.8 左右，意味着此阶段我国的主权信用评级有被低估近 1 个级别的嫌疑，但在 2013—2016 年，评级缺口由负转正，且急剧增大，2016 年为 1.3，这意味着此阶段存在高估大概 1~2 个级别的可能性。由于评级黏性，在做出正式调整前，评级公司一般会发出评级负面展望等警告，之后如果没有好转才会调整，就像我国今年的降级事件就是如此。台湾地区的评级在 2015 年前一直处于一个上升的势头，但之后的数值转头向下，有恶化的趋

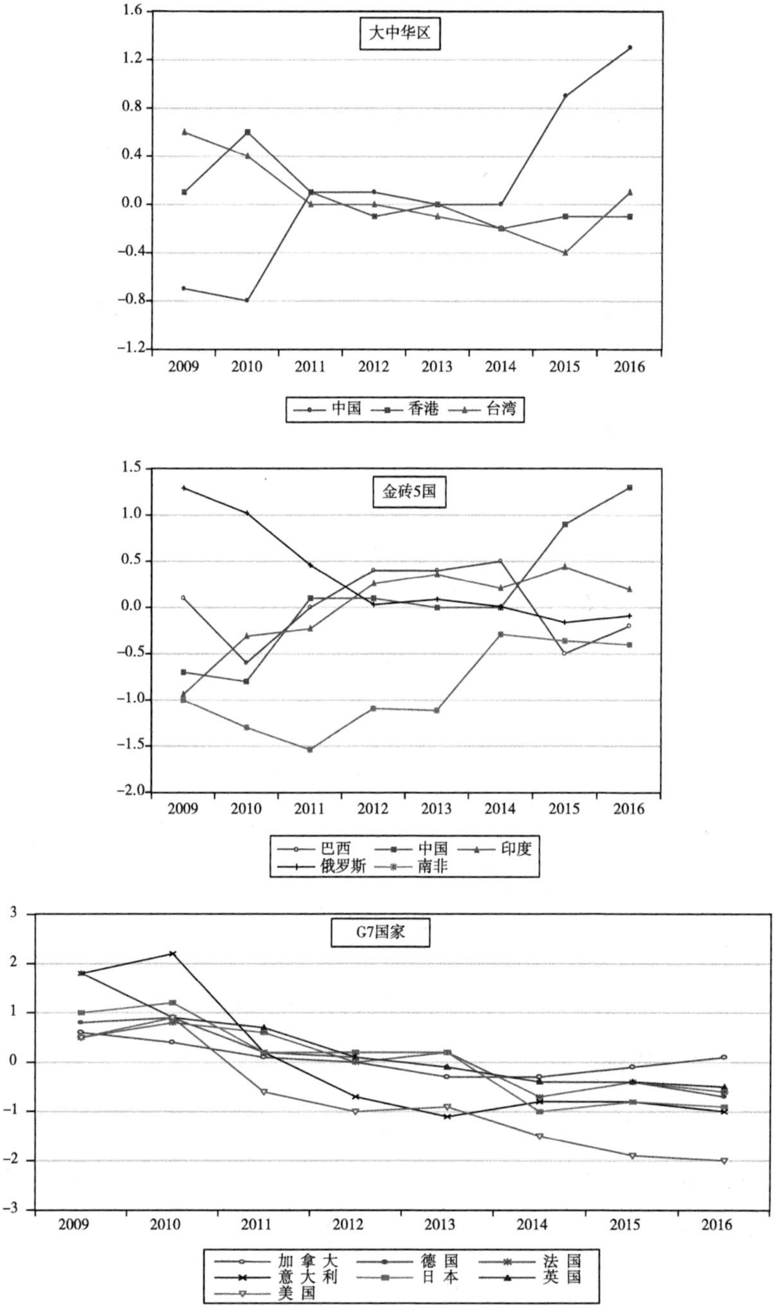

图 5.3　大中华区、金砖 5 国和 G7 国家的实际与模拟评级缺口图

势，这可能和几年来台湾经济不景气有关。香港地区的评级在经过一段时间的上升后，目前状态比较稳定。（二）以 G7 为代表的发达国家主权信用评级有积极向好的一面。美国、英国、法国和意大利在经历过次贷危机和欧债危机的洗礼后，经济状况出现了好转的趋势，在此带动下，主权信用评级的拟合值出现了高于实际值的良好态势。在图面上表现为除了加拿大外，其余 6 国的评级缺口为负，且在不断扩大，其中美国的缺口最大。这也意味着美国有可能会恢复到原先的 AAA 主权信用级别。（三）以 BRICS 为代表的新兴市场经济的主权信用评级稳中有降。俄罗斯的主权信用评级处于下滑通道，实际值和拟合值都有向下势头，但不存在较大的分离和高低估现象。印度的拟合值和实际值都比较稳定，有轻微的上升势头。巴西和南非的评级缺口较小，表明目前两国的实际值和拟合值接近，不存在较大幅度的高低估现象。

5.6 结论及建议

主权信用评级的公正性问题是国际社会较为关注的一个焦点，也是一个广受争议的话题。本章主要采用的方法有三种：一是对比分析方法（定性法），对不同的国家进行群组分类；二是模型预测法（计量法），主要采用带有国家效应 Vi 的面板随机效应模型进行拟合和预测；三是引入“评级缺口”的这一概念，来衡量实际值与拟合值之间的差距，进而评价某个国家的评级是否存在高估或低估现象。

研究发现，我国在 2009—2011 年间的主权信用评级大概被低估近 1 个级别，而在 2013—2016 年间大概被高估 1~2 个级别。与此相反，G7 国家 2013 年后整体表现良好，尤其美国的表现比较突出，有可能在近几年重回 AAA 级。金砖 5 国中俄罗斯的评级处于下滑通道，印度的评级数值相对稳定，有轻微的上升势头，巴西和南非的评级缺口较小，不存在高低估现象。

总之，我国在被 Moody's 和 S&P 降级之后，要保持适度警惕，从长期和短期两个角度，采取必要政策和措施，以防其他金融事件，尤其是降级事件（S&P 去年已经发出负面展望）的再次发生，从而减少对金融体系的冲击和干扰，为我国经济健康发展保驾护航。

第 6 章　主权信用评级对经济和金融的影响机制

近年来，在全球爆发的金融危机中[①]，主权信用评级对各国金融市场和经济增长都产生了不同程度的影响。主权信用评级变动会从虚拟和实体等多种渠道影响一国经济。一般认为，主权信用评级改变能够带给金融市场新的信息，并具有对市场的监测和认证功能（Kiff 等，2012）。当 SCR（Sovereign Credit Ratings）机构发布新的主权信用评级公告时，通常会对市场产生影响。另外，主权信用评级的改变，受“主权上限”惯例和“巴塞尔协议”对银行最低资本的要求，银行、基金等机构的资产组合也会受到影响。

6.1 主权信用评级对经济增长的影响

在主权信用评级对经济影响方面，至少可以从两个维度或框架来进行分析：第一维度是从经济增长或发展的中长期角度。从宏观经济学的角度讲，一国的经济发展主要取决于科技、资本和劳动力等因素，主权信用评级一般不可能改变潜在 GDP 的增长路径和轨迹。因此，鲜有此类研究的文献。第二维度是从短期波动或经济周期的角度。这类文献认为主权信用评级可以改变经济周期的波长和振幅（波峰和波谷），当评级机构是“顺周期”行事的时候，就增加了经济的波动性，使得经济比没有评级行为时更加繁荣或萧条；当评级机构是“逆周期”行事的时候，就减少了经济的波动性，使得经济更加稳健运行。

① 指 1997 年的亚洲金融危机、2007 年的美国次贷危机和 2009 年底的欧债危机。

主观上，人们更多的是希望评级机构能够“逆周期”行事，以削平经济的周期性波动，但在客观上是非常难以做到的。从 1997 年的亚洲金融危机到 2008 年后的次贷危机及欧债危机，我们能够更多观察到的是 SCR 机构的“顺周期”行为。在经济上升时期，SCR 机构锦上添花，烈火烹油，为许多公司提升评级，降低其融资成本，助推经济的过度繁荣；而一旦经济出现问题，便连续调降评级，雪上加霜，使得这些国家以几倍乃至十几倍的利率也融不到资，发生债务危机乃至政府破产。

SCR 机构出现这样的“顺周期”行为，如果不是主观上的故意为之，那么客观上就可能是自己的评级技术还不过硬，无法根据一国对外债务等经济条件的变化而提前调整评级。及至真实危机来临，才仓促调降。主观上，“客户付费模式”可能诱发评级机构的机会主义行为，存在为了短期利润而过高评级客户的内生诱因。这样一则可以减低声誉的损失，二则经济事实已经改变。所以，这也造成了历次金融危机后，许多学者和政府指责 SCR 机构的原因。

但这只是问题的一个方面，事实上，主权信用评级对金融和经济的影响过程是很复杂的。首先，主权降级并不是每一次都会给金融和经济带来影响。有些国家的主权降级事件，波澜不惊，基本对经济没有影响，比如，2011 年美国和 2017 年的中国主权降级事件，金融市场反应平淡，基本没有多大影响，这与两国的强大经济实力和仍处于较高评级地位有关。而对于另外一些国家，却掀起了惊涛骇浪，其债市、股市、汇市和衍生品市场（期货、期权等）迅速反应，引发一连串危机。这一点，已有的许多经济事实依据，比如 2011 年的欧债危机国家，尤其是 PIIGS 国家的主权降级，引起了利率的大幅跳升（Jump），导致公共债务危机和政府破产等，后果非常严重。

关于主权降级所引发的市场反应的差异性，目前已有的研究丰富了这方面的认识，但基本可以归结为一种情景理论（Conditional Theory），处于不同经济发展水平、不同金融环境和评级档次的国家，对主权信用降级的免疫力可能是不同的。主权信用评级通常处于商业评级和银行评级的顶层（Ceiling Ratings），是一国所有评级的制高点，制约着其他的评级。为什么如此？从理论上讲，主权信用评级就是对一国政府偿还外债意愿和能力的评价，而政府是该国公共事务的管理者。所以，一旦对外公共债务出现了问题，政府就有可能采用征税、滥发货币等手段，这势必影响到私人部门的收益和偿债能力，进而影响其公司信用等级。从实践上看，虽然 SCR 宣布公司信用评级可以超越主权信用评级，但实际上主权信用评级仍然是制约企业信用评级的重要因素（Borensztein 等，2013）。也就意味着，S&P 等公司宣布的放弃这一评级原则在实践中实行的概率是微乎其微的，大多数国家和地区的评级仍受制于这一准则。

主权信用评级变动会从多种渠道影响一国经济。大致而言，从虚拟层面，评级变动会释放对该国的经济利好 / 利空消息；从实体经济层面，主要是对融资成本及资本流动带来影响。一国主权信用降级后，该国的公司评级极有可能受到拖累而下降，这就导致对外融资成本的上升，迫使该公司减少调整水平，对实体经济产生负面影响（见下文的路径 1）。

路径 1（融资成本）：主权降级→公司评级下降→资本成本上升→迫使公司降低投资水平→对实体经济增长产生负面影响

路径 2（资本流动）：主权降级→传递出该国主权信用风险上升的信号→该国资本流出增加（且外国流入到该国的资本量减少）→资本净流入减少→该国经济增长率降低

从资本流动渠道来看，一国资本流动水平受到该国主权信用风险的影响，风险厌恶的投资者倾向于将资金从高风险地区转移到低风险地区。一国主权信用评级水平下降向市场传递出该国主权信用风险上升的信号。在此情景下，投资者为了规避风险会重新平衡其资产组合，将资金转移出该国，造成该国资本流出增加（Gande&Parsley，2014）。同时，在一个国家遭遇主权降级的情况下，外国流入到该国的资本量也会大幅度减少。而一国资本净流入的减少会导致该国经济增长率降低（见上文的路径 2）。

总体而言，主权信用评级变动对经济长期增长路径的影响有限，较多会影响短周期经济的波长与振幅。SCR 机构的评级行为具有典型的“顺周期”特征，而非逆周期行为。对于杠杆率不同的国家，主权信用评级变动的影响具有异质性。对于经济实力不同的国家，主权信用评级变动的影响是有差异的。对处于高评级水平的国家，主权信用降级的影响力是较小的。比如处于 AAA、AA+、AA 和 AA- 级国家，影响就小。而对于处于较低级别的国家，影响是大的，尤其对主权信用评级被调整到临界点（由投资级调向投机级）时所产生的巨大效应。评级临界点效应可以很好解释评级变动所引发的金融震荡、国际资本流动效应和非线性效应。

6.2 主权信用评级对金融市场的影响

美国次贷危机和欧债危机爆发后，世界经济形势发生了一系列深刻的变化，许多国家的主权债务问题凸显。国际三大评级机构（S&P、Moody’s、Fitch）所发布的主权信用评级公告备受关注，甚至引起了欧洲检察机关的重视（Financial Times，2015）。评级机构在金融市场上所起到的作用越来越重要，尤其在金融危机发生时，投资者由于对金融市场的恐慌和信心不足等因素，会更多依赖于外部第三方机构的判断。这时国际信用评级机构（Credit Ratings Agencies，简称 CRAs）的一举一动，就会备受市场的瞩目，对市场有举足轻重的影响。

主权信用评级是一国金融安全的重要组成部分。2017 年，我国连续被

S&P 和 Moody's 下调了主权信用评级，这两次事件值得我们警惕。我国从 1988 年首次被 Moody's 进行主权信用评级后，随着经济的快速增长，主权信用评级也在一路攀升。但这样的势头却在近两年出现了一些变化，2017 年 S&P 和 Moody's 先后将我国长期主权信用评级从 AA-/ Aa3 降至 A+/ A1，这是继 2016 年负面展望事件的后续操作。在银行评级方面，Moody's 将我国交通银行的 BCA 评级调降至垃圾级（ba1 级）。在短短两年内，国际两大评级机构多次对我国主权、银行和国企评级进行负面操作，我们不可忽视其中所蕴藏的金融风险。

欧债危机的发生为我们进行主权信用评级研究提供了典型的样板和自然实验数据。在危机前，学者们的主要兴趣是新兴市场国家的主权债务问题，不是发达国家的债务问题，毕竟一般认为发达国家或高收入国家违约的可能性较小。但危机的发生恰好在那些发达国家，所以借鉴危机中的一些现象和操作经验，对于我们这样一个 GDP 总量位居世界第二的经济大国是有积极意义的。近两年我国遭受的负面展望和降级现象，虽然短期对债市、股市和汇市等没有产生太大的影响，但不可低估今后继续降级所带来的损害，这会加深市场对我国经济的不良印象，推升借债成本，增加我国政府和金融机构对外融资难度。

所以我们要客观对待已经发生的负面评级，借鉴欧债危机中相关国家主权信用评级的经验和教训，重视主权信用评级所蕴含的潜在风险，未雨绸缪，从改善经济运行的总体上来夯实国家的整体偿债能力。

6.2.1 研究特点

本节以欧元区 15 个国家 2005—2016 年的数据为对象，通过运用事件研究法和面板固定效应模型，研究主权信用评级对欧元区 CDS 市场影响。结果表明主权信用评级对金融市场存在显著的“信息”和“认证”效应，而

"监管"效应不显著。通过对欧元区的研究，可以帮助我们明晰主权信用评级对市场的影响机制，为我国预防主权信用降级带来的风险和问题，汲取有益的经验和教训。

从以下几个方面，加强和改善了现有研究，主要的特点如下：(1) 在研究样本的选择上，增加了聚焦度。本章没有选择那些处在不同区域、经济联系较为松散的国家，只选择了欧元区中的 15 个成员国。Böninghausen 和 Zabel (2015) 认为不同事件的研究结果之所以很难比较是因为它们没有侧重具体的区域危机和同质的样本。相反，本章的数据是在同一种货币下具有类似政治和经济基本面的国家样本，并在相同时期内受到剧烈金融危机的影响。(2) 在研究对象的选择上，我们只研究评级对主权 CDS 产品的反应，没有选择对股市、汇市、货币市场和债市的影响。因为根据现有研究，其他市场的响应速度和反应程度都不及主权 CDS 产品及时和充分，毕竟 CDS 是和主权债券相对应的金融衍生品，天然具有一种内在联系。(3) 在主权信用评级对 CDS 市场产生影响和发挥作用的理论和机制分析上，本章借鉴 Kiff (2012) 等人的研究，从"信息、监管、认证和溢出"的四个角度，检验了这些效应的大小、方向和显著性，这为系统化研究评级的具体作用提供了支撑。

6.2.2 研究方法

本研究利用"事件研究法"来进行评级对 CDS 市场影响的研究。"事件"包括评级变更和警告在内的所有种类。本章选择 5 个窗口期：[-90, -8]，[-7, -1]，[0, +1]，[+2, +7]，[+8, +60]。在这 5 个窗口中，较为重要的是 [0, +1] 窗口，其次是事件日前后一周窗口。而选择 [-90, -8] 窗口是由于 CRAs 在大约 90 天内寻求对新信息采取行动，选择 [+8, +60] 是为了防止可能影响 CDS 传播的其他事件的污染。

事件分析法一般包括三个步骤：第一步，计算事件国每日 CDS 市场的异常回报 AR。本章使用市场模型来估计 AR，市场基准选择每日欧元区中位数的平均值①。对于每个事件，本章通过 OLS 方法，使用时长为［-240，-90］的估计窗口，来估计参数，具体见公式（1）：

$$AR_{it} = R_{it} - \left(\alpha_i + \beta_i R_{mt}\right) \quad (1)$$

其中：AR_{it} 是第 t 天国家 i 的异常 CDS 回报；R_{it} 是第 t 天国家 i 的实际回报；R_{mt} 是在 t 天的指数 m 的回报；$\alpha_i + \beta_i R_{mt}$是使用市场模型估计的每个事件的预期回报。

第二步，计算每个事件窗口和事件国家的每日 AR 平均值。

第三步，将每个事件类型（降级、升级、评级警告）的国家平均异常收益聚合，并且估计每个事件窗口的总体平均值$\overline{AR}$。

（1）信息发现效应（Information Discovery Effect）

如果评级变动导入了“新”信息，则应在发布日前后发现对市场有影响的证据，本章通过两个统计检验来评估异常回报的显著性：

第一个是横断面 t 检验。假设异常回报 AR 服从 n-1 自由度的 t 分布，其中 n 表示观察次数，需要检验$\overline{AR}$是否与 0 显著不同，因此零假设是：

$$H_0 : \left\{\overline{AR} = 0\right\} \quad (2)$$

如果我们拒绝零假设，则承认 CRAs 引入了“新”信息。进一步，如果发生的是负面事件，投资者的风险感知上升，则 CDS 利差扩大，可以认为$\overline{AR}$大于零。相反，如果发生正面事件，则$\overline{AR}$小于零，CDS 利差缩小。替代假设是：

$$H_1 : \left\{\overline{AR} > 0\right\} \text{对负面事件} \quad (3)$$

① 根据 Micu 等人（2006）的研究，我们使用基于中位数而不是利差平均值的指数，因为后者的统计可能受到一些异常值的严重影响。相反，我们认为中位数提供了更准确的 CDS 价差趋势。

$$H_1 : \left\{ \overline{AR} < 0 \right\} \text{对正面事件} \qquad (4)$$

但是，由于评级事件的样本量不足和 AR 分布中存在高不对称水平，t 检验结果可能是有偏的。在以前关于 CDS 市场的研究中也观察到这种不对称性（例如 Hull 等人，2004；Micu 等人，2006）。

因此，本章决定增加第二检验——Wilcoxon 符号秩检验，这是一种非参数检验方法，既不受有偏的影响，也不需要正态分布的假设，比 t 检验更稳健（Ederington 等，2015）。

（2）监管效应（Monitoring Effect）

关于监管效应的理解是可以假设评级机构在某种程度上担负着监管市场的职责。当这些机构发出警告提示的时候，其实是隐含着一种“合约”，如果被警告国家能够接受建议并采取行动来改善所出现的问题，则不会被降级。如果不然，则会被降级（一般在 6—12 个月之后）。因此，根据有无预警，可以将评级分为两组来进行对比：第一组是包含预警的评级变化，而第二组则是没有预警的评级变化。

如果存在监控效应，我们可以认为有预警的降级对 CDS 市场的影响会超过无预警的降级。进一步，可以通过 t 检验和非参数 Kolmogorov-Smirnov 检验来评估这两种影响之间的统计意义。本章的零假设是两个分布的均值在统计意义上是相同的；替代假设是在预期到的降级公告附近观察到的$\overline{AR}$在统计上大于在意料之外的降级公告周围观察到的$\overline{AR}$。

（3）认证效应（Certification Effect）

检验认证效应使用的方法是对那些从投资级跨越到投机级后所产生的影响进行分析。如果 CRAs 提供认证服务，那些导致监管类别边界（交叉）改变的降级所产生的影响比不会导致类别改变（非交叉）的降级更大。同样，本章使用 t 检验和 Kolmogorov-Smirnov 检验用于认证效果的检验。零假设是两个分布的均值在统计上无差异，而替代假设是在交叉降级公告被观测到的$\overline{AR}$在统计上大于在非交叉降级公告观测到的$\overline{AR}$。

6.2.3 研究数据

本章选取 2005—2016 年的 15 个 EMU 成员国[①]的相关数据，主要包括 3 个部分：

1. 主权信用评级数据

本章选择 S&P 发布的评级数据作为研究对象，因为一般 S&P 领先于 Moody's 和 Fitch 来发布评级公告，而且变动频率较高（Ismailescu，2010）和更加重视声誉（Alsakka，2014）。另外，评级结果是由一系列英文字母和“+、-”符号组成，而要进行计量回归，就必须转换成数值。本章采用综合赋值形式（Comprehensive Credit Rating，简称 CCR），具体评级量纲见表 6.1。

表 6.1　S&P 评级符号的数值转换

评级类别	数值	评级类别	数值
AAA	18	BB+	8
AA+	17	BB	7
AA	16	BB-	6
AA-	15	B+	5
A+	14	B	4
A	13	B-	3
A-	12	CCC+/CCC/CCC-	2
BBB+	11	CC	1
BBB	10	C	0
BBB-	9	SD/D	-1

① 2015 年底欧元区共有 19 个成员国，包括奥地利、比利时、芬兰、法国、德国、爱尔兰、意大利、卢森堡、荷兰、葡萄牙、西班牙、希腊、斯洛文尼亚、塞浦路斯、马耳他、斯洛伐克、爱沙尼亚、拉脱维亚、立陶宛。我们排除了卢森堡、马耳他、立陶宛和拉脱维亚，因为它们的 CDS 市场流动性远低于其他国家或者在较长期间里都不采用欧元。

续表

评级类别	数值	评级类别	数值
Ratings Warnings			
Positive outlook	+0.5	Negative outlook	-0.5
Positive review	+0.25	Negative review	-0.25

2.CDS 数据

本章选择五年期的主权 CDS 日数据，该数据以美元计价，我们取出价和询价的平均值作为每日 CDS 数据，从 Thomson Reuters 的 DataStream 数据库中获得。

3. 宏观经济数据

宏观经济数据从 DataStream 和 IMF 数据库中提取。每月双边贸易数据来源于 IMF 出版的“贸易统计指引”（DOTS）。国际银行流动的季度历史数据系列从 BIS 综合银行业统计数据获取。

6.2.4 实证结果

1. 信息效应

（1）主权信用评级变动公告对 CDS 市场的影响

在主权信用评级变动期间，观察 5 个事件窗口$\overline{AR}$的数值及其显著性（见表 6.2），从中分析 CDS 市场对评级变动的反应。

表 6.2　主权信用评级变动后不同窗口期的$\overline{AR}$数据及相关检验

窗口	降级			升级		
	$\overline{AR}$（%）	t- 检验	Wilcoxon 检验	$\overline{AR}$（%）	t- 检验	Wilcoxon 检验
[-90, -8]	0.05	（0.33）	（0.41）	-0.06	（0.38）	（0.13）
[-7, -1]	0. 24	（0.26）	（0.29）	0.05	（0.58）	（0.68）
[0, +1]	1.46	（0.008）***	（0.00）***	-2.31	（0.03）**	（0.00）***

窗口	降级			升级		
	$\overline{AR}$（%）	t- 检验	Wilcoxon 检验	$\overline{AR}$（%）	t- 检验	Wilcoxon 检验
[2，+7]	-0.06	(0.61)	(0.59)	-0.19	(0.33)	(0.46)
[8，+60]	-0.18	(0.96)	(0.99)	0.02	(0.54)	(0.69)

注：*P* 值在（）内，***、**、* 分别代表 1%、5%、10% 的显著性水平。

对于降级公告，在窗口期［-90，-8］和［-7，-1］中观察到的$\overline{AR}$都不显著，这说明通过 CDS 市场是不能预测评级下调的。在主权降级的当日和次日，CDS 市场的$\overline{AR}$显著提升了 1.46%，这就证实了评级下调对市场参与者具有很强的信息价值。在随后的［2，7］和［8，60］窗口期，存在负的$\overline{AR}$。这意味着利差在几天后就缩减了，说明市场吸收新信息的能力是非常强的。

对于升级公告，我们观察到$\overline{AR}$在事件发生日显著下降 2.31%，说明正面消息具有缩减利差的作用，显著提升了市场人气。

（2）不同时期和不同国家的异质性影响

为了检验不同时期和国家对结果影响的差异性，我们将原来的样本按照两个标准来分组：①时间；②国家。

在时期划分上，本章按照 OECD（2016）的标准，将如下两个期间划为危机时期：① 2008 年 2 月至 2009 年 6 月的次贷危机；② 2011 年 5 月至 2013 年 2 月的欧债危机。这个分析要验证降级对 CDS 市场的影响是否受金融危机的影响，因此，零假设是两个分布的均值相同，而替代假设是在“危机期间”宣布的降级所观察到的$\overline{AR}$在统计上大于在“正常时间”期间宣布的降级观察到的$\overline{AR}$。

表 6.3　金融危机与正常时期主权降级后 CDS 市场反应的异质性检验

窗口	[-90, -8]	[-7, -1]	[0, +1]	[+2, +7]	[+8, +60]
t- 检验	(0.45)	(0.86)	(0.18)	(0.93)	(0.59)
Kolmogorov - Smirnov 检验	(0.39)	(0.71)	(0.23)	(0.69)	(0.48)

注：*P* 值在 ( ) 内，***、**、* 分别代表 1%、5%、10% 的显著性水平。

表 6.3 中报告了在两个金融危机期间宣布的主权降级公告所观察到的每日平均异常收益$\overline{AR}$。在本章所设定的 6 个窗口中 t- 检验和 Kolmogorov - Smirnov 检验都不显著，表明二者在统计学上似乎是没有差异的，也就是危机并没有对评级带来显著影响，即时间上不存在异质性。这个结果与其他研究者的结果有所差异，比如，李明明 (2016) 认为金融危机会减弱评级对 GDP 的影响力。本章认为 CDS 是一种金融衍生品，对评级的反应要快于其他变量。

在国家类型的划分上，本章选择 PIIGS 的 5 个国家 "希腊、爱尔兰、意大利、葡萄牙和西班牙" 作为一组，它们被认为是欧债危机中最受影响的国家。这 5 个国家以公共债务 /GDP 比率高、金融状况不稳定和系统性风险高而闻名。因此，我们假设在降低 PIIGS 国家评级的情况下观察到的$\overline{AR}$大于在其他国家的$\overline{AR}$。对于这个分析，本章也使用 t 检验和 Kolmogorov–Smirnov 检验，零假设是两个检验的均值不具有统计上的差异。

表 6.4　欧洲 "PIIGS" 国家与其他国家在主权降级后的异质性检验

窗口	[-90, -8]	[-7, -1]	[0, +1]	[+2, +7]	[+8, +60]
t- 检验	(0.06)	(0.32)	(0.106)	(0.65)	(0.49)
Kolmogorov - Smirnov 检验	(0.07)	(0.25)	(0.005) ***	(0.30)	(0.54)

注：*P* 值在 ( ) 内，***、**、* 分别代表 1%、5%、10% 的显著性水平。

表 6.4 的结果表明，虽然 t 检验的 p 值略高于 10% 的显著性水平，但 Kolmogorov–Smirnov 检验却证实了国家群组划分的统计意义显著，也就是金融压力较大的国家受到负面评级公告所产生的影响会更大。

2. 监管效应

评级的展望和评论（Outlooks 和 Reviews）是对当事国的一种提醒和警示，如果在预定的期限内，被评级国进行了主动整改或经济情况出现了积极好转，那么就不会被降级，否则会被降级。

表 6.5　有预警与无预警主权降级对 CDS 市场影响的差异性检验

窗口		[−90，−8]	[−7，−1]	[0，+1]	[+2，+7]	[+8，+60]
有预警	$\overline{AR}$（%）	0.14	0.59	1.69	−0.20	−0.21
	t- 检验	（0.17）	（0.06）*	（0.00）***	（0.70）	（0.95）
	Wilcoxon 检验	（0.24）	（0.31）	（0.00）***	（0.65）	（0.96）
无预警	$\overline{AR}$（%）	−0.05	−0.26	1.01	0.12	−0.08
	t- 检验	（0.63）	（0.70）	（0.02）**	（0.31）	（0.73）
	Wilcoxon 检验	（0.60）	（0.93）	（0.03）**	（0.33）	（0.82）
相等	t- 检验	（0.16）	（0.06）*	（0.21）	（0.72）	（0.73）
	Kolmogorov - Smirnov 检验	（0.84）	（0.30）	（0.19）	（0.21）	（0.71）

注：*P* 值在（）内，***、**、* 分别代表 1%、5%、10% 的显著性水平。

表 6.5 的结果显示，在提前一个季度，即在窗口［−90，−8］期间，不论是在有预警或无预警的情况下，$\overline{AR}$都不显著，表明 CDS 市场并不能预测评级的变化。

在有预警的降级［−7，−1］期间，$\overline{AR}$约 0.59%，t 检验显著，这似乎表明市场能够预期即将到来的评级变化，但 Wilcoxon 检验不显著，弱化了这一判断。相反，对于无预警的降级，我们在前一周没有观察到任何相关的影响。

在降级公告日和次日，即在窗口［0，+1］期间，我们观察到不论有无预警，降级对市场的$\overline{AR}$影响都是显著的。有预警和无预警的$\overline{AR}$分别为 1.69% 和 1.01%，前者明显大于后者，表明有预警的市场影响力更大一点。但 t- 检验和 Kolmogorov - Smirnov 检验表明它们在统计上是无差异的，同时在其他时间窗口中得出的结论也一样。这些就表明有预警和无预警的降级对欧元区 CDS 市场的影响不具有统计意义上的差别，即不存在监管效应。

3. 认证效应

一般认为，投资级和投机级的债券是有本质差异的，因此，交叉降级（Crossover Downgrading）会触发临界点效应，导致市场较大的反应；而非交叉（Non-crossover）降级则影响很小。

表 6.6　主权信用评级认证效应的存在性检验

窗口		[-90, -8]	[-7, -1]	[0, +1]	[+2, +7]	[+8, +60]
交叉降级	$\overline{AR}$（%）	-0.02	0.85	2.21	-0.15	-0.14
	t- 检验	(0.50)	(0.07) *	(0.00) ***	(0.66)	(0.85)
	Wilcoxon 检验	(0.51)	(0.21)	(0.02) **	(0.66)	(0.84)
无交叉	$\overline{AR}$（%）	0.08	-0.09	1.01	-0.01	-0.16
	t- 检验	(0.25)	(0.60)	(0.03) **	(0.49)	(0.93)
	Wilcoxon 检验	(0.35)	(0.91)	(0.02) **	(0.58)	(0.95)
相等	t- 检验	(0.66)	(0.09) *	(0.08) *	(0.60)	(0.43)
	Kolmogorov - Smirnov 检验	(0.68)	(0.14)	(0.04) **	(0.25)	(0.96)

注：*P* 值在 ( ) 内，***、**、* 分别代表 1%、5%、10% 的显著性水平。

表 6.6 显示交叉降级可以被 CDS 市场在窗口 [-7, -1] 部分预期，这时 t- 检验显著，但 Wilcoxon 检验不显著。在事件窗口 [0, +1] 中，评级对 CDS 市场的影响显著，交叉降级的影响为 2.21%，而非交叉降级大约为 1.01%，交叉降级比非交叉降级具有更显著的影响。这些实证结果证实了目前 CRAs 依旧提供认证服务，一个导致发行人评级大类改变的降级，意味着投资者可能被迫降低垃圾资产的配置，来适应监管的要求，所以这样的降级会导致更剧烈的市场反应。当然，G20 峰会、美国的"Dodd-Frank"法案和欧盟委员会在试图通过一些手段，改变目前对外部评级过度依赖的

监管状况。

6.2.5 稳健性检验

本章从以下三个方面进行了稳健性检验：第一，对评级数据的替代。本章采用 Moody's 和 Fitch 来替代 S&P 数据，以验证采用不同评级数据是否会影响欧元区 CDS 市场的反应。通过检验，本章没有发现三者之间的显著差异，证明了本章结论的稳健性。第二，对市场基准的替代。本章之前使用的是 [-240，-90] 窗口来估计 AR，现在用 [-180，-90] 窗口来估计，结果证实以前的结论在新的窗口下仍然有效。第三，对评级事件构造方法的修正。由于在使用 CCR 构造评级事件时，一些研究者曾经提出了异议（Böninghausen&Zabel，2015）。本章使用了另外一种方法，通过设置一个虚拟变量来替代 Events，如果事件国评级调整了两个或以上级别，该变量就等于 1，否则为 0。此后，我们重新估计方程（6）和（7），发现所得到结果与之前在统计上是没有差异的。这些都证明了本章结论的稳健性。

6.3 结论及启示

欧元区是当今经济和货币一体化程度最高的地区，欧债危机的发生为我们提供了典型的样板和自然实验数据。通过对欧元区的研究，可以帮助我们明晰主权信用评级对市场的影响机制，为我国预防主权信用降级带来的风险和问题，汲取有益的经验和教训。

6.3.1 研究结论

本章应用“事件研究法”，集中研究了主权信用评级公告对欧元区主权 CDS 市场的影响，通过对 5 个窗口期的观察，主要结论如下：

第一，主权信用评级的“信息效应”。本章发现如下现象：① CDS 市场无法在一周前或更早时间来预测主权信用评级的改变；② 评级的改变会显著影响 CDS 市场收益率，但在事件日后的影响力呈现迅速下降的趋势，表明市场对新信息的吸收能力很好；③ 降级的影响虽然不具有时间上的异质性，但具有国家类型上的异质性。即使金融危机不会放大评级的影响力，而金融压力较大的国家（PIIGS）一般受到负面评级公告影响更大。

第二，“监管效应”方面。在欧元区主权 CDS 市场，有预警和无预警的降级对 CDS 市场的影响没有显著差别，这也意味评级机构不具有监管效应。

第三，“认证效应”方面。本章发现虽然美欧等国力图削弱对外部评级的依赖，但目前收效甚微，评级机构依然提供着认证服务。一个导致发行人评级类别变化的降级，意味着由于投资者可能会被迫调整资产配置，减少不合规资产数量，所以这类降级所带来的市场反应更剧烈，本章的实证结果肯定了认证效应的存在。

6.3.2 启示及借鉴

2020 年以后，伴随疫情爆发，我国财政赤字率不断高企，这与政府为了刺激经济回升，逐年加大财政赤字有关。同时，我国对外贸易也出现了一定困难，外汇储备大幅下滑。这些因素对我国的主权信用评级有不利的一面，可能对评级造成不良的影响。总体上，一国经济与主权信用评级最为相关和敏感的部分是债务问题，尤其是对外债务。当经济不景气的时候，政府可能会大举借债，以此来弥补总需求不足，达到刺激经济的目的。但这样做，不利的一面是政府需要借债来弥补赤字，当对内借债的额度不足或成本过高时，就可能对外举债，一旦外债到期不能偿还，这就涉及主权债务违约问题。

主权信用评级是国家金融安全大局的一个重要组成部分。我国较多的与评级相关的经济指标短期内出现大幅的波动和下降，客观上就存在被降级的潜在风险。而一旦主权信用评级遭到连续下调，就有可能引发一系列金融事件，影响国家的金融稳定和安全。所以，我们要重视和警惕主权信用评级所蕴含的潜在风险和不良苗头，采取一些手段，确保我国的主权信用评级稳定向好，为经济的持续发展创造良好条件。

第 7 章　主权信用评级的国际传染与溢出效应

主权信用评级是一国金融安全的重要组成部分，主权信用评级变动所产生的价格冲击波通常会在不同国家间进行传染和溢出。这种国家间的相互影响可以分为不同类型和层次，从类型上看，存在季风效应、溢出效应和净传染效应（冯乾，2016）等方面；从层次上看，有些涉及虚拟层面，有些会传导到实际层面。本章继续上一章内容，以欧元区 15 个国家 2005—2016 年的数据为对象，通过运用面板固定效应模型，研究主权信用评级对欧元区 CDS 市场的溢出效应。研究发现欧元区的主要溢出渠道是银行间的业务关联，而不是国际贸易。同时，一个脆弱的银行体系，可能会放大市场对降级的反应。通过对欧元区的研究，可以帮助我们明晰主权信用评级对市场的影响机制，为我国预防主权降级带来的风险和问题，汲取有益的经验和教训。

7.1 研究方法

这一部分的主要内容为国际部分，包括主权信用评级溢出效应的存在性以及主要溢出渠道的检验。我们将扩展之前的分析，验证评估公告对欧元区其他成员国 CDS 市场的溢出效应及主要溢出渠道。

（1）溢出效应的存在性检验

为了验证主权信用评级的溢出效应，本章建立模型公式（1），分别估计负面事件和正面事件对主权 CDS 的影响：

$$\Delta CDS_{i,t} = \beta_0 + \beta_1 Events_{j,t} + Control + \sum_k \beta_k X_{k,t} + \epsilon_{i,t} \quad (1)$$

其中，$\Delta CDS_{i,t}$ 表示非事件国在时点 t 的 CDS 累积收益，本章使用［0, +1］窗口，因为我们观察到评级在这两天对 CDS 市场的影响最大。变量 $Events_{j,t}$ 表示在时点 t 观察到的 CCR 变化的绝对值，系数 β_1 表示 CDS 市场对评级变化的增量反应。如果存在溢出效应，Events 就应该是统计显著的。

为了控制其他变量对因变量的影响，本章进一步加入了 7 个控制变量，由式（1）扩展为式（2）：

$$\Delta CDS_{i,t} = \beta_0 + \beta_1 \text{ Events}_{j,t} + \beta_2 \text{ Distance}_{i,t} + \beta_3 \text{ Leading}_{j,t} + \beta_4 \text{ VSTOXX}_t + \beta_5 \text{ Warning}_{j,t} + \beta_6 R_t + \beta_7 \text{ EDebt}_{j,t-1} + \beta_8 \Delta \text{ EStock}_{j,t} + \sum_k \beta_k X_{k,t} + \varepsilon_{i,t} \quad (2)$$

其中，$Distance_{i,t}$ 代表第 i 和 j 个国家的评级之间的绝对值差异，用于检验两个国家间的评级距离是否会对溢出效应产生显著影响。$Leading_{j,t}$ 衡量公告日前一个月第 j 个事件国评级的绝对值变化，因为溢出效应大小可能受到前几周公布的同一发行人的其他评级事件的影响。$VSTOXX_t$ 是在公告日前一天的波动前景指数的值。$Warning_{j,t}$ 是一个虚拟变量，如果观察到的评级变化是由之前的警告所预期的，那么这个变量等于 1，否则为 0。R_t 表示欧洲央行在事件日的再融资业务利率。$EDebt_{j,t-1}$ 衡量事件国 j 前一个季度的公共债务 /GDP 的比率，一个高负债的国家可能会比低债务国产生更大的外溢效应。$\Delta EStock$ 衡量事件国 j 的股指在过去 30 天的变化，一个近期下跌的股市可能会放大降级公告的溢出效应。

最后，本章设置一个虚拟变量 $X_{k,t}$，以控制国家和年份固定效应。$\varepsilon_{i,t}$ 表示误差项。

（2）检验溢出效应的主要传播渠道

溢出效应一般是通过国际贸易渠道和银行流（Bank Flows）来传播和影响的，因此，我们在式（2）的基础上，加入有关变量来构造式（3）：

$$\Delta CDS_{i,t}=\beta_0+\beta_1\ \text{Events}_{j,t}+\beta_2\ \text{Distance}_{i,t}+\beta_3\ \text{Leading}_{j,t}+\beta_4\ \text{VSTOXX}_t+\beta_5\ \text{Warning}_{j,t}+\beta_6 R_t+\beta_7\ \text{EDebt}_{j,t}+\beta_8\Delta E\ \text{Stock}_{j,t}+\beta_9\frac{\text{Export}}{\text{GDP}}_{i,t-1}+\beta_{10}\frac{\text{Bankflow}}{\text{GDP}}_{i,t-1}+\beta_{11}\ \text{Defloan}_{i,t}+\beta_{12}\ \text{Liqassets}_{i,t-1}+\beta_{13}\ \text{GRCaptial}_{i,t-1}+\sum_k\beta_k X_{k,t}+\varepsilon_{i,t} \quad (3)$$

其中，$Export/GDP_{i,\ t-1}$ 代表 t-1 期从第 i 到第 j 个国家的出口 /GDP 的百分比。$Bankflow/GDP_{i,\ t-1}$ 衡量了 t-1 期的第 i 个国家国家银行体系向第 j 个国家官方部门的风险敞口 /GDP 的比例。如果溢出效应随着向第 j 个国家银行风险敞口的增加而显著上升，则可以认为银行是传播渠道之一。$Defloan_{i,\ t}$ 衡量第 i 个国家银行违约贷款[①]与贷款总额的比率。$LiqAssets_{i,\ t-1}$ 表示事件国 i 前一年流动资产与短期融资加存款总额之间的比例。$GRCapital_{i,\ t-1}$ 代表事件国 i 前一年银行体系的总监管资本与风险权重资产的比率。

7.2 实证结果

本章选取的主权信用评级、CDS 和宏观经济数据，与上一章相同，主要研究主权信用评级的对外溢出效应和传染渠道。

（1）溢出效应

根据式（2），我们计算出表 7.1 的结果，其中第（1）栏为降级的结果，变量 *Events* 的系数显著为正，说明降级存在跨国溢出效应，溢出强度为 0.69%；变量 *Distance* 的系数显著为负，说明相同等级的国家间更容易传染，而随着两国评级距离的增加，CDS 市场反应趋于下降；*Leading* 的

① 指支付本息超过 90 天或以上的违约贷款。

系数显著为负，说明降级存在边际作用递减现象，即连续降级对市场的边际影响力递减。这一点与冯乾（2016）的结论是一致的。本章发现在一个月前宣布的事件国评级变动会减少 CDS 市场对此次降级的反应，大约为 2.5%。变量 *Warning* 的系数显著为负，说明欧元区 CDS 市场对有预警降级的反应低于无预警降级的反应，这一点间接否认了评级的监管效应，和我们之前的结论一致。欧洲央行的货币政策也会影响 CDS 利差，变量 *R* 的系数显著为正，说明一个紧缩性货币政策会增加 CDS 市场对主权降级的反应。*EDebt* 的系数显著为正，说明事件国的高额债务负担会放大降级的溢出效应，也意味着同样的降级事件发生在不同债务负担的国家会有不同效果，高债务国家对市场产生更大的冲击。ΔEstock 系数显著为负，表明一个过去股指向上的市场会减弱降级的负面影响。

表 7.1 中第（2）栏显示的是升级的结果，该栏中大多数变量的系数是不显著的，这进一步佐证了金融市场通常存在“非对称效应”的假设，即对负面事件反应剧烈，而对正面事件的反应平淡，也与之前的一些研究者（Drago，2016；刁莉和朱琦，2017；范彦君和董裕平，2012）结论一致。关于原因的解释，Ferreira（2007）认为降级可以比喻为一个唤醒电话（Wake-up Call），通过对投资者的唤醒，主权信用评级机构借助专业的知识和威望，使得市场更进一步确认事态的严重性。而升级则可能只影响事件国家本身，被认为较少代表了整个欧元区的经济和财政状况。

表 7.1　主权信用评级变动的溢出效应

	（1）	（2）
Events	0.0069*** （0.0011）	0.0679 （0.2549）
Distance	−0.0013* （0.0791）	– –
Leading	−0.0261*** （0.0009）	– –

续表

	（1）	（2）
VSTOXX	-0.0015** （0.0298）	0.0004 （0.4678）
Warning	-0.0441*** （0.0012）	- -
R	0.0608*** （0.0019）	- -
EDebt	0.0002*** （0.0016）	-0.0015 （0.4531）
Δ*EStock*	-0.1459*** （0.0003）	-0.0052 （0.8915）
Constant	-0.0648 （0.3516）	0.0495 （0.3654）
Adj. R^2	0.31	0.33
F-test	7.58***	6.49***
Obs.	546	153

注：列（1）、列（2）分别为降级和升级结果；*P* 值在（ ）内；***、**、* 分别代表 1%、5%、10% 的显著性水平

（2）溢出效应传播渠道

本章进一步检验降级公告的溢出渠道。由于银行流（Bank Flow）数据的不全而导致可用样本量的减少，为了保证模型的有效性，本章采用 10% 的显着性水平来剔除模型中的一些自变量，最后所保留的变量和方程式（3）回归结果见表 7.2。

表 7.2　主权降级溢出效应的主要传播途径

	（1）	（2）
Events	0.0099*** （0.0018）	0.0118*** （0.0023）
Leading	-0.0169** （0.0109）	-0.0186*** （0.0089）

续表

	（1）	（2）
Warning	–0.0385** （0.0406）	–0.0379** （0.0469）
R	0.0701*** （0.0025）	0.0729*** （0.0056）
ΔEStock	–0.191*** （0.0031）	–0.1959*** （0.0045）
Export/GDP	0.2061 （0.3136）	– –
Bankflow/GDP	0.1691*** （0.0089）	0.1788*** （0.0068）
Defloan	– –	0.0049*** （0.0038）
LiqAssets	– –	0.0012 （0.3213）
GRCapital	– –	–0.0085* （0.0801）
Constant	0.469*** （0.0011）	0.5135*** （0.0013）
Adj. R^2	0.68	0.695
F-test	11.02***	10.41***
Obs.	103	103

注：列（1）为检验降级的传输渠道；列（2）为检验银行系统变量带来的影响；*P* 值在（ ）内；***、**、* 分别代表 1%、5%、10% 的显著性水平。

表 7.2 中的列（1）显示变量 *Export /GDP* 的系数不显著、变量 *Bankflow /GDP* 在 1%水平上是显著的。这说明欧元区评级溢出的主要渠道不是国际贸易，而是银行渠道。随着第 *i* 个国家银行系统对事件国家 *j* 的风险暴露加大，欧元区 CDS 价差将会上涨。这一结果表明，欧元区银行系统之间的紧密联系会导致负面金融冲击的快速传播。

列（2）中扩展了对银行系统作为溢出效应主要渠道的分析，本章共添加了 3 个变量来描述银行系统的稳定性，回归结果显示 Defloan 和

GRCapital 的系数分别在 1% 和 10% 显著不为 0，而 LiqAssets 的系数不显著。从变量系数的正负和大小角度说明一个不良贷款的不断增长和监管资本比率较低的脆弱银行体系，会导致更大的主权 CDS 市场反应。

总体上看，方程式（3）证实了两个结果：第一，银行渠道是欧元区评级溢出的主要渠道；第二，脆弱的银行体系会放大降级的负面溢出效应。

7.3 稳健性检验

本章从以下三个方面进行了稳健性检验：第一，对评级数据的替代。本章采用 Moody's 和 Fitch 来替代 S&P 数据，以验证采用不同评级数据是否会影响欧元区 CDS 市场的反应。通过检验，本章没有发现三者之间的显著差异，证明了本章结论的稳健性。第二，对市场基准的替代。本章之前使用的是［-240，-90］窗口来估计 AR，现在用［-180，-90］窗口来估计，结果证实以前的结论在新的窗口下仍然有效。第三，对评级事件构造方法的修正。由于在使用 CCR 构造评级事件时，一些研究者曾经提出了异议（Böninghausen 和 Zabel，2015）。本章使用了另外一种方法，通过设置一个虚拟变量来替代 Events，如果事件国评级调整了两个或以上级别，该变量就等于 1，否则为 0。此后，我们重新估计方程式（2）和式（3），发现所得到结果与之前在统计上是没有差异的。这些都证明了本章结论的稳健性。

7.4 结论及启示

主权信用评级对金融市场的影响具有一定程度的扩散效应，欧债危机为我们提供了典型的样板和自然实验数据。本章通过应用“面板固定效应”回归模型，对欧元区 CDS 市场的研究，发现评级事件对市场的影响存在典型的“非对称效应”，即负面事件对市场影响剧烈，而正面事件的影响较弱。进一步研究发现，降级公告对市场影响的大小随着评级距离的增加而减弱，连续降级存在边际影响力递减现象，而有预警降级低于无预警降级的反应。同时，一个紧缩性货币政策和事件国的高额债务负担会放大降级的市场溢出效应，而一个过去股指向上的市场会减弱降级的负面影响。在溢出效应的传递渠道方面，本章发现欧元区评级溢出的主要渠道并不是国际贸易，而是银行渠道。同时，一个脆弱的银行体系，会放大市场对降级的反应。

目前，我国政府债务率并不高，虽然经历疫情冲击，但仍处于国际中下游水平，低于 60% 的国际警戒线。同时，债务余额也主要以内债为主，外债较少，对外违约风险较低。但我国非金融企业债务和地方债务等隐性债务风险快速上升，有可能存在一定问题，这些因素值得警惕。我们要防止对内债务和对外债务间的相互影响和传导，尤其当一国财政和外贸出现“双赤字”时候，对主权信用评级而言是极其不利的，意味着一国的对外债务不大可能通过传统的贸易盈余渠道来弥补，这对于资本项目下有管制的国家而言，其所拥有的选择空间是相当有限的。虽然我国目前对外贸易尚处于盈余阶段，但后疫情时代的各种贸易保护主义抬头，形势不容乐观。我们要重视和警惕主权信用评级所蕴含的潜在风险，做好应对主权信用评级变动风险的准备，为经济的稳定增长创造条件。

第 8 章　公共债务对经济增长的非线性效应

2020年新冠疫情的爆发，不仅影响了人们的正常经济行为，而且导致了政府债务的骤升，并引发了对未来发生债务危机的担忧。据Moody's测算①，2020上半年美国、日本、英国和意大利等14个发达国家的公共债务率平均增加了近20%，其中，意大利、日本和英国的增幅为25%。从目前疫情的发展趋势来看，债务对经济的影响还在不断演化，各国政府正面临着收入锐减和支出骤增的双重压力，由此而形成的赤字率和债务率极有可能成为影响未来经济稳定的因素，并在适当时机下演化为新一轮债务危机。在受疫情影响最严重的旅游、酒店和娱乐业方面，已经出现了大规模的失业和倒闭潮，需要政府进行救济和纾困。未来即便疫情结束，经济也需要很长时间才能使恢复到之前水平。所以，在整个疫情波及期间，对政府债务的预期并不乐观，可能是一个不断累积并屡创新高的过程。

本章采用PSTR方法，对135个国家在1970—2018年间的债务数据分析后，发现当债务率超过106%时，会对经济增长产生–0.3%的抑制作用，其中发展中国家的门槛较低，只有88%，这意味着发展中国家不能承受更高的公共债务率。在此基础上，本章进一步对债务组成进行了细分，发现短期外债和长期外债对经济增长的影响有显著差异，长期公共外债的转换点非常迅速和陡峭。这些分类研究的结果提示各国在执行债务政策时，应该充分考虑其所处经济发展水平、债务期限和结构所带来的不同影响。

---

① 资料来源：2020年6月22日，Moody's发布“新冠肺炎疫情加大发达经济体债务负担”研究报告。

8.1 研究设计

8.1.1 研究假设

有关公共债务和经济增长之间的关系，学术界已有广泛关注和深入讨论，但却鲜有一致观点。以往有关公共债务和经济增长的研究文献主要关注二者的简单线性关系，而本章的研究框架是假设公共债务和经济增长之间存在复杂和不确定关系，具体包括三种：一是非线性（随债务率不同而异）；二是异质性（因国家不同而异）；三是时变性（随时期不同而变），以期获得公共债务对经济影响的更全面认识。

首先，关于非线性，已有文献做过较多论述，本章在比较各种方法后，将主要使用 PSTR 模型来估计公共债务对增长的影响。这种方法认为存在一种门限阀值效应，即较低的债务会促进经济增长，但高债务却会抑制甚至反作用于经济增长。基于此，本章提出如下假设 1：

H1：公共债务和经济增长之间存在一种非线性关系。

其次，公共债务对经济增长所产生的影响会因一国制度、体制、发展阶段、金融结构、法治和腐败等因素的不同而异。Kourtellos 和 Stengos（2013）认为公共债务率上升会导致低制度质量国家的增长率下降，而对高制度质量国家的影响则是中性的。Benfratello 和 Monte 等人（2018）发现腐败会增加公共债务，但对发达国家的影响较发展中国家更甚。Ejigayehu（2013）、Zaman 和 Arslan（2014）以及 Soydan 和 Bedir（2015）发现债务对增长的影响会受债务结构、外债和内债的不同而有所差异。基于此，本章提出如下假设 2：

H2：公共债务和经济增长之间存在异质性关系。

再次，公共债务对经济增长的影响存在时变性。在某一阶段，一种特定债务结构和债务率可能是“合理”的，会促进经济增长，而在另一个时段，这样的结构则可能是不合理的。一方面，各国在早期发展阶段，资本的边际报酬率较高，通过融资借款进行投资可以获取高回报率；但在经过一段时间的累积后，资本的边际报酬率下降，再通过债务进行借款，所得回报率就会下降，有些借款就可能不能偿还。另一方面，各国在经济平稳时期所借款项较动荡时期有更好的预期偿还能力，所以通常要加上一个风险系数来平滑不同时期的回报差异。在宏观方面，就体现为这二者间的关系并不是恒定，而是时变的。基于此，本章提出如下假设 3：

H3：公共债务和经济增长之间存在时变性关系。

8.1.2 计量模型

在这一部分，基于上述框架和假设，本章构建一个增长方程，以为理论假设提供证据。经济增长的基本线性回归方程可以写成：

$$y_{it} = \mu_i + \beta debt_{it} + \alpha' z_{it} + u_{it} \tag{1}$$

其中：y_{it}是实际人均 GDP 的增长率；$debt_{it}$是国家 i 在时间 t 的总政府债务占 GDP 的比率；$i = 1$，……，N；t = 1，……，T；μ_i代表个体固定效应；z_{it}是控制变量向量，本章包括初始人均 GDP、人口增长率、固定投资占 GDP 的百分比、人力资本、国际贸易占 GDP 的百分比。

参照 Gonzalez、Terasvirta 和 Van Dijk（2005）以及 Fok、Van Dijk 和 Franses（2005），相应的两区制 PSTR 模型可以写成如下：

$$y_{it} = \mu_i + \beta_0 debt_{it} + \beta_1 debt_{it} G(q_{it}, \gamma, c) + \alpha' z_{it} + u_{it} \tag{2}$$

其中，G（q_{it}，γ，c）是转换函数，表达式为：

$$G(q_{it}, \gamma, c) = [1 + exp(-\gamma(q_{it} - c))]^{-1} \tag{3}$$

γ是转换函数的斜率，且 $\gamma > 0$，表示跨越状态的转换速度；c 是阈值（或位置）参数。$G(q_{it}, \gamma, c)$是转换变量q_{it}的连续函数，其取值在 0 和 1

之间。在极端情况下，当转换函数$G\left(q_{it},\gamma,c\right)$等于 0，$debt_{it}$的系数等于$\beta_0$；当$G\left(q_{it},\gamma,c\right)$等于 1 时，$debt_{it}$的系数等于 $\beta_0+\beta_1$。随着q_{it}的增加，逻辑函数导致回归系数从 β_0 逐渐向 $\beta_0+\beta_1$ 移动。在这两种极端情况之间，q_{it}的值决定了$G\left(q_{it},\gamma,c\right)$的值，因此，$debt_{it}$对国家 i 在期间 t 经济增长的影响将是$\beta_0+\beta_1 G\left(q_{it},\gamma,c\right)$。值得注意的是，公共债务对经济增长的边际效应影响取决于公共债务所处的数值。

PSTR 模型实际上涵盖了 Hansen（1999）引入的 PTR 模型和具有取决于γ值的单独固定效应的线性面板数据模型。当γ趋于无穷大时，PSTR 模型变化为 PTR 模型；当γ变为 0 时，模型简化为具有个体效应的线性面板模型。这种灵活性是 PSTR 模型最有利的方面之一。

两区制以上的 PSTR 模型的普遍形式是如下的加法模型：

$$y_{it}=\mu_i+\beta_0 debt_{it}+\sum_{j=1}^{r}\beta_j debt_{ij}G_j\left(q_{it}^j,\gamma,c\right)+\alpha' z_{it}+u_{it} \tag{4}$$

其中：G_{j}（q_{it}^j，γ_{j}，c_{j}），j=1，…，r，是式（3）中的逻辑转移函数。r 表示转移函数的数量，其中 r+1 是 PSTR 模型中极端区制的数量。因此，r = 0 对应于线性模型，r = 1 对应于具有一个转移函数的 PSTR 模型（例如，两个极端区制），并且 r = 2 对应于具有两个转移函数的 PSTR 模型（例如，三个极端区制）。

PSTR 模型的估计过程包括，首先通过内部变换来消除个体效应，然后通过非线性最小二乘法估计变形模型。在估算之前，必须对模型的线性检测。正如 Gonzalez 等人（2005）提出的那样，该测试可以通过测试假设 H0：γ=0 或 H'0：β0=β1。Luukkonen、Saikkonen 和 Terasvirta（1988）提出可以将转换函数 G（qit，γ，c）用适当的泰勒级数展开式以替代，以获得以下辅助回归中的测试序列。

$$y_{it}=\mu_i+\delta_0 debt_{it}+\delta_1 debt_{it}q_{it}+\delta_2 debt_{it}q_{it}^2+\ldots+\delta_m debt_{it}q_{it}^m+\alpha' z_{it}+u_{it} \tag{5}$$

然后，线性测试等价于测试 H_0：$\delta_0=\delta_1=...=\delta_m=0$。如果 SSR_0 等于 H_0 假设下的残差平方，SSR_1 等于 H_1 假设下的残差平方和，那么 LM 统计量的 F 版本是：

$$LM_F=\frac{\left[\frac{SSR_0-SSR_1}{K}\right]}{\left[\frac{SSR_0}{TN-N-K}\right]} \tag{6}$$

其中：K 是解释变量的个数。

8.2 数据及非线性检验

8.2.1 数据

本章采用 1970—2018 年间由 135 个国家所组成的面板数据，其中包括 24 个工业国和 111 个发展中国家。同时将这一时期划分为间隔 5 年的区间，以平滑数据波动，方便研究长期关系。所使用的经济指标见表 8.1。

表 8.1　变量列表

变量	指标名称	简称	数据来源
被解释变量	人均实际 GDP	$Gdpp_{it}$	WDI 数据库
核心变量	公共债务率	$Debt\_pub_{it}$	IMF 数据库
	外债变量	$Debt\_ext_{it}$	IMF 数据库
控制变量	人口增长率	Pop_{it}	WDI 数据库
	投资增长率	$Inves_{it}$	WDI 数据库
	对外贸易开放度	$Open_{it}$	WDI 数据库
	中学受教育	Edu_{it}	WDI 数据库
	初始收入	$Income_{it}$	WDI 数据库

注：除人力资本和人口增长率外的所有变量均以自然对数表示。

8.2.2“线性检验”与“剩余非线性检验”结果

表 8.2 给出了线性度测试的 LMF 统计量（H_0：r = 0 vs. H_1：r = 1）以及所有变量的非线性测试（H_0：r = 0 vs. H_1：r = 1）。这些门限变量包括：公共债务占 GDP 比率、实际人均 GDP（收入）、外债总额占 GDP 比率、短期外债占 GDP 比率、长期外债占 GDP 比率、长期公共外债占 GDP 比率和长期私人外债与 GDP 的比率。

对于所有国家和发展中国家样本的公共债务门槛变量，线性的零假设被强烈拒绝。对于发展中国家而言，除了私人长期外债与 GDP 比率之外，对所有外债阈值变量的线性假设再次被强烈拒绝。因此，检验结果表明债务 – 增长存在非线性关系。Gonzalez 等人（2005）的程序还包含确定转移函数的数量 r（或极端区制的数量 r+1），从线性测试的结果可以看出，两区制 PSTR 模型足以捕获所有阈值变量或样本的非线性关系。

表 8.2　线性检验和剩余非线性检验结果（1970—2018 年）

		门限变量						
		公共债务	收入	外债	短期外债	长期外债	公共长期外债	私人长期外债
总体	H_0：r=0 vs. H_1：r=1	9.279 （0.002）	11.510 （0.000）					
	H_0：r=1 vs. H_1：r=2	0.001 （0.971）	0.093 （0.759）					
发展中国家	H_0：r=0 vs. H_1：r=1	6.550 （0.011）		5.890 （0.015）	4.595 （0.032）	8.975 （0.002）	4.528 （0.033）	0.139 （0.708）
	H_0：r=1 vs. H_1：r=2	0.005 （0.945）		0.898 （0.826）	0.017 （0.897）	0.000 （0.987）	0.079 （0.777）	0.692 （0.406）

注：r 是转换函数的数量，P 值在括号内。

本章还进行了 1970—2008 年样本的线性测试。如表 8.3 所示，所有阈值变量的 LMF 统计量的大小都有所下降，其中对于公共债务和收入这两个变量，线性关系的零假设被显著拒绝。但是，发展中国家样本未能拒绝外债和私人外债的线性关系假设。

表 8.3　线性检验和剩余非线性检验结果（1970—2008 年）

		门限变量						
		公共债务	收入	外债	短期外债	长期外债	公共长期外债	私人长期外债
总体	H_0：r=0 vs. H_1：r=1	5.052 （0.024）	9.424 （0.002）					
	H_0：r=1 vs. H_1：r=2	0.019 （0.888）	0.113 （0.736）					
发展中国家	H_0：r=0 vs. H_1：r=1	3.550 （0.060）		2.929 （0.257）	3.177 （0.075）	3.188 （0.075）	4.092 （0.043）	0.037 （0.846）
	H_0：r=1 vs. H_1：r=2	0.026 （0.871）		0.008 （0.924）	0.063 （0.801）	0.055 （0.814）	0.267 （0.605）	1.316 （0.252）

注：r 是转换函数的数量，P 值在括号内

8.3 PSTR 模型估计结果

8.3.1 公共债务和经济增长

本章首先将公共债务率作为门限变量，研究其对经济增长的影响。表 8.4 中给出了在两个不同时期的 PSTR 估计结果。

（1）整个时期（1970—2018 年）的结果。从表 8.4 对所有国家、发展中国家分别估计的结果（见前两列）可以看出，初始人均 GDP 的系数显著为负，这与随着人均收入的提升而增长会条件收敛的假设一致；投资率的系数显著为正，这说明随着资本积累的增加，经济产出一般会增加；人口增长的系数为负，但不显著，这与索洛增长模型预测的一致；贸易开放度的增加，会对增长产生积极显著的影响；人力资本对经济增长的影响显著

为正。这些结果与有关经济增长的大多数研究一致。

表 8.4　PSTR 模型估计结果（门限变量：公共债务率）

	时期：1970—2018 年		时期：1970—2008 年	
	所有国家	发展中国家	所有国家	发展中国家
Initial income	-4.151^{***} （-9.335）	-4.467^{***} （-9.804）	-4.652^{***} （-11.208）	-4.933^{***} （-10.590）
Investment share of GDP	2.316^{***} （3.869）	2.226^{***} （3.520）	1.922^{***} （4.329）	1.954^{***} （4.027）
Population growth	-0.432 （-1.117）	-0.324 （-0.770）	-0.286^{**} （-2.208）	-0.177^{**} （-1.216）
Trade Openness	1.685^{***} （3.293）	1.634^{***} （2.973）	1.903^{***} （4.074）	1.768^{***} （3.386）
Human Capital	0.923^{***} （4.525）	1.318^{***} （5.131）	1.053^{***} （5.553）	1.455^{***} （5.806）
Debt	0.669^{**} （1.988）	0.797^{*} （1.744）	0.586 （1.505）	0.595 （1.261）
$Debt * G(debt, \gamma, c)$	-0.989^{***} （-3.418）	-1.02^{***} （-2.848）	-0.803^{***} （-2.732）	-0.765^{***} （-2.464）
Slope parameter，γ	1.240^{***} （3.288）	1.255^{***} （3.698）	1.400^{***} （3.975）	1.645^{***} （4.273）
Threshold parameter，c	4.669^{***} （20.638）	4.480^{***} （20.210）	4.607^{***} （21.807）	4.436^{***} （25.615）
Threshold parameter，c （anti-log）	106.591	88.234	100.183	84.436

注：***、** 和 * 分别表示 1%，5%和 10%的显著性水平，t 值在括号内。

从表 8.4 的列 1 可以看出，对于所有国家而言，公共债务率的门槛水平为 106.6%，当低于此值时，G（q_{it}，γ，c）接近 0，公共债务系数显著为正，即 β_0= 0.669。然而，在另一种极端情况下，当公共债务率远超阈值水平，使得 G（q_{it}，γ，c）接近 1 时，公共债务系数变得显著为负。这一发现意味着当公共债务水平较低时，公共债务会对增长产生积极影响，而随着公共债务水平的增加，这种积极影响会逐渐减弱并最终变为负的影响。这也验证本章提出的假设 1，即债务率对经济增长的影响作用是非线性的。

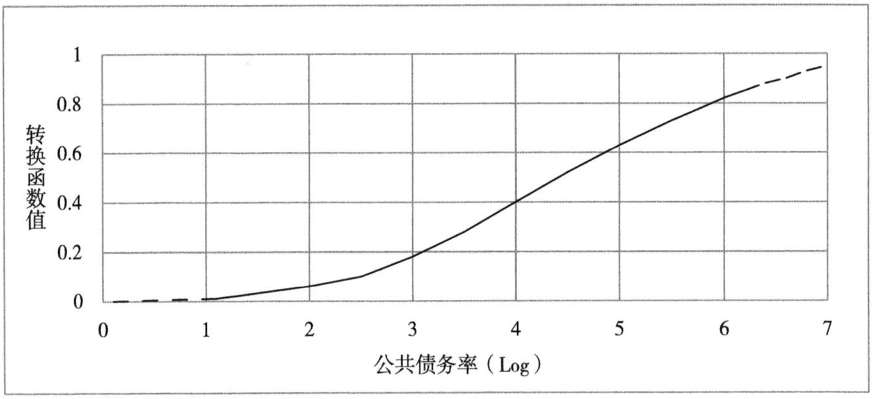

图 8.1　平滑转换函数值（门限变量：公共债务率）

PSTR 模型的一个重要特征是债务系数的转变是平缓而非突然的，本章斜率参数 γ 的估计值为 1.240，图 8.1 和图 8.2 分别显示了 PSTR 模型中公共债务的转移函数和债务系数的值。在两种极端区制之间存在一些连续的点，随着公共债务水平的增加，债务系数从 0.669 逐渐变为 -0.320。因此，PSTR 模型的估计结果表明，政府债务的增长效应是不对称的，并且在达到某个阈值水平后，公共债务对经济增长的影响逐渐从正变负。

这与以下观点是一致的——在"适度"债务水平下，公共债务可以通过财政扩张的乘数效应来促进经济增长，并为生产性投资提供更多资源。然而，随着债务积累，投资者的风险认知增加，从而导致投资减少。由于资源配置的不当和政府投资研究效率的低下，高负债存量可能会抑制经济的生产率增长。因此，随着公共债务占国内生产总值的比例越来越高，其对经济增长的积极影响会减少甚至可能在一定程度上变为负面影响。

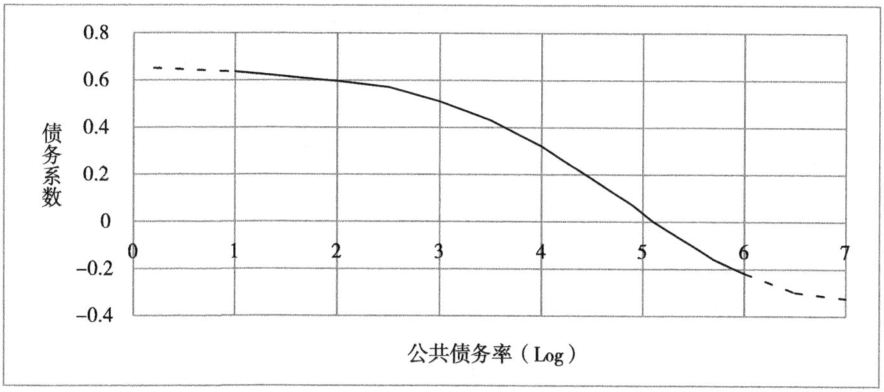

图 8.2　债务系数值（门限变量：公共债务率）

由于发展中国家和发达国家所处的发展水平、经济结构和社会制度存在差异，即使同一债务水平对这两类国家也可能会产生不同影响。为此，本章在表 8.4 列 2 估计了一个发展中国家的增长模型，结果显示阈值仅为 88.2%（低于总阈值 106.6%）。这一结果意味着发展中国家即使处于较低的债务水平，也可能会对增长产生不利影响。关于这一点的产生原因和政策意义是非常重要的。对于发展中国家而言，因为它们的金融市场欠发达、开放程度较低、制度质量不高，所以发展中国家对债务的承受能力和解决力度就没有发达国家高，即这些国家在遇到债务问题时，缺乏类似发达国家那样完善的金融市场来提供多元解决方案，这也验证了本章提出的假设 2，即债务率对经济增长的影响作用是异质性的。另外，也有学者提到了欠发达国家政府债务的货币化问题（Catao&Terrones，2005；Pattillo 等，2002）。

（2）金融危机前（1970—2008 年）的结果。如果除去发生金融危机的样本，回归结果显示所有控制变量都具有统计显著性，并和预期的符号一致（表 8.4 的第 3、4 列）。但是，全部样本和发展中国家样本的公共债务估计门槛水平略低于包含危机期间的结果，分别为 100.18%和 84.43%，这也验证了本章提出的假设 3，即债务率对经济增长的影响作用是时变的。

公共债务的斜率参数在第一极端区制中是正的，但不显著，在第二极端区制中显著为负，这说明在不涉及危机的年代，高额的公共债务也会对增长造成损害。

8.3.2 人均 GDP 和经济增长

为了分析一个国家的人均收入是否会影响公共债务与增长的非线性关系，本章使用人均实际 GDP 水平作为阈值变量来估计整个样本的 PSTR 模型。表 8.5 分别报告了完整期和缩短期的参数估计值。结果显示，根据人均收入水平的不同，公共债务对增长的影响存在明显的不对称性。随着收入水平的提高，公共债务对增长的影响从负面变为正面。在整个期间，债务对增长的影响对低收入国家是负面的，随着国家发展水平的提高，这种负面影响下降并变为正。模型的人均收入门槛值为 1603.59。在所有样本中，44%的国家低于该阈值水平，即这些国家处于负效应。平滑度参数 γ 的值估计为 1.498，从转移函数的形状和债务系数的值来看（图 8.3、图 8.4），极端情况之间的转换是平滑的。随着各国收入水平的提高，债务系数逐渐从负变为正。这也验证本章提出的假设 2，即债务率对经济增长的影响作用是异质性的。高收入国家拥有更加发达的金融体系、更高的开放程度和高质量的制度，可以使这些经济体更能适应高债务水平，而低收入国家由于其经济结构、金融水平和制度体制原因，在高负债存量下可能更加脆弱和容易波动。

表 8.5　PSTR 模型估计结果（门限变量：人均实际 GDP）

因变量：人均实际 GDP 增长率	时期：1970—2018 年	时期：1970—2008 年
	所有国家	所有国家
Initial income	-4.693^{***} （-8.359）	-5.178^{***} （-11.539）

续表

因变量：人均实际 GDP 增长率	时期：1970—2018 年	时期：1970—2008 年
	所有国家	所有国家
Investment share of GD	2.318*** (4.106)	1.892*** (4.292)
Population growth	-0.401 (-1.079)	-0.264 (-2.048)
Trade Openness	1.754*** (3.559)	1.965*** (4.241)
Human Capital	0.752*** (3.613)	0.892*** (4.643)
Debt	-0.669*** (-4.772)	-0.988*** (-4.048)
$Debt * G(debt, \gamma, c)$	1.398*** (4.330)	1.498*** (3.744)
Slope parameter，γ	1.498*** (5.499)	1.350*** (4.239)
Threshold parameter，c	7.384*** (57.564)	7.255*** (42.719)
Threshold parameter，c (anti-log)	1603.59	1415.16

注：***、** 和 * 分别表示 1%，5% 和 10% 的显著性水平，t 值在括号内。

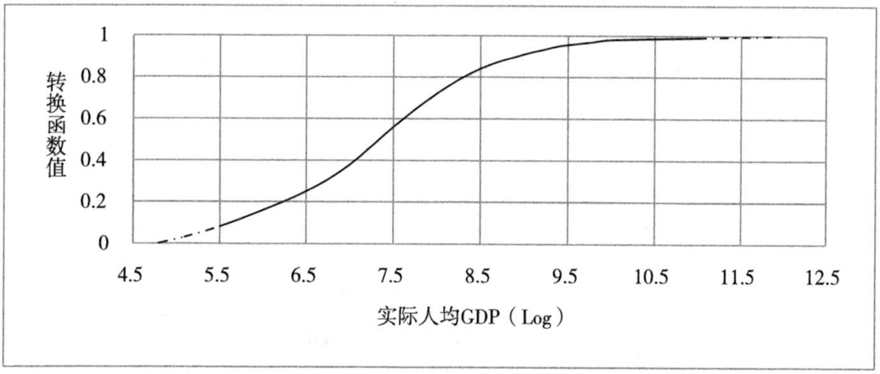

图 8.3　PSTR 平滑转换函数值（门限变量：实际人均 GDP）

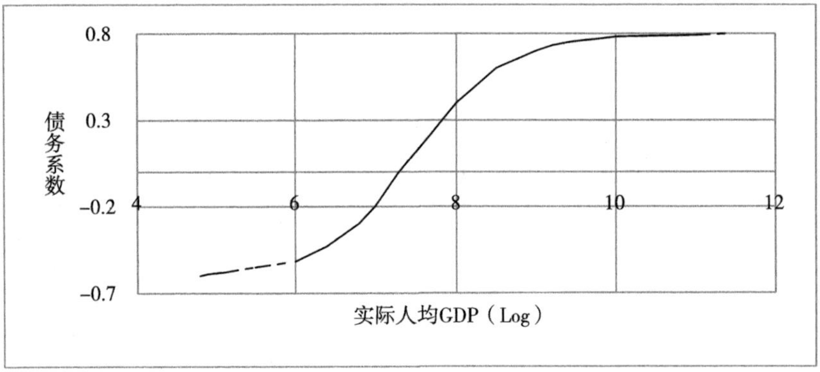

图 8.4 债务系数值（门限变量：实际人均 GDP）

8.3.3 外债和经济增长

本章样本有 135 个国家，其中包括发达国家、发展中国家和小型开放经济体，由于小型国家很难获得以其本国货币计价的债务，所以这些国家的大部分债务是以外币计价的，而以外币计价往往会使债务风险更大，同时会使该国面临货币风险，汇率大幅波动和贬值可能会恶化这些国家的机构资产负债表，从而增加违约风险。为此，本章把总债务细分为短期债务、长期债务、公共债务和私人外债，深入分析债务结构对增长的影响。表 8.6 报告了在整个样本期间的 PSTR 估计结果，包括的债务变量有外债占 GDP 比率、短期外债占 GDP 比率、长期外债占 GDP 比率、公共长期外债占 GDP 比率。对于每个回归，债务变量也作为阈值变量。

表 8.6 1970—2018 年 PSTR 模型估计结果（门限变量：对外债务率）

	对外债务率			
	总外债率	其中：短期	其中：长期	公共外债率
Initial income	-4.593***	-4.601***	-4.624***	-4.691***
	(-10.175)	(-9.761)	(-10.344)	(-10.537)
Investment share of GD	1.998***	2.291***	2.036***	1.991***
	(4.259)	(4.971)	(4.431)	(4.359)

续表

	对外债务率			
	总外债率	其中：短期	其中：长期	公共外债率
Population growth	0.104 （0.606）	0.150 （0.389）	0.100 （0.559）	0.074 （0.660）
Trade Openness	2.117*** （4.151）	2.176*** （4.210）	2.079*** （4.157）	2.165*** （4.383）
Human Capital	1.583*** （3.613）	1.647*** （6.478）	1.598*** （6.645）	1.593*** （6.588）
Debt	1.426** （2.449）	0.503** （2.175）	0.881** （2.191）	0.228 （0.994）
$Debt*G(debt,\gamma,c)$	−1.186*** （−3.363）	−0.787*** （−3.431）	−0.800*** （−3.493）	−0.344*** （−4.199）
Slope parameter，γ	1.606*** （3.453）	3.599*** （3.521）	2.277*** （5.186）	22553.77 （0.797）
Threshold parameter，c	4.082*** （25.692）	1.845*** （20.714）	4.029*** （47.886）	3.889*** （3.146）
Threshold parameter，c（anti-log）	59.263	6.328	56.204	48.424

注：***、** 和 * 分别表示 1%，5%和 10%的显著性水平，t 值在括号内。

在表 8.6 的前三列中，总外债、短期外债和长期外债分别用作转移变量，债务变量系数 β_0 在第一区制（低外债区域）中显著为正，在第二区制中的负债变量系数 β_1 为负，表明外债的正面影响随着负债水平的上升而下降。但是，外债在第二区制的净影响仅对短期外债产生负面影响。对于总外债和长期外债，债务的正向影响随着债务水平的增加而减少，但即使对于非常高的外债水平也不会变为负值。对总债务、短期、长期外债的阈值估计分别为 59.26%，6.32%和 56.20%。由于 γ 值较低，三种情况下极端政权的转移是平稳的。对于长期公共债务（第 4 列），公共外债的影响在低债务区制中是正向的但不显著，在高债务区制下，公共外债的系数显著为负。这一结果表明，长期公共外债水平较高时会显著破坏经济增长，长期公共外债的门槛水平估计为 48.42%，这代表了区制变更的一半水平。

与其他债务变量不同，公共外债回归的平滑度参数 γ 非常高，表明债务系数从低债务区制向高债务区制的转变是突然而尖锐的。因此，当本章选择长期公共外债作为关键变量时，PSTR 模型的表现类似 PTR 模型。

表 8.7　PSTR 模型估计结果（门限变量：对外债务率）（1970—2008 年）

	短期外债率	长期外债率	公共外债率
Initial income	-4.947^{***} （-9.026）	-4.488^{***} （-9.355）	-5.203^{***} （-10.072）
Investment share of GD	2.122^{***} （4.114）	2.257^{***} （4.437）	1.874^{***} （3.698）
Population growth	0.243 （0.183）	0.209 （1.140）	0.198 （1.109）
Trade Openness	2.323^{***} （4.007）	1.710^{***} （3.050）	2.256^{***} （4.077）
Human Capital	1.605^{***} （5.380）	1.517^{***} （5.348）	1.738^{***} （6.116）
Debt	0.423^{*} （2.175）	1.752^{***} （2.617）	0.316 （1.160）
$Debt*G(debt,\gamma,c)$	-0.756^{***} （-3.149）	-1.341^{***} （-3.457）	-0.377^{***} （-4.130）
Slope parameter，γ	4.023^{***} （3.450）	1.803^{***} （5.188）	1337.406 （0.207）
Threshold parameter，c	1.868^{***} （19.537）	3.782^{***} （32.101）	3.889^{***} （888.004）
Threshold parameter，c （anti-log）	6.475	43.903	48.424

注：***、** 和 * 分别表示 1%，5%和 10%的显著性水平，t 值在括号内。

表 8.7 表示剔除了金融危机后（1970—2008 年）的结果，本章估计了短期、长期和公共长期外债的 PSTR 模型，大致类似于整个期间的结果。当短期外债水平超过 6.475%的门槛水平时，短期外债的正增长效应转为负值。然而，对于长期债务，虽然随着债务率上升，正的影响在下降，但即使高额债务对增长的影响仍然是正向的。图 8.5 和图 8.6 的（a）和（b）显示了平滑移位系数。最后，从表 8.7 的最后一列和图 8.5、图 8.6 的（c）

可以看出，长期公共外债率在低值时对经济增长的影响是正向的，而它随着债务率上升，忽然变换为负。

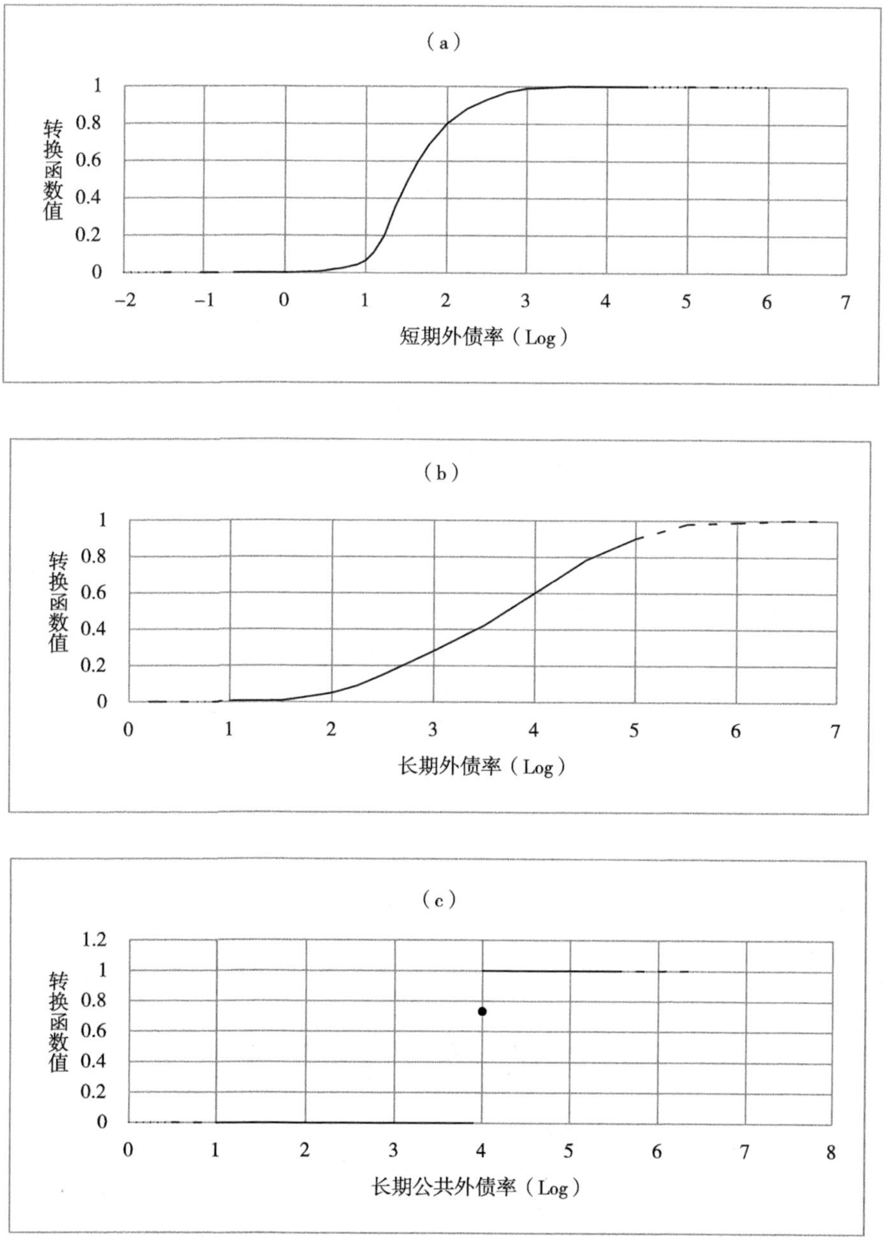

图 8.5　平滑转换函数值（门限变量：短期外债率、长期外债率、长期公共外债）

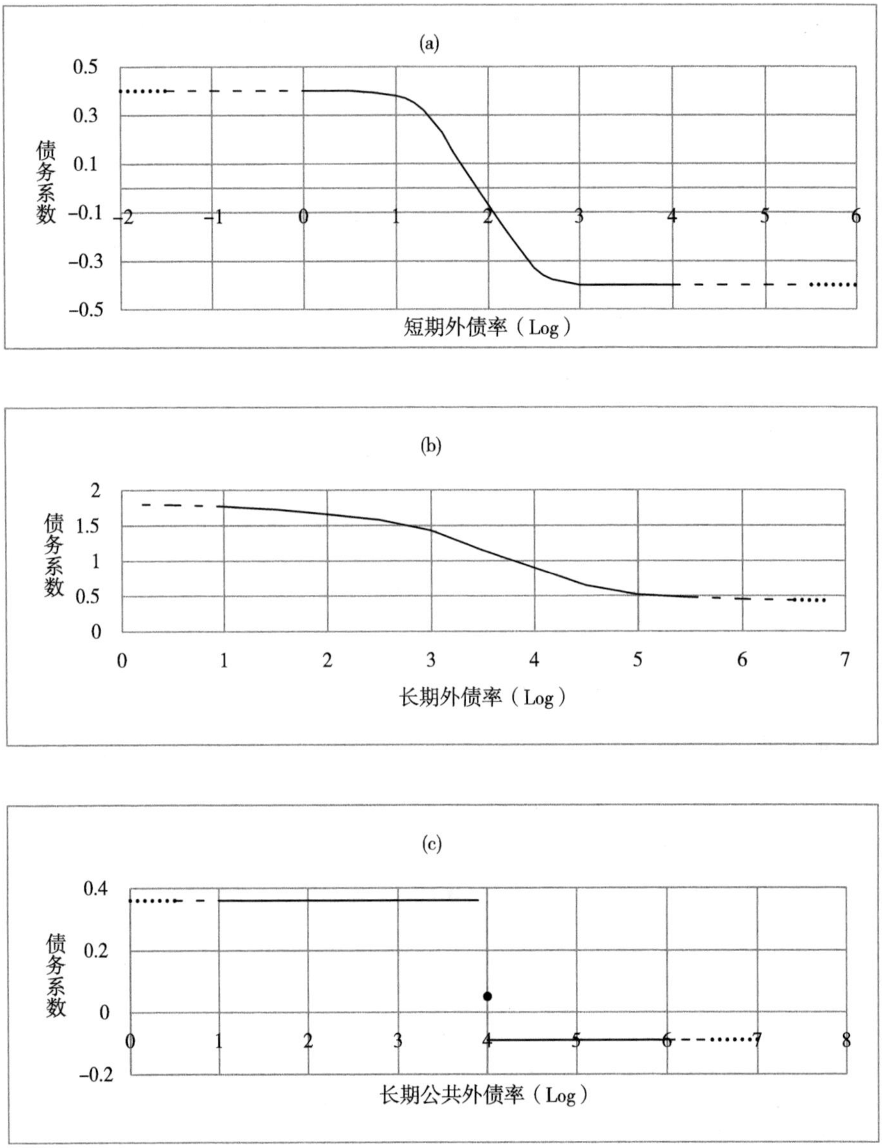

图 8.6　债务系数值（门限变量：短期外债率、长期外债率、长期公共外债）

8.4 主要结论

本章以 135 个国家 1970—2018 年期间数据为对象，通过运用 PSTR 模型，从非线性、时变性和异质性的视角，研究了公共债务对发达国家和发展中国家的经济增长效应和拐点效应。关于不断高企的债务率，本章认为要辩证地、全面地和历史地看。首先，融资是现代经济社会的重要功能，可以有效调剂资金的余缺。公共部门作为一种社会主体，在缺乏资金的情况下，也可以利用金融市场，进行有效债务融资。这种行为本身是无可厚非的。其次，金融市场的发展，又为借贷提供了便利，许多以前没有的融资方式，现在迅速诞生；许多以前封闭的市场，现在也不断开放。所以，全球公共债务率的总体上升趋势，从某种意义上是一种金融市场不断发展的印证。债务高本身不会压垮经济增长，但是高负债率所带来的高资本成本（利率）会拉低长期经济增速，尤其是出现大规模系统性债务违约（系统风险）时，金融系统资产负债表恶化会对宏观经济带来重大影响。主要结论包括三个方面：

（一）关于公共债务和经济增长之间的关系。本章发现当公共债务率达到 106.6%的阈值水平后，对经济增长的影响由正转负，这提示我们不能一直提升政府债务率，否则在达到一定临界点后会有反向作用。对于发展中国家而言，这一转折效应发生得更早，当债务率为 88.2%时，就会转为负值。这个结果表明发展中国家对债务的承受能力更低，不能承受较高债务率。在去除金融危机年份后，本章发现政府债务率的门槛略有降低，分别为 100.2%和 84.4%，这表明在危机期间可以承受更大的公共债务。

（二）关于人均 GDP 变动导致的债务对增长的非线性效应研究。本章使用人均 GDP 作为门限变量来研究不同收入水平对债务增长环节转折点的影响，发现人均收入的门槛值为 1603.6 美元，在所有国家中约有 44%低于该阈值水平，γ 为 1.498，表明区制转换平缓，是一个渐进过程。当一国收入水平逐步提高时，公共债务对经济增长的负面影响在减少，并可能转变为正。关于产生这一现象的原因可能是发达国家拥有更完善的金融体系、更开放的市场和更高质量的制度，因此可以承受更高的债务水平，而低收入国家则恰好相反，难以支撑更高债务率。

（三）关于债务币种和期限结构产生的增长非线性效应研究。考虑到债务币种和期限结构的重要性，本章区分了总外债、短期外债、长期外债和公共外债对经济增长的影响。研究结果表明总外债、短期外债、长期外债的阈值估计分别为 59.26%，6.32% 和 56.20%，且它们的区制转换系数较低。而对于长期公共外债，这一门槛的估计值为 48.42%，且平滑参数 γ 非常高，表明存在尖锐的突变。这一结果显示较高的公共外债会显著破坏经济增长。当从样本中剔除金融危机年份后，这些结果并未发生显著改变，说明金融危机对外债的构成影响并不大。

在面对新冠疫情的高度不确定性、长期化趋势和波动发展态势时，坚持防范债务风险将是未来工作的重中之重，在充分发挥政府举债缓减疫情作用的同时，应该充分考虑我国所处发展水平、融资机制和债务类别所带来的不同影响，有效防范和化解债务风险，为我国经济健康发展保驾护航。

第 9 章　经济减速、债务膨胀和财政平衡

经济减速背景下的债务膨胀，使得财政平衡的难度增加，并带来了极大的不稳定性。疫情爆发后，许多国家的经济增长相对于债务率都存在一种“两相背离”现象。美国和发达国家的这两个指标所形成的缺口在2016—2019年呈明显的缩小趋势，而我国在此期间的缺口却日趋扩大。传统债务解决方法中所认为的市场利率和通胀率的影响正在减弱，这可能意味着“金融抑制”这种方法在消减债务方面将难以为继。在当前我国长期经济增长率下降的背景下，政府债务率不断上升的空间已经不多，经济减速对债务率的影响效应正在显现，并可能会进一步扩大。我国政府应该未雨绸缪，积极筹划财政调整，控制不断高企的公共债务率，为保持我国经济持续稳健发展创造良好条件。

9.1 经济增长与公共债务的两相背离现象

近年来，世界许多经济体都存在一个值得关注的现象——虽然经济增长率在逐步下降而公共债务率却在不断攀升。这一两相背离现象，已经形成一个明显的“剪刀差”形状（图9.1）。尤其是近几年，我国的这两个指标所形成的缺口日趋扩大，而美国和发达国家的这个缺口在2016年后呈明显的缩小趋势。一些国际金融机构和学术界已经关注到这一现象，并有相关研究报告，但却鲜有学者从微观的视角来研究这一现象，本章就选择这一视角。通过直接将这二者关联起来，可以为我们更明晰地揭示出，在当前我国长期经济增长率下降的背景下，政府债务率不断上升的空间已经不多。经济减速对债务率的影响在本章所定义的扩展视角下，面临着比传统角度更为严苛的约束。

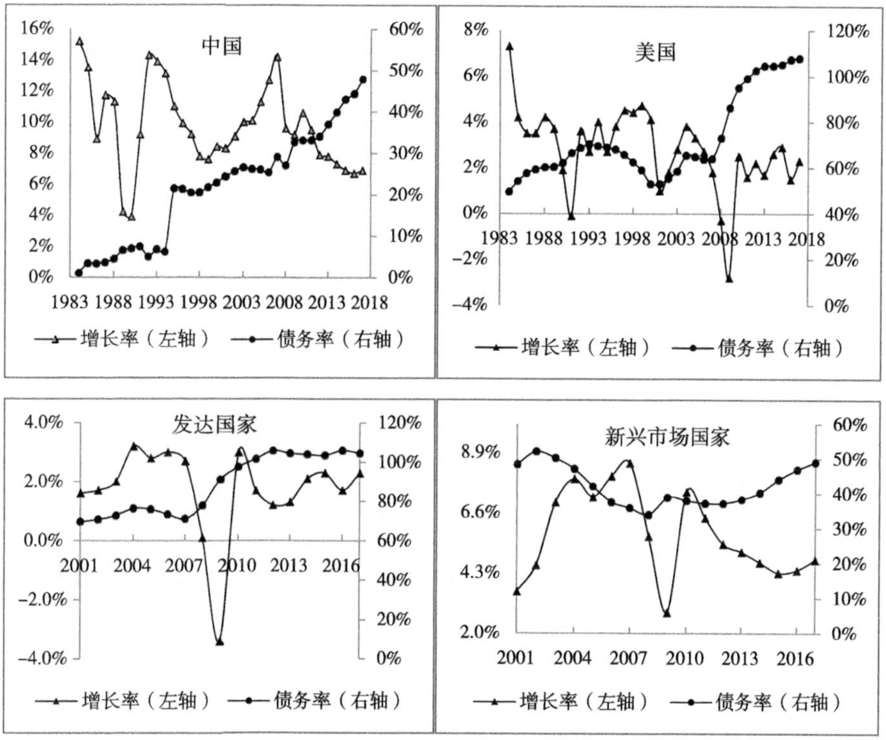

图 9.1　经济增长率与债务率的两相背离图

数据来源：IMF 的 World Economic Outlook（April 2018）、Historical Public Debt Database 数据库。

一个经济体的繁荣并不能仅仅是当年或最近几年以 GDP 为核心一系列经济数字表面的华丽，因为若要如此，是有许多可行的方法来实现这样的目标。其中之一，就是可以大量堆砌债务。债务的持续积累就会形成高杠杆，一个高杠杆（包括私人部门或公共部门）的经济体，虽然表面上呈现出就业上升、投资增加的繁荣局面，但内部却可能处于一种债务难以续接而危机四伏的状态。

次贷危机的发生已有十余年，全球经济初步走出了疲弱的阴影，美国在 2018 年已屡次加息，欧洲和日本也似乎摆脱了长期低增长的阴霾。然而，这种繁荣却只是表面化和初级化的一种繁荣，内涵了相当的不稳定性。这其中之一的原因，就是在这十年间各主要经济体的公共债务率远远高于危机前的水平。

当前，全球债务率总体呈现一种上升的趋势（图 9.1），许多国家一再突破债务上限，增加了未来偿债的风险。从横向比较来看，发达国家债务率远远高于新兴市场国家。2017 年，发达经济体的政府债务率平均为 106.3%，新兴市场经济体负债率为 48.4%。从发展趋势来看，美日债务率在继续微幅增加，欧盟的债务总体上在减少，而发展中国家的公共债务率却在不断上涨。

但在一个长期增长率下降的经济体中，这样不仅不减少债务，反而不断提升公共债务率的做法是否适当，却是一个复杂和值得研究的问题。一个高启的债务率，无论对公共还是私人部门来说，都潜含了一种在特定条件下演变为金融危机的可能性。高杠杆是一种对利率非常敏感的经济状态，极易因为利率的提升而促成债务危机。

过去的研究虽然也涉及高杠杆引发金融风险的领域，但却低估了经济增长率在影响或确定债务比率过程中的重要作用。本研究提出了一种扩展的微观方法，通过进一步挖掘经济增长对债务率影响的其他方面，充分认识到经济增长在影响债务率方面的重要性；本章第二部分对公共债务问题进行了理论的、历史的分析，并提出了一个基本的研究框架；第三部分从计量的角度，提出了以经济增长作为主要解释变量，对公共债务率的变动进行分析的传统方法和扩展方法；第四部分是实证和案例研究。第五部分是结论和政策建议。

9.2 理论和框架分析

本章这一部分将对公共债务问题进行了理论的、历史的分析，并提出了一个基本的研究框架。

9.2.1 理论分析

借债是一个复杂的问题，很难以一种简单的标准来评判。借债涉及到“借”和“还”两个动作，这两个行为的跨期性，就包含了币值在此期间的改变（通胀或通缩）、消费的两期调节、借债的意图（是否本意就是逃废债）、金融抑制等许多问题，这些行为直接影响了对借债这个行为的评价。一个好的借债行为，大概是这样的，其本意是有着良好和善意的初衷，并不意在将来进行赖债。本着这样良好的初衷，其在整个跨期的过程中，是充满着压力和行为约束的，通常也是努力和上进的，且有一个整体的规划和布局，当然结局却未必一定会成功，但失败的概率会相对较小。而另外一种行为，则恰好相反，其本意就是恶劣的，在借债之初，就想的是逃废债，而在其后的过程中，也并不尽力去创造和实现价值，以达到自己和借款人的双重共赢，而只做表面化的事情，甚至采取一些手段来减债、废债和逃债。

如果对借款者简单区别为私人借款者和公共借款者，那么私人借款者的行为所受到的约束，则会迥异于公共借款者，本章重点分析后者，因为相对来说公共借款人的行为比私人借贷更具影响力。公共部门的高负债对宏观经济的影响更为广泛和深远。一般认为，只有在私人部门不愿意进行融资和生产时候，政府才不得不出手，挽回经济的下滑。因为公共部门的效率通常低于私人部门，应该优先私人部门融资，否则二者之争，就会对私人投资有“挤出效应”之嫌。

公共部门如果在对自己的资产和负债表都没有明晰账务记录的情况下，进行举债会带来一系列问题。这种情况，对我国目前政府的举债行为尤其如此。中央政府需要对地方举债行为做出合理的评估，看其行为是否失当，市场评级主体也需要对债券进行评级，但这一切都需要了解地方政府的资产和负债情况，否则，很难进行下去。

当借款人是公共借款人（比如中央政府和地方各级政府）的时候，其对付债务可采用的手段就更多，行为也更加专业化和隐蔽化，其对社会的影响面也可能更大。所以，历史上各国对政府债务的扩张一直是比较谨慎的。美国建国初期，国会对每一笔政府债务的金额、期限和利息等均要进行审核。即使今天，国会也还要确定政府债务的上限。在欧洲，《稳定与增长公约》对欧盟国家的政府债务水平和财政赤字水平均有明确限制。

9.2.2 历史分析

鉴古可以知今，分析过去时期公共债务比率的巨大变化原因，可以提供未来关于是否以及将减少多少公共债务的线索。基于已有资料，本章历史性地分析了债务比率变化背后的最重要因素，发现了一些历史上相关的经验和教训。

首先，战争是导致历史上一些政府债务比率上涨的主要原因，尤其在两次世界大战期间。大规模的政府支出增加和由此产生的基本赤字是推动债务率上涨的基本因素。当然，为战争筹集经费的办法，除了借款之外，还有增税、募捐、铸币或者发钞、专卖、官商营业甚至卖官鬻爵等。

其次，20 世纪 30 年代与大萧条相关的负债率增加基本是由于经济增长低迷造成的。而那个时期的经济思想是古典式的，凯恩斯的财政主张还没有开始实施，所以财政政策基本是平衡式的，基本赤字的增加有限。因此，那个时期的债务率基本来自低经济增长所致财政收入的下降，而非支出增加。

第三，利率 - 增长率差异是二战后债务比率下降的基本因素，即低利率和高增长率促成了债务率的下降。Reinhart 和 Sbrancia（2015）认为正是由于金融抑制加上稳定的通货膨胀率，即实际利率为负值，才使得战后美国的债务率迅速下降。战后某些国家的政府借贷成本通过资本管制，防止资本外流，再加上审慎监管的各种工具被人为压低，其中包括养老基金持有政府债券的最低比例限制和银行存款利率上限，以刺激对政府证券的需求，使得政府能以极低利率乃至负利率来筹资。即便 2018 年美联储加息后，美国总统川普就在 Twitter 上批评此举可能造成联邦政府债务利息支出的增加，会影响刚刚好转的美国经济，可见美国政府已经习惯于一种低息的融资成本状态。

第四，在全球金融一体化时期，比如通常人们认为第一次世界大战之前和 1980 年以后，传统的财政调整（大量的基本盈余）和强劲的经济增长是造成大量负债率下降的原因。

第五，次贷危机后，虽然国际社会普遍进行了“降杠杆”操作，以减少金融风险，但这却是一个极其艰难的过程。首先是融资主体的不适应。一个习惯了透支未来和他人（国）财富的社会，很难适应一种“量入为出、节衣缩食”的生活模式。其次，长期经济增长率的下降进一步压缩了之前债务杠杆率的宽裕空间。

9.2.3 框架分析

综合以上的理论分析和历史经验，本章就影响债务率的几个重要因素进行总结，并提出本章分析的框架因素。

（1）利率的重要影响

当债务率很高时，金融市场上的一点风吹草动，都可能引发问题。比如，利率的急促上扬就可能会导致偿债成本的大幅攀升，从而可能导致利率—债务的螺旋式上升；汇率的大幅贬值可能导致对外偿债成本的骤升，在短期可能导致对外债务无法及时偿还。这些因素都可能引发资金链断裂，债务无法偿还，促成一定程度的金融危机。Reinhart 和 Rogoff（2009）认为利率上升带来了无数的债务危机。在债务率高启的状态下，利率上升会导致政府的借贷成本总额——以及赤字——大幅增加。

随着更大规模的赤字融资，债务也在随后的几年中快速膨胀。而投资者基于对未来担忧的原因在购买新债务之前可能会要求更高的利率。这种恶性循环，可能会推动债务问题的恶化。Sachs（1984）、Cole 和 Kehoe（1996）认为在某些情况下，这种债务危机是“自我实现的（Self-Fulfilling）”，也就是说，由投资者行为的变化引起。一个始于稳定债务道路的国家可能会突然面临再融资的困难。利率突然上涨的冲击可能导致将经济从稳定的债务和低利率的良好均衡中，转变为债务和高利率上升带来的不良均衡，并有可能最终陷入违约和危机。

（2）经济增长率的影响

经济增长率会从许多方面显著影响债务率。Mauro 等（2015）通过对过去较长时期大样本国家的研究，认为长期经济增长率的下降是导致政府债务与国内生产总值比率的必须下降一个重要因素。由于人口老龄化和金融危机的持续影响，未来十年的低经济增长率是一个特别令人关注的问题。庞晓波、李丹（2015）通过政策模拟发现，政府债务风险从根本上受经济景气状况影响，并在不同程上受金融市场、经济增长和政府预期影响。Easterly（2009）认为发展中国家和新兴经济体的财政危机（包括违约）往往是由于经济增长率出人意料地长期下降而造成的。

（3）利率 – 经济增长率结合起来的影响

把利率 – 经济增长率结合起来分析这二者间的差距是目前宏观经济中用来分析债务问题的一个常用框架。二者的关系表明了一个经济体所费资金成本和增长结果之间的关系，即当资金成本较小和经济效益较大时候，这种增长模式是可以持续的，否则，可能难以为继。虽然这两个指标间的差距目前在许多国家大约为零，但按照历史经常为负数的标准来看，并不算低。经济学家关注这种差异，因为它影响了债务 /GDP 运行的路径。当经济增长率高于利率时，政府债务对经济增长具有正向效应；赵新泉（2018）认为当经济增长率高于利率时，政府债务对经济增长具有正向效应；而当经济增长率低于利率时，政府债务对经济增长的影响为负。

（4）财政盈余的影响

初始财政盈余对债务率变动的影响，一般认为是正向的、积极的，即一个拥有初始盈余的经济体一般会对着债务率的减少产生积极作用。因为债务率作为一个累计的指标，就是若干年的财政赤字的加总。若是那些进入计算对象的年份都有盈余，那么债务率必然会下降。然而，这只是问题的一个方面，另外一方面就是盈余的副作用。如果一个政府不顾当前实际的经济形势，一昧追求所谓的财政盈余，那么就可能因为减少公共投资或服务，抑制了总需求（由于乘数的作用，数倍于初始财政支出的减少），实体经济也会减速，从而导致税收减少，入不敷出，形成新的财政赤字。所以，财政盈余对债务率的影响有两个方面，一方面是积极的的减债功能，另外一个方面是消极的抑制总需求作用，导致债务不减反增。实践中，一个经济体会因为这两个方面不同的弹性而产生不同的结果。

（5）政策的影响

不同国家的经济政策是不同的，而经济政策又是由许多具体细小的政策构成。在影响财政收支的政策里，一国税率的调整、公务员工资政策、养老金政策等都是政府支出的具体政策，而这些政策的调整有可能影响到最终的财政状况和债务率。单就公务员工资政策，有可能是这么三种情形：一种是保持实际收入与经济增长同步，这就要求公务员所得到的收入增长不仅要高于通胀水平，也不低于名义 GDP 的增速；第二种是仅仅保持工资水平与通胀同步的政策，从而保持实际收入不变；第三种是一种名义收入不变的政策，即无视通胀对工资的影响。本章在随后的部分，会具体讨论这些政策对债务率的影响。

（6）其他因素

公共债务率的变动会受到多种因素的影响，其中经济增长、利率、财政盈余和政策只是一些的主要的影响因素，其他的因素也会影响债务率。在经济一体化和金融国际化的背景下，尤其要重视不同经济体之间的联动、资本的跨国流动等因素的影响。

9.3 研究方法

在上文对债务率所受的几种影响因素分析后，这一部分首先介绍传统的研究方法，之后介绍最新的计算方法，可以更全面地认识经济增长在确定负债比率变化中的作用①。

9.3.1 传统研究方法

传统的研究方法认为债务占 GDP 比率的变化受到借贷的利息成本、债务率受 GDP 上升所致的减少和基本盈余占 GDP 比重的影响。

传统研究方法的结论是：（一）当利率超过了经济增长率时候，则会导致债务率上升；（二）当利率低于经济增长率时候，则会导致债务率下降。

这种简要的分解，提示了这二者对债务率的影响呈现反向关系，当经济处于一种利率高企和低经济增长的环境时，通常会导致债务率的上升，反之则相反。

① 反向因果关系的证据（从高负债率到低经济增长）很薄弱（Panizza 和 Presbitero，2014）。

虽然传统分解已经提供了一个基本的框架，但它的一个缺点是没有充分地考虑经济增长对负债率的作用。虽然大多数使用这种分解的研究也提到，经济增长会通过促进税收的增加和减少财政赤字，来影响基本盈余，但这些研究缺乏进一步的细化分析。

9.3.2 扩展方法（Extended Approach）

扩展方法是建立在传统方法之上，但它可以比传统方法更全面反映出经济增长对债务率的影响。本章分别建立两种假设：

（1）政府的名义支出保持固定不变

第一种假设是政府收入与名义 GDP 上升保持一致，而政府基本支出则保持不变的情形，这种假设不会让名义支出随着通货膨胀而上升。然而，通货膨胀与基本财政平衡之间的关系比经济增长与基本平衡之间的关系要薄弱得多。

$$p_t = p_{t-1} + e_{t-1}\left(\frac{\gamma_t}{1+\gamma_t}\right) + m_t \tag{1}$$

其中：m_t是政策措施，将上述基本盈余的表达式与传统会计表达相结合，

$$d_t - d_{t-1} = \left(\frac{i_t}{1+\gamma_t}\right)d_{t-1} - \left(\frac{\gamma_t}{1+\gamma_t}\right)d_{t-1} - p_t$$

那么扩展的表达式将是：

$$d_t - d_{t-1} = \left(\frac{i_t}{1+\gamma_t}\right)d_{t-1} - m_t - p_{t-1} - \left(\frac{\gamma_t}{1+\gamma_t}\right)\left(d_{t-1} + e_{t-1}\right) \tag{2}$$

其中：利息贡献以名义利率表示，最后一个乘数项是经济增长的贡献，包括名义经济增长对债务比率（传统项）和支出比率（扩展项）的影响。

这种假设所定义的情形，可能存在于早期的政府收支实践中，现在人们更希望一种随物价而上升的收支，而不是一直保持名义收支不变，所以本章引入第二种假设。

（2）政府的实际支出保持固定不变

第二种假设是政府收入与名义 GDP 的上升一致，而政府基本支出与 GDP 平减指数保持一致，即实际支出保持不变的情景：

$$T_t = T_{t-1}\left(1+\gamma_t\right)$$

$$E_t = E_{t-1}\left(1+\pi_t\right)$$

基本盈余是收入与支出之间的差异，当年的基本盈余率等于上一年的盈余率，加上一项反映实际经济增长所致的政府支出减少的比率，再加上政策措施 m_t 的影响①：

$$p_t = p_{t-1} + e_{t-1}\left(\frac{g_t}{1+g_t}\right) + m_t$$

将上述有关 p_t 的表达式代入传统方法，可以得出扩展方法：

$$d_t - d_{t-1} = \left(\frac{r_t}{1+g_t}\right)d_{t-1} - \left(\frac{g_t}{1+g_t}\right)\left(d_{t-1}+e_{t-1}\right) - p_{t-1} - m_t$$

其中第二个乘法项是经济增长的贡献，包括经济增长对债务比率（传统项）和支出比率（扩展项）的影响。

进一步，可以把上式从 1 年期推广到 N 年期模式。考虑一个从 0 年到 N 年的变化，我们可以将传统方法应用于从 0 到 1、从 1 到 2 的变化，依此类推。加总这些变化，债务比率从 0 变为 N 等于：

$d_N - d_0 = \sum_{i=1}^{N}\left(\frac{r_i}{1+g_i}\right)d_i - \sum_{i=1}^{N}\left(\frac{g_i}{1+g_i}\right)d_{i-1} - \sum_{i=1}^{N}p_i$ 在上述定义的“无政策

① 从无行动的基准中获得的残差

措施”情景，即$m_t = 0$，第 0 年和 i 年的主要盈余等于：

$$P_0 = T_0 - E_0$$

$$P_i = T_0\left(1+\gamma_1\right)\ldots\left(1+\gamma_N\right) - E_0\left(1+\pi_1\right)\ldots\left(1+\pi_N\right)$$

在这种情况下，第 i 年的基本盈余与国内生产总值的比率等于：

$$p_i = \tau_0 - e_0\prod_{t=1}^{i}\left(\frac{1}{1+g_t}\right)$$

其中：τ_0和e_0是第 0 年的收入和支出占 GDP 比率。在“无政策措施”情景中，第 i 年的基本盈余占 GDP 的比例是初始收入比率与初始支出比率除以所有（$1+g_t$）项的乘积之间的差额。

在这种情况下，第 1 年到第 N 年的基本盈余比率的总和将等于：

$\sum_{i=1}^{N} p_i = N\tau_0 - e_0\sum_{i=1}^{N}\prod_{t=1}^{i}\left(\frac{1}{1+g_t}\right)$将基本盈余率的总和代入从第 0 年到第 N 年的债务率变化的表达式，并允许采取政策措施收益率：

$$d_N - d_0 = \sum_{i=1}^{N}\left(\frac{r_i}{1+g_i}\right)d_{i-1} - \sum_{i=1}^{N}\left(\frac{g_i}{1+g_i}\right)d_{i-1} - \sum_{i=1}^{N}\sum_{t=1}^{i}m_i - N\tau_0 - e_0\sum_{i=1}^{N}\prod_{t=1}^{i}\left(\frac{1}{1+g_t}\right)$$

上式中的政策措施表达为一个双重总和的形式，反映了这样一个事实，即政策措施不仅在其执行的年份会影响基本盈余，而且在随后的每一年都产生不同程度的影响。

相同的表达式可以重写如下：

$$d_N - d_0 = \sum_{i=1}^{N}\left(\frac{r_i}{1+g_i}\right)d_{i-1} - \sum_{i=1}^{N}\left(\frac{g_i}{1+g_i}\right)d_{i-1} - \sum_{i=1}^{N}\sum_{t=1}^{i}m_i - Np_0 - e_0\sum_{i=1}^{N}\left[1-\prod_{t=1}^{i}\left(\frac{1}{1+g_t}\right)\right] \qquad (3)$$

其中 p_0 是第 0 年的基本盈余，最后一项反映了经济增长对支出比率影响的逐渐下降。

一个等价的表达式是：

$$d_N - d_0 = \sum_{i=1}^{N}\left(\frac{r_i}{1+g_i}\right)d_{i-1} - \sum_{i=1}^{N}\left(\frac{g_i}{1+g_i}\right)d_{i-1} - \sum_{i=1}^{N}\sum_{t=1}^{i} m_i - Np_0 - e_0\sum_{i=1}^{N}\sum_{t=1}^{i}\frac{1}{\prod_{t=1}^{i}(1+g_t)} \tag{4}$$

这个扩展在数量上很重要。因为经济增长所导致的较大的基本财政盈余（流量）每隔一年都会影响负债比率（存量），因此在综合数年内负债比率的累积变化时，额外贡献的相对重要性会更大。

9.4 实证分析

本章在这部分将进行 3 个层次的分析：一是选择欧盟中债务率较高的爱尔兰和意大利债务率变化原因的进行比较；二是对 G20 中发达经济体 15 年间债务率的变化的原因进行分析；三是对 1950 年以来 22 个发达经济体的债务比率变化的原因进行分析。

9.4.1 爱尔兰和意大利的比较

根据 2018 年 IMF 世界经济展望数据库中 2012—2015 年爱尔兰和意大利的数据，根据公式（4），进行这两个国家间的政府债务率影响因素的比较分析。结果见图 9.2，从图上可以看出经济增长对于影响公共债务率变化的重要性。

这两个国家虽然在 2012 年底时的政府债务率大致相同，约为 120%，但三年后爱尔兰的负债率降为 96%，而意大利的却上升为 130%。导致这种差异的主要原因在于这两个国家之间的实际经济增长率的差异，爱尔兰为 4.8%，而意大利却为 –0.3%；另外一个因素是意大利的利率也高于爱尔兰。这两个因素完全抵消了 2012 年时意大利的较大初始盈余对降低负债率的有利作用。所以，最后的结局是意大利虽然在开始时候有一个较大的财政盈余，但较低的经济增长和较高的利率，使得最初的财政优势没有发挥出来，反而是债务率的高企。

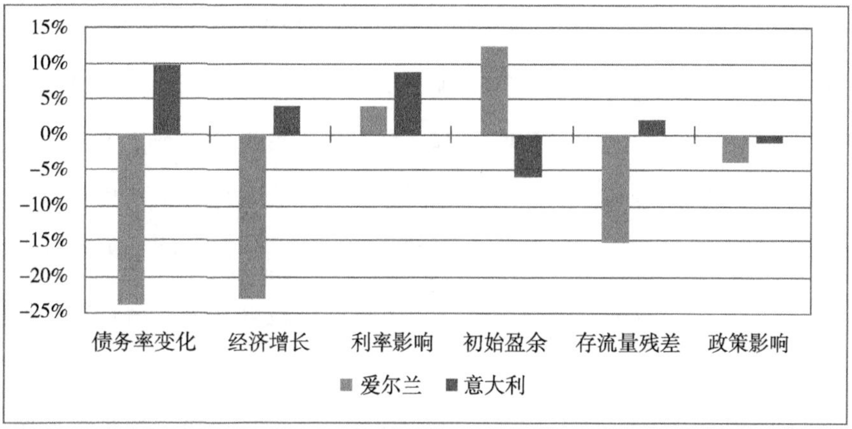

图 9.2　2012—2015 年爱尔兰和意大利政府债务率影响的主要因素

进一步，我们把经济增长对债务率的影响分解为传统部分和扩展部分（图 9.3）。其中：爱尔兰的扩展部分贡献约为 GDP 的 8%，相当于传统部分的 50%；而意大利的扩展部分则远大于传统部分对降低债务率的贡献。

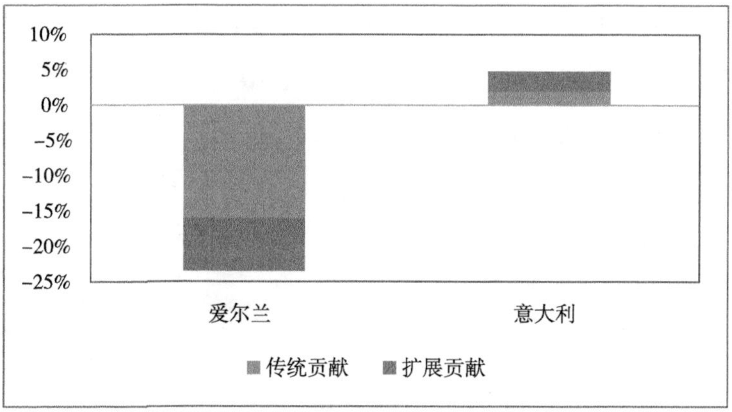

图 9.3　爱尔兰和意大利的债务率变化的贡献因素分解图

9.4.2 G20 中 9 个发达经济体债务率变化的因素分析

在这一部分，我们选择 G20 中的美国、日本、英国、德国、法国、意大利、韩国、澳大利亚和加拿大，共 9 个发达国家组成。样本期以 2007 年为界，分为：2000—2007 年和 2008—2015 年两个样本期。

根据公式（4），本章对 9 个发达国家债务率的变化因素进行了分解，结果见表 1。从中可以看出，在 2008—2015 年的 8 年间，9 个 G20 发达经济体的平均债务率上涨了 31.4%，其中各个因素的影响率分别为：（1）利息成本解释了这一上涨的 12.4%；（2）经济增长导致的债务减少为 11.1%，进一步分配在传统项为 4.9%，扩展项为 6.2%；（3）最初的基本盈余对降低负债率做出了 5.7% 的小幅贡献；（4）政策措施对其债务增长产生的影响约为 32%。

除了表 9.1 最后一列所示的平均数字外，我们还可以观察到不同国家在实践上方面的差异。其中，比较典型的是澳大利亚和意大利，这两个国家的债务率虽然在 2008—2015 年间都上升了约 30% 左右，但增幅的来源却不同。意大利在 2007 年初有大量的财政盈余（所列九个国家中最大的一个），这原本是一种优势，会使债务率下降 23.6%，然而该国负的经济增长却主导了之后的债务率，提升了约 31.8%，其中传统因素 9.3%，扩展因素 22.5%。相比之下，澳大利亚虽然在 2007 年不具有财政盈余，但较大的经济增长导致了债务率下降约 34.1%。其中，大部分有利的经济增长对降低负债率影响来自对支出比率的降低（扩展项），约占 GDP 的 29.5%。

表 9.1　G20 中 9 个发达经济体债务率变化来源分解（%）

国家	债务率变化	存流量残差	利率影响	经济增长贡献		初始基本账户	政策	基本盈余
				传统项	扩展项			
2008—2015 年债务率的变化								
日本	65.1	-10.5	22.3	-3.8	3.5	16.8	36.8	57.1
英国	45.5	2.5	9.2	-7.3	-1.5	10.6	32	41.1
美国	41.5	-1	9.4	-10.9	-7.1	6.5	44.6	44
意大利	32.4	6.4	24.4	9.3	22.5	-23.6	-6.6	-7.7
法国	32.1	3.1	12	-3.3	-3.4	0.5	23.2	20.3
澳大利亚	27.2	3.1	5.4	-4.6	-29.5	-10.1	62.9	23.3
加拿大	24.5	4.5	17.3	-10.1	-14.3	-19	46.1	12.8
德国	7.2	12.4	8.5	-5.5	-6.7	-21.6	20.1	-8.2
韩国	7.4	13.4	3.3	-7.6	-19.2	-11.4	28.9	-1.7
平均值	31.4	3.8	12.4	-4.9	-6.2	-5.7	32.0	20.1
2000—2007 年债务率的变化								
日本	45.3	9.9	33.5	-19.1	-10.6	30.1	1.5	21
韩国	12.7	34.4	3.8	-5.4	-8.3	-38.3	26.5	-20.1
美国	7.5	6.5	8.5	-9.6	-17.5	-27.4	47	2.1
法国	7.2	3.5	10	-7.6	-21	-9.8	32.1	1.3
德国	5.6	-3.5	15.3	-5.3	-9.6	-30.3	39	-0.9
英国	2.9	-0.1	7.1	-7	-22.1	-44.1	69.1	2.9
意大利	-5.5	-0.3	16.2	-8.3	-11.1	-38	36	-13.1
澳大利亚	-9.7	4.3	7.1	-3.3	-26.8	-9.1	18.1	-17.8
加拿大	-15.1	18.1	21.3	-13.4	-21.3	-70.3	50.5	-41.1
平均值	5.7	8.1	13.6	-8.8	-16.5	-26.4	35.5	-7.3

注：表 1 按负债率由高到低进行排序，其中，第 2 列的负债率变化等于第 3 至第 8 列的总和，第 9 列的基本盈余是第 6 至第 8 列的和。

在面对不同的初始债务率，各国的政策选择上是有差异的。初始债务率较低，就为政府进行扩张性财政政策提供了充裕的空间，而较高则抑制了增加财政赤字的可能性。不同经济增长率对负债率的量化影响是巨大的。

在2007年次贷危机前，各国公共债务率的上升是缓慢的，这主要源于经济的较快增长和较多的财政盈余。传统经济增长的贡献率在2000—2007年间几乎是2007—2015年的两倍。这两个时期较大的差异主要源于经济增长对支出率的削减作用。

9.4.3 1950年以来22个发达经济体债务率变化的原因分析

在这一部分，我们进一步扩展到更长时期，来对1950—2015年以来的22个发达经济体债务比率变化进行比较，以分别确定政府债务率增加和缩减最大的10个典型阶段，结果见表9.2。

表9.2　1950年以来发达经济体债务率变化的原因分解（%）

国家	时期	债务率变化	存流量残差	利率影响	经济增长贡献		初始基本账户	政策	基本盈余
					传统项	扩展项			
最大的缩减									
英国	1951—1961	-82.8	-1.9	-16.8	-37.5	-29.6	-58.5	61.5	-26.6
爱尔兰	1993—2003	-63.1	15.1	6.8	-46.3	-129.5	-38.5	129.3	-38.7
新西兰	1968—1974	-46.6	6.1	-18.5	-18.6	-21.6	-16.6	22.6	-15.6
比利时	1996—2006	-39.1	-1.8	39.6	-25.1	-55.6	-44.3	48.1	-51.8
丹麦	1997—2007	-37.7	3.6	19.8	-9.6	-51.6	-44.2	44.3	-51.5
新西兰	1992—2002	-34.7	2.2	22.5	-16.2	-71.3	-6.5	34.6	-43.2
西班牙	1997—2007	-29.9	8.3	7.3	-20	-70.5	-6.6	51.6	-25.5
瑞典	1958—1966	-27.8	-12.5	-1.8	-9.3	-37.5	10.1	23.2	-4.2
冰岛	2011—2015	-27.8	-15.3	5.6	-9.3	-9.5	11.5	-10.8	-8.8
瑞士	1951—1961	-22.4	3.3	2.5	-11.6	-13.9	-9	6.3	-16.6
平均数		-41.2	0.7	6.7	-20.4	-49.1	-20.3	41.1	-28.3
最大的增长									
日本	1995—2005	99.0	38.5	44.3	-16.0	-15.6	11.3	36.5	32.2
爱尔兰	2006—2012	96.2	21.3	14.6	-0.9	-1.5	-21.3	84.0	61.2
希腊	2003—2011	77.3	12.3	18.6	13.5	-22.5	23.3	32.1	32.9
葡萄牙	2003—2013	73.9	16.5	20.8	4.5	-13.8	20.6	25.3	32.1

续表

国家	时期	债务率变化	存流量残差	利率影响	经济增长贡献		初始基本账户	政策	基本盈余
					传统项	扩展项			
冰岛	2007—2011	67.6	33.6	-0.1	4.3	5.5	-20.5	44.8	29.8
日本	2007—2014	66.0	-9.5	25.6	-2.5	3.8	14.8	33.8	52.4
希腊	1983—1993	65.2	62.5	-24.5	-6.4	-24.5	34.0	24.1	33.6
比利时	1977—1987	64.6	20.5	38.8	-15.5	-48.3	20.6	48.5	20.8
丹麦	1975—1985	63.9	72.5	20.6	-7.9	-60.4	0.8	38.3	-21.3
西班牙	2007—2014	64.0	1.8	15.1	3.6	10.8	-21.6	54.3	43.5
平均数		73.8	27.0	17.5	-2.3	-16.7	6.2	42.2	31.7

数据来源：IMF，世界经济展望数据库。

结果显示，在 1950—2015 这 65 年间，22 个发达经济体中，债务率增加最多的是 1995—2005 年间的日本，增幅为 99%；债务率缩减最多的是 1951—1961 的英国，减幅为 -82.8%；其次是爱尔兰在 1993—2003 年间下降了 -63%。

在对政府债务率缩减影响的因素分析中，经济增长的贡献居于首位（表 9.2 的上半部分），在 10 个减幅最大的阶段中，经济增长的平均贡献达到 70%，其中扩展项的贡献接近 50%，传统项为 20%。英国减债的过程中，经济增长的贡献约为 67%；爱尔兰约为 176%。对减债贡献处于第二位的是初始基本盈余，约占 20%，这意味着推行稳健的财政盈余对债务率的降低有着非常重要作用。除了对降低负债率起到积极作用的因素外，政策因素和利率事实上起到了反作用，其中政策因素的影响约为 41%，利率约为 0.7%。当然，也有一些国家负债率的增长来自其他因素，比如 1975—1985 年的丹麦和 1983—1993 年的希腊，它们的债务率变化是汇率贬值所致。

比较而言，那些导致债务率增加的因素却未必是导致债务率缩减的因素。对 10 个债务率增加最大阶段的统计表明，政策是影响债务率增加的首要因素（表 2 的下半部分），其影响约为 42%，利率约为 17.5%，财政盈余约为 6%。而经济增长能够抵消这种影响的贡献约为 19%。除了平均意义外，具体到一些国家，它们的情况是有差别的。日本在 1995–2015 是债务率急剧上升因素是利率成本的影响。希腊债务率的增加，除政策因素外，初始盈余和利率起到了重要作用。

9.5 结论及政策建议

一般而言，导致债务率改变的因素通常是复杂的，既有客观的因素，也有主观因素。综合上文的实证分析和历史经验，本章认为传统的减债方法，可能有许多已经不适应了。

（1）“金融抑制”战略难以复制

金融抑制曾经是美国战后摆脱高债务率的一种手段。这种做法是采用不断稀释币值，借此来“高借低还”——即在币值高的时候借款，而后增发货币来稀释币值，从而趁机在币值低的时候还回所借债务——这样的一种刻意的行为，则实际上是政府以自己的信用来做背书的，是以牺牲了广大借款人利益作为补偿的。

在将来，即便某些国家试图复制这样的模式，但也未必会成功。首先，美联储由于各种约束，未必会大幅提升通货膨胀率。此外，即使个别政府有可能逐步提高通货膨胀率并将其维持较高水平，同时保持较低的名义利率，Reinhart 和 Sbrancia（2015）、Hilscher 等（2014）认为在金融市场越来越开放的今天，投资者也会快速将资金转移到其他国家。因此，发达经济体在二十世纪五六十年代国际资本市场基本封闭时，所采用的“金融抑制”策略已很难再现。

（2）经济增长不容乐观

疫情危机后，各个经济体的增长都出现了不同程度的下滑。考虑到经济增长对抑制债务比率的重要作用，这一趋势尤其令人担忧。中国的经济增长已经换挡减速，进入了低于 7% 的“新常态”。在这样一个处于低增长的时代，减债似乎是一个“两难”选择。一方面，一群习惯了较高经济增长所呈现出的“高福利”以及其他方面的“繁荣社会”的国民，为了继续保持经济的高增长，政府就采用借债的手段来构造出公共需求，引发就业的短期上涨，社会于是就又出现了所期待的理想状态；然而，另一方面，依靠借债所堆砌出来的经济上涨力，有时候是不可靠的，如果借来的资金没有很好地利用，那么最终等到债务到期日，那么就是真相大白之日，这个借款过程不仅没有创造出新价值，而且对原有价值也是一种损失。我国的经济可能面临较低的长期增长，而不是暂时的放缓，这将对不断的上升的债务率构成一种约束，并可能在特定条件下，恶化债务问题，引发金融震荡。

（3）低利率政策难以持久

低利率是债台高筑者所乐见的一种状态，因为其所需的还债成本会比较低。目前世界利率相对来说依然处于较低的历史水平，即使美国在 2018 年已经连续 3 次加息，距离联邦基金正常利率 3.1%–3.6% 水平还有一定距离。但是，随着今后美联储加息步伐的加快，这种较为宽松的利率可能会改变。各国的跟进步伐也会加快。如果实际利率持续上涨，那么对杠杆率很高的经济体来说，其影响是较大的，有时候可能引发债务链条断裂。所以，今后要对利率的上行要有所警觉，防止由此带来的突发问题。

（4）通货膨胀将得不偿失

在拥有自己中央银行的经济体中，中央政府债务违约的可能性虽然比较小，但通过制造高通货膨胀率来减少债务实际价值的这种做法，却不鲜见。这种做法通常比较隐蔽，比直接违约所造成的社会影响要小，但事实上这种做法真的就是一种好做法？具有更小破坏性？答案却是未必。在法制健全的体系中，政府破产是可行的办法，有些经济学家认为政府依法破产比制造通胀要好。因为破产是一种权责明确的做法，是一种谁做事，谁负责任的做法。通过破产可以形成一种威慑力和预警，提醒政府应该谨慎借债，对自己的债务要有担当，否则就有硬性的惩罚措施。同时，债券市场上的投资者也可以知道自己的风险很高，有本息不保的可能性。相比通过制造通胀来消减政府债务，破产实际上是一种权责明确的措施。制造通胀是一种全民偿债的模式，模糊了责任的主体，形成社会全部借贷关系的扭曲，损害了不仅公共债权人，包括私人债权人在内的全部债权人的利益，不是一种好的做法。当然，通胀还有其他更为严重弊端，那些不在本章的讨论之列。

（5）政策建议

综合考虑以上因素，未来减少公共债务率的一种较为可行的方法是通过削减开支来逐步实现一种稳健的财政平衡。虽然这种财政调整的压力是巨大的，但种种迹象表明，不如此，要么没有其他选项，要么造成的经济效果非常不好，比如制造通胀、压低实际利率等。这种通过提升政府内在效率为主的平衡财政战略，不仅可以克服公共债务率不断高企的窘境，也可以压迫政府来提升效率和缩减公务员的规模，为我国政府软实力的提升寻找理由和突破口。

当然，财政调整的步伐应该是持续和渐进的。目前已经高企的公共债务率，不论对中国还是其他国家，都需要一个持续的调整过程，不可能是一蹴而就的。随着我国人口的老龄化、社保支出、居民福利和教育支出等的增加，财政削减开支将变得愈发困难，而且急速的财政紧缩还可能会危及已经疲弱的经济增长，尤其在“中美贸易战”的背景下。因此，在我国目前经济形势基本良好，尚未发生公共债务危机之前，政府应该未雨绸缪，积极筹划财政调整，控制不断高企的公共债务率，为保持我国经济持续稳健发展创造良好条件。

第 10 章　公共债务治理的国际经验比较

——来自新兴市场（NAEE）的典型经验

在新兴市场经济体中，非亚洲国家（Non-Asian Emerging Economies，简称 NAEE）是世界经济的一支重要新生力量。在近几十年的发展中，这些国家取得了长足的经济发展，国民收入与生活水平都得到了显著提升。然而在债务方面，却出现了诸多问题，一些国家不重视培养经济发展的长期因素，过度沉溺于短期债务累积制造出来的虚假繁荣，导致非常严重的问题，引发了货币危机、金融危机和经济危机。对这些国家的债务背景、成因、演变和治理方式进行回溯分析，总结其中的经验和教训，对于其他国家，尤其是疫情后普遍出现的高债务环境，具有重要价值和意义。

受新冠疫情冲击，许多国家的公共债务又一次激增，叠加之前的高债务率，势如堰塞湖，如果处理不当，这些国家可能会陷入债务泥淖，给世界经济造成了巨大隐患。一般认为，政府如果举债适当，会促进经济发展，减缓经济冲击和波动，但如果过度举债就会造成债务逾期、违约和重组等一系列严重后果，影响一国的经济和社会稳定。当前，快速膨胀的政府债务也是中国经济发展中遇到的一个突出问题，尤其地方政府债务，其与房地产价格、土地财政、“影子银行”等高度关联，这些多领域、多环节的风险点交织在一起，特别容易“交叉感染”和相互传导，影响中国经济的健康发展。

本章以新兴市场（NAEE）对于公共债务治理的典型经验作为研究对象，分析了这些国家爆发债务危机的背景、成因，以及不同国家采取的治理对策，为我国及其他国家的债务治理提供有益的经验与建议。

10.1 关于地方政府债务治理的演化脉络

自 Oates（1972）关于财政体制的开创性研究以来，一般认为财政支出和借贷权力的下放可以增加地方政府的自主性和积极性，实现公共资源的有效分配。也有一些观点认为财政分权会对宏观经济稳定产生不利影响（Vazquez 等，2017）。在过去四十多年里，学者们虽然对地方一级财政违纪的原因以及财政制度、财政规则进行了诸多研究，也涉及了税收自治和政府间转移支付对地方预算的作用，但实证研究地方政府借贷规则有效性的却相对较少。

过去几十年来，Non-Asian 新兴经济体顺应世界趋势，积极开放市场，发展经济。在财政方面，逐步使用明确的借贷规则，以确保地方各级政府的借贷行为科学合理，不会导致该国财政无纪律和宏观经济不稳定。2008 年全球金融危机和 2020 年疫情危机所引发的经济衰退，导致许多财政分权的发达国家和发展中国家的经济活动急剧下降。宏观经济的急剧衰退使得财政分权和债务治理在 NAEE 国家受到考验。其中包括地方政府借贷缺乏灵活性限制了一些地方政府支持国家财政刺激政策的贡献（Fardoust&Ravishankar，2021）。事实上，地方政府各级借贷管理制度和全面治理的演变，很大一部分是对其他类型危机、债务危机的反应的结果。例如，阿根廷、巴西、哥伦比亚和墨西哥等新兴经济体在过去二十年中经历了地方各级政府的债务危机，由此产生了地方政府各级财政和债务管理的新监管框架。

一些文献研究了中央和地方的分权设计不当对财政纪律的负面影响。Rodden 等人（2003）和 Oates 等人（2008）强调，缺乏税收自主权和巨大的纵向财政失衡（Vertical Fiscal Imbalances，简称 VFI）是导致地方政府各级财政违纪的主要因素之一。纵向财政失衡的存在和转移支付依赖性导致了许多财政问题，包括地方债务问题（Poterba&von Hagen，1999）。之所以出现这种情况，是因为地方各级政府未能将公共支出的真实成本内部化，也就是说，它们认为的资金边际成本较低，因为该国其他地区正在为所收到的中央转移支付作出贡献（Rodden，2002）。此外，巨大的 VFI 可能导致道德风险和救助预期，尤其是与无限借贷相结合时（Rodden，2002；Bordignon，2006；Crivelli&Stall，2013；Eyraud&Lusinyan，2013；Asartyan 等，2015）。也有一些实证文献只是简单地研究了权力下放是否与更高的宏观经济不稳定性相关（Vazquez&McNab，2003；Schaltegger&Feld，2009；Baskaran，2010；Neyapti，2010）。但是，这些研究实际上并没有发现财政分权对宏观经济稳定的影响或积极作用。

另外，一部分文献还探讨了借贷和其他财政规则所起的作用。许多政府在过去几十年中引入了这些规则，以遏制地方政府滥用借贷权力（Jin&Zou，2002；Rodden，2002；Plehanov&Singh，2007；Vazquez&Vulovic，2017）。然而，这些文献大多侧重于规则的构建层面，或者具体案例研究。总体而言，这些研究仍未能提供强有力的证据，说明不同的制度安排可能导致地方政府取得最理想的财政成果。

随着新兴经济体和发达经济体近几年普遍采用财政责任法（Fiscal Responsibility Laws，简称 FRLs），一些实证论文研究了这些法规对财政结果的影响。但到目前为止，结论并不明确。Caceres 等人（2010）以拉丁美洲和发达国家为样本，实证检验财政绩效是否随着 FRLs 的实施而改善。他们发现 FRLs 对财政结果有积极但有限的影响。同样，Mello（2005）发现巴西的 FRLs 对基本财政余额有显著的积极影响。然而，桑顿（2009）分析了 FRLs 对 9 个新兴市场经济体财政纪律的影响，发现对财政绩效没有显著影响。

过去二十年来，财政治理方面较新的创新是引入了财政委员会。在个别情况下，例如匈牙利和尼日利亚，财政委员会是作为 FRLs 的一部分而设立的。总体上，无论发达国家还是发展中国家，财政委员会都或多或少地被视为监督和帮助执行财政规则的独立机构。建立这样一个机构的最初想法是建立一个与中央银行在货币政策方面扮演的角色类似的真正独立的权威机构，这个机构应该控制政府债务和赤字（Hagen&Harden，1995；Calmfors，2003；Wyplosz，2005）。

财政委员会可以在改善财政纪律和整体绩效方面发挥重要作用。尤其是当它们被赋予更多的独立性和权威性时（Hagemann，2011；Calmfors&Wren Lewis，2011；Debrun&Kumar，2012；Debrun&Kinda，2017）。尽管大多数现有的委员会进行了某种形式的事前和事后政策评估和财政可持续性分析，但实际上没有一个委员会超出了对现行政策和预测的评估。特别是，它们缺乏确定国债或赤字水平的任何法律授权，而这些仍然是保留的权力——这与中央银行的独立性不同。

还有一些国家为了应对地方债务问题，专门设立了维稳基金。这个做法已经存续了很久，但在大萧条之后得到了特别关注。实际上，美国所有州都采用了雨天基金（Rainy-Day Fund）[①]，以保护预算和支出免受意外的经济冲击和不确定性的影响。它们在过去的有效性取决于冲击的规模和受保护的支出类型（Sobel&Holcombe，1996；Knight&Levinson，1999；Zhao，2016；Gonzales&Paqueo，2003）。对于雨天基金的最佳数额还没有达成共识，但是 2008 年危机之后一些专家建议比率增加到了年收入的 15%，而在 1980 年代建议的比率为 3% 到 5%（Haggerty&Griffin，2014）。

① “雨天基金”是一笔预留资金，一般在国家处于萧条时期，常规财政收入有所减少时使用，以保障该国财政方面的正常运作。

10.2 Non-Asian 新兴经济体的政府债务历史及趋势

新冠疫情爆发导致全球债务高企，拉美各国尤甚，这些国家大幅增加财政支出，以至公共债务迅速攀升。巴西 2020 年 7 月公共债务与国内生产总值（GDP）之比升至 86.5%，为 2006 年 12 月以来的最高值。这种状况与巴西在抗疫支出方面的增加有关，政府为一些急需帮助的群体（个人、企业）发放了紧急补助，资助中小企业发放最低工资，同时为中小企业提供低息贷款，这些措施都导致财政支出的增加，同时很多经济部门暂时停工又导致了税收的减少。在双重压力下，债务急剧增加。阿根廷的债务状况也不容乐观，受疫情影响，财政赤字与 GDP 之比在 2020 年底升至 8%。墨西哥政府由于采取了一些措施缓解疫情影响，以及协助各界开展复工复产导致开支增加，公共债务与 GDP 之比在 2020 年达 60.2%。Moody's 分析师认为墨西哥政府虽然希望减少债务，但鉴于目前经济陷入衰退时期，财政收入大幅减少，这一愿望很难实现。秘鲁的公共债务与 GDP 之比将从 2019 年的 26.8% 升至 2020 年的 33.9%，不排除会出现债务违约的情况。

本章接下来将分析 Non-Asian 新兴经济体地方各级政府债务总体水平的历史及发展趋势，将这些 NAEE 国家分为三组：1. 拉美的新兴市场国家（阿根廷，巴西，智利、哥伦比亚和墨西哥）；2. 东欧的新兴市场国家（保加利亚、捷克共和国、匈牙利、波兰、罗马尼亚和斯洛文尼亚）；3. 非洲的两个新兴市场国家（尼日利亚和南非）、俄罗斯联邦和土耳其。

10.2.1 拉美的新兴市场国家

从债务占 GDP 比率而言，拉丁美洲国家地方政府的债务水平在疫情前虽然相对较高，但已经呈现出明显的下降趋势。在 21 世纪初，巴西的地方债务高达 GDP 的 20%，但一直在下降，接近 10%，而在阿根廷和哥伦比亚，这一比例接近 GDP 的 5%（图 10.1）。墨西哥在这一组中所占比例最低。相比之下，2014 年经合组织成员国地方政府各级债务的平均值为 23.9%。

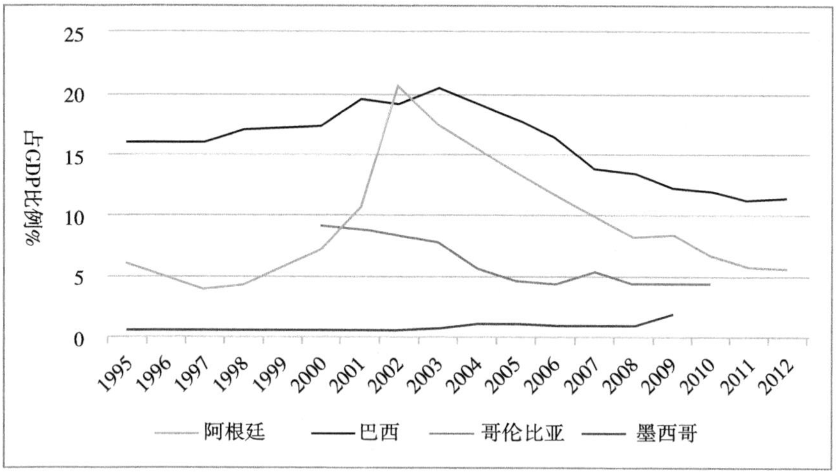

图 10.1　拉丁美洲地方政府债务占 GDP 的百分比趋势

从占总债务而言，阿根廷、巴西和哥伦比亚的债务总额接近 15%。以墨西哥为例，这一数字也较低，约占总债务的 5%（图 10.2）。相比之下，2014 年经合组织国家的次国家债务平均占公共债务总额的 19.8%。

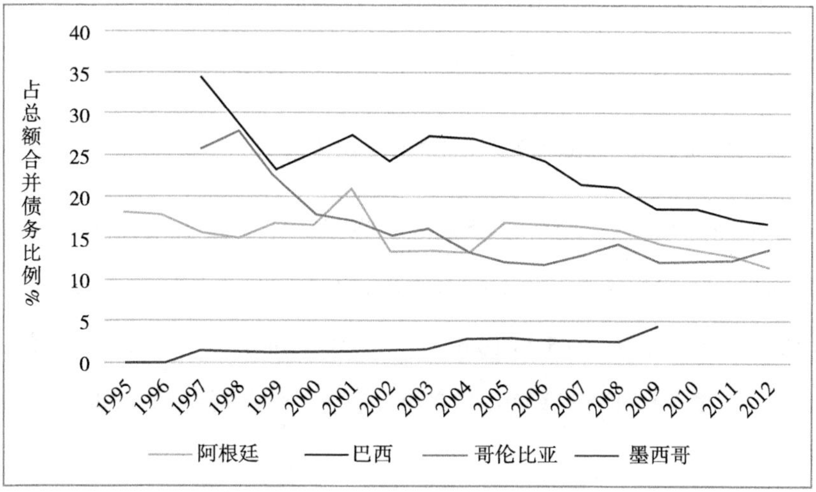

图 10.2　拉丁美洲地方政府债务占国家债务总额的百分比趋势

10.2.2 东欧的新兴市场国家

与拉丁美洲相比，东欧国家地方政府地区的债务水平虽然在 GDP 和债务总额中所占的比例都相对较低，但总体呈上升趋势。2012 年，东欧国家的地方政府各级债务水平普遍低于 5%（图 10.3）。

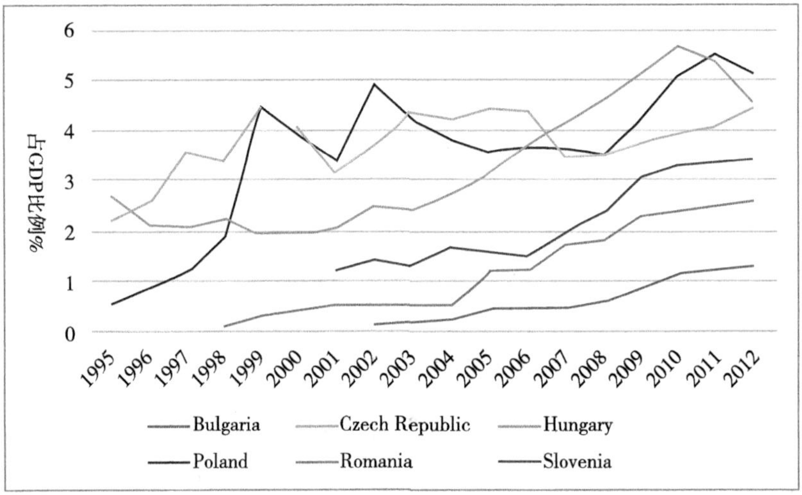

图 10.3　东欧地方政府债务占 GDP 的百分比趋势

就债务总额而言，所有东欧国家的地方政府各级债务占债务总额的 5% 至 10% 已趋于一致（图 10.4）。

10.2.3 非洲新兴市场国家、俄罗斯及土耳其

以南非为例，自 2007 年金融危机爆发以来，地方政府各级债务占 GDP 的百分比和合并债务总额的百分比急剧上升。这与拉丁美洲和东欧的平均值一起显示在图 10.5 和 10.6 中。尼日利亚的情况也比 2011 年大幅增加，但这主要是由于在这一年之前没有国内次级国家债务的数据。

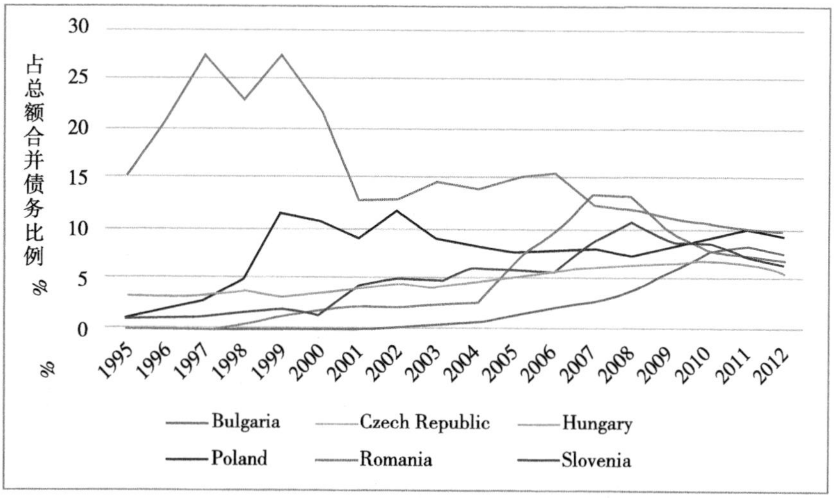

图 10.4　东欧地方政府债务占国家债务总额的百分比趋势

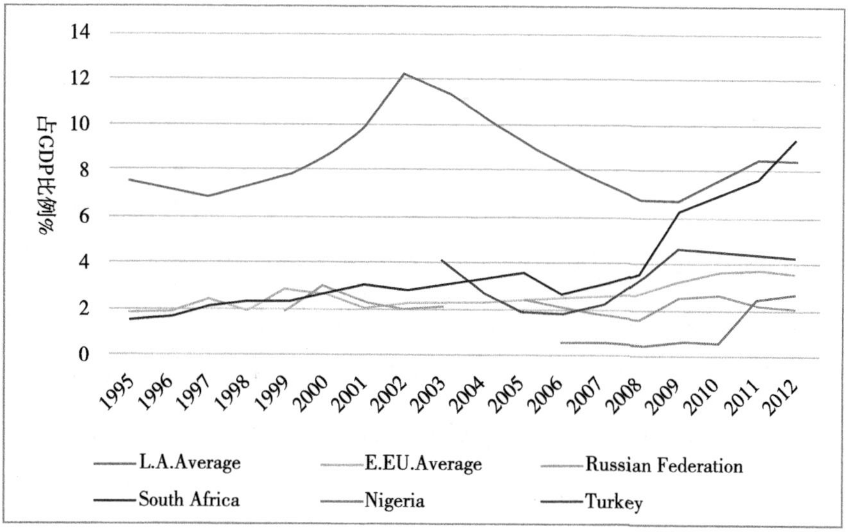

图 10.5　地方政府债务占 GDP 百分比的地区比较

注：尼日利亚地方政府国内债务数据仅适用于 2011 年（债务总额 = 国内债务 + 外债）。

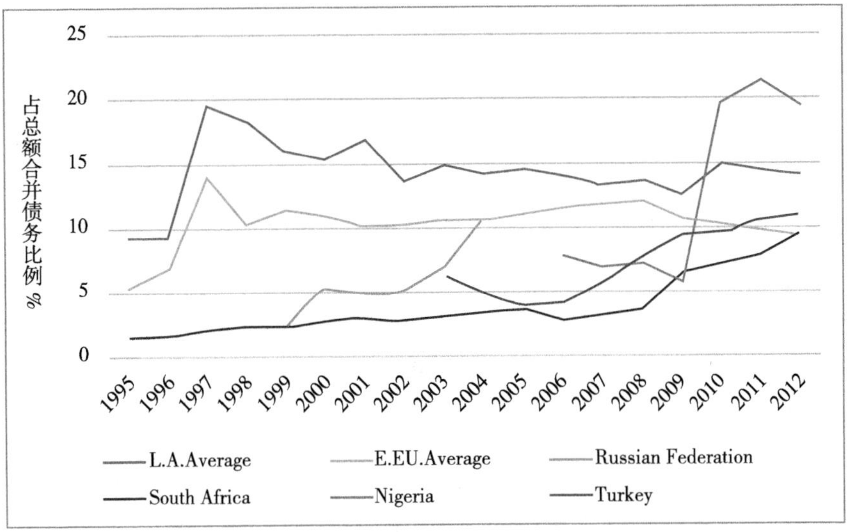

图 10.6　地方政府债务占合并债务总额百分比的地区比较

10.3 Non-Asian 新兴经济体的借贷规则

过去几十年来，Non-Asian 新兴经济体顺应世界趋势，越来越多地采用明确的借贷规则，以确保地方各级政府的无序借贷行为不会导致该国财政无纪律和宏观经济不稳定。这些国家大都经历过一段债务所带来的经济繁荣与萧条演变历史，但因国情不同而异。引发债务危机的原因是多样的，即使一国的财政分权制度设计得很好，同时也有对称的事权和财权，但也有强烈的政治经济诱因，促使地方当局采取短视行动，进行过度借贷和过度支出。如果把绝对禁止政府借贷（一刀切是一种效率低下的办法）排除在外，显然有必要制定借贷规则，那么目前有什么类型的规则？能否对这些规则进行比较，找出普适性且最有效的规则？

10.3.1 借款规则制度

在本节将考察 Non–Asian 新兴经济体采用的不同类型借贷规则的演变历史。借鉴 Minassian 和 Craig（1997）的观点，将地方政府的借贷和债务监管分为四类：（1）行政监管；（2）合作监管；（3）规则监管；（4）市场监管。在下文简要描述了这些方法，并指出哪些 NAEE 国家采用了这些方法。

（1）行政方法（Administrative Approach）

行政管理办法赋予中央政府权力，通过行政手段直接控制地方各级政府的债务，包括设定债务上限、禁止向外国借贷和设立事先审批等制度。中央政府对地方政府借贷的行政控制在单一制国家和处于权力下放早期阶段的国家比在联邦制国家更为常见（TerMinassian，1997）。由于中央当局可以直接控制各级地方借贷，行政管制办法的优势在于能够较好确保宏观经济稳定。这种做法还可能有助于改善地方各级政府的财政条件，因为外国放贷人往往利用中央政府作为地方各级政府的转贷人，从中央政府获得还款担保。然而，行政管理方法似乎与财政分权的想法相矛盾。由于中央政府的密切辅导和直接参与地方政府的借款运作，放贷人可能认为中央政府是隐性担保，而且地方政府的自律性可能会降低。

在 Non–Asian 新兴经济体中，墨西哥是一个明确使用行政手段干预地方借贷的国家。在该国，中央政府有过对地方政府进行金融救助的历史，该国州政府和地方政府的借款最高限额可以达到上级政府规定的债务上限。此外，墨西哥规定地方政府只能从国内借款，这些资金只能用于公共投资支出，而非公共消费领域。除了行政管制外，墨西哥还采用了金融部门条例，基本上是一种信用评级制度，这将为地方政府的借贷活动增加一层审慎性。

（2）合作方法（Cooperative Approach）

在这种方法中，宪法、法律或中央政府都不事先设定地方各级政府的债务规则和比例，而有关借债的规则和条例是通过中央和地方政府之间的谈判制定的。在这一类别中，区域（省、州）和地方政府会积极与中央政府就本地的财政收入和支出、赤字目标以及债务上限进行对话协商。这种方法的一个明显优点是，它促进了中央和地方各级政府之间的沟通，从而提高了人们对地方各级政府借贷对宏观经济稳定影响的认识。但缺点是，协商是漫长的，一致意见的达成是困难的，而事后的行动约束力通常较弱，有些并不积极配合执行。当合作执行不力或失败时，可能会增加地方各级政府的议价能力，并导致地区和地方政府放弃预算纪律（Plehanov&Singh，2007）。

在本章的样本国家中，南非采用了合作和基于市场的方法相结合的方式来监管地方政府的借贷（Liebig 等，2008）。南非《宪法》（第 3 条）授权各级政府之间进行合作，以确定它们能借多少钱。实际上，区域和地方政府没有固定的债务上限，这些地方政府实体能够在金融市场限制的情况下以相当大的灵活性借款。

（3）基于规则的方法（Rule-based Approach）

地方政府在借贷时不依赖中央政府的裁量权或自愿协议，而是必须遵守明确的事先规则。为了限制地方政府各级的借款，财政规则在一个法律框架中以不同的条款列出：①债务上限；②总借款限额；③偿债支出上限（本金和利息）；④“黄金法则”（资金只能用于基础设施投资）；⑤谁可以成为贷款人（国际或国内）等规则。一个明确的目标是将借款水平与借款人的还款能力联系起来。另外一个目标是使地方政府各级的财政结果具有可预测性。因为这些规则通常是在国家法律框架中规定的，因此被称为中央强制规则。然而，地方政府，比如省（州）级，也有可能自行制定规则。

尽管监测地方债务的法定限额或偿债支出限额比较直接和有针对性，但这些规则并不总是有效的，因为地方各级政府可能使用预算外程序，这使它们能够在规则之外累积债务。同样，使用“黄金法则”也不能保证财政的可持续性和宏观经济的稳定，因为基础设施投资最终也有可能不会带来社会或经济回报。

以规则为基础的办法有明显的优点，即在一定限度内具有透明度和客观性，不必依赖官僚机构或中央和地方当局之间的长期谈判，这些谈判也可能包括政治因素而非经济因素。然而，基于规则的方法有明显的缺点，即缺乏灵活性。就其性质而言，在金融危机期间，当有必要增加公共支出时，这种做法可能会降低地方政府财政政策的效力。然而，一旦违反规则，可能会给未来造成不良先例，削弱规则的整体效力。在实践中，基于规则的方法是 Non-Asian 新兴经济体中最常用的方法，巴西、保加利亚、哥伦比亚、捷克共和国、匈牙利、罗马尼亚、俄罗斯、波兰都采用了这种方法。

（4）基于市场的方法（Market-based Approach）

在这种方式下，中央政府不制定地方政府债务的限额，而是依靠金融市场来监管和限制地方政府的借贷。地方各级政府根据金融市场的评级情况决定债务的来源、条款和条件，以及它们想借多少钱。金融市场就会间接监管和限制地方政府借贷行为。当然，为了使金融市场能够有效地完成这项工作，它们必须能够获得关于地方政府偿还债务能力的准确信息和指标。Lane（1993）描述了金融市场必须遵守的一系列条件，以便对地方政府的借贷实施有效的监管：①金融市场应自由运作并开放，不应存在这样的规定，迫使金融实体向地方政府提供贷款，因为这构成了一种特权，妨碍了公正性；②应该明确指出，中央政府不能提供救助；③金融市场应能够获取必要信息，根据这些信息评估地方各级政府的信誉，包括其未偿债务和偿还能力；④地方各级政府应有能力对市场表现做出适当反应。

事实上，大多数新兴经济体由于金融市场欠发达，没有符合上述条件的地方政府金融市场，这些金融市场状况较多存在于少数发达经济体。然而，即使在这些经济体中，信用评级机构在评估地方政府偿还能力方面也发挥着关键作用。因此，由于在大多数 Non-Asian 新兴经济体中，地方政府一级的金融市场不够发达，无法获得有关地方各级政府财政业绩的充分信息，以市场为基础的办法不太适合有效地管制这些国家的地方政府各级借款。

目前，在本章的样本国家中，没有一个 Non-Asian 新兴经济体使用这种方法。然而，一些东欧国家过去曾试图使用它。此外，一些国家，如墨西哥，已经引入了一个地方政府的信用评级系统，作为它们对墨西哥所采用行政方法的补充工具。

10.3.2 不同方法的优缺点比较

上述债务治理方法在世界不同国家的应用不一样。表 10.1 总结了 1990 年、2000 年和 2010 年三个时间点样本中，每个 Non-Asian 新兴经济体采用的借贷规则制度。当然，尽管本章将 NAEE 每个国家归入一个特定的类别，但其中有许多国家并不总是完全适合于这一类别，因为它们使用的借贷规则制度可能是一个组合，而只是在某一个类别比较突出。

表 10.1　Non-Asian 新兴市场国家跨年使用的借贷规则

借款规则	1990 年	2000 年	2010 年
禁止借贷	智利	智利	智利
	保加利亚		
	波兰		
	罗马尼亚		
行政的 Administrative	墨西哥	墨西哥	墨西哥
	巴西	尼日利亚	尼日利亚
	俄罗斯	俄罗斯	
	斯洛文尼亚	斯洛文尼亚	斯洛文尼亚
	土耳其	土耳其	土耳其
中央强制规则 Centrally-imposed rule	哥伦比亚	巴西	巴西
		哥伦比亚	保加利亚
		匈牙利	哥伦比亚
		波兰	捷克共和国
			匈牙利
			波兰
			罗马尼亚
			俄罗斯
自治	阿根廷	阿根廷	（无）
合作的	南非	罗马尼亚	阿根廷
		南非	南非
基于市场	捷克共和国	保加利亚	（无）
	匈牙利	捷克共和国	

从表 10.1 中可以得出一个明确的信息，在十年的时间里，许多 Non-Asian 新兴经济体改变了地方政府的借贷制度。例如，1990 年至少有 3 个国家完全禁止地方政府各级借贷，而 2010 年只有智利维持了这一禁令。

国际上采用的对地方政府借债约束制度，总体上呈现出中央控制的加强（见图 10.7）。在本章的非亚洲新兴市场样本中，1990 年只有一个国家采用了中央强制规则制度，但到 2010 年已有 8 个国家采用了这一制度。

中央强制规则的吸引力在于它既提供了透明度，又提供了间接的、高度的中央政府控制，同时增加了宏观稳定性。另外一个用户数量增加的制度是合作协商制度，从 1990 年的一个用户到 2010 年的两个用户，只是略微的增加。所有其他的制度，包括彻底禁止制度、自我管理、基于市场化制度等，在被其他国家采纳程度上都有所下降，而且在 2010 年的调查中，没有一个制度被超过两个国家使用过。当然，这样的趋势只是本文的样本所展示出的，如果加大样本量，可能有不一样的结果。

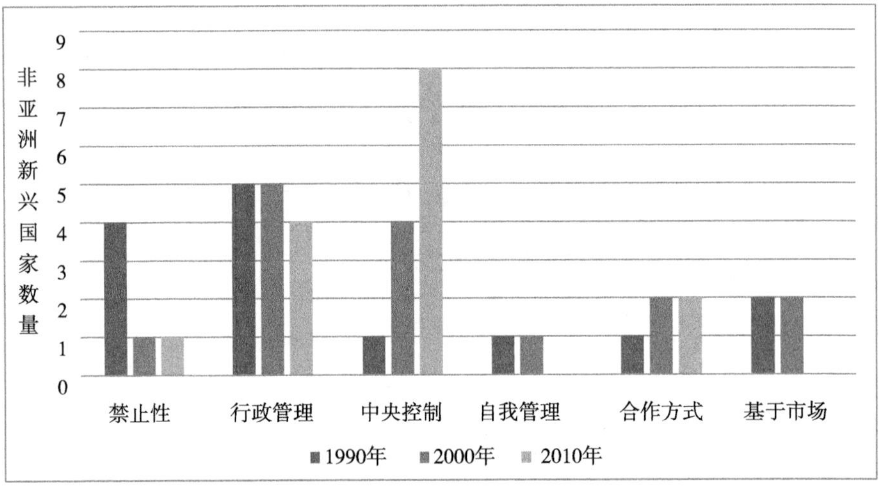

图 10.7　非亚洲新兴市场国家的地方政府借贷规则

在地方政府债务治理方面，无论采取何种具体的借款制度，许多国家倾向选择采用的一般交差规则（Crosscutting General Rules），帮助更好地界定地方各级政府的管理框架，并使中央行政当局对地方各级政府有更多控制。那些最受欢迎的交叉规则以及采用这些规则的非亚洲新兴市场国家的数量如图 10.8 所示。从图上可以看到，样本中的大多数国家到 2010 年已经对地方政府各级债务采取了总体限额，绝大多数国家采用了“黄金法则”，样本中有些国家已从禁止外国借贷转向事先批准的允许，而不是仅仅无条件允许。

在这些不同方法中，哪种最有效？可以说，不同的方法各有自己某种优势。例如，从预算透明度和确定性的角度来看，基于规则的方法优于行政方法，或者合作方法的优点是直接让地方各级政府参与财政稳定（Ter Minassian&Craig，1997）。然而，每一种方法都包含了多个维度，显然没有一种方法先验地支配所有这些维度。

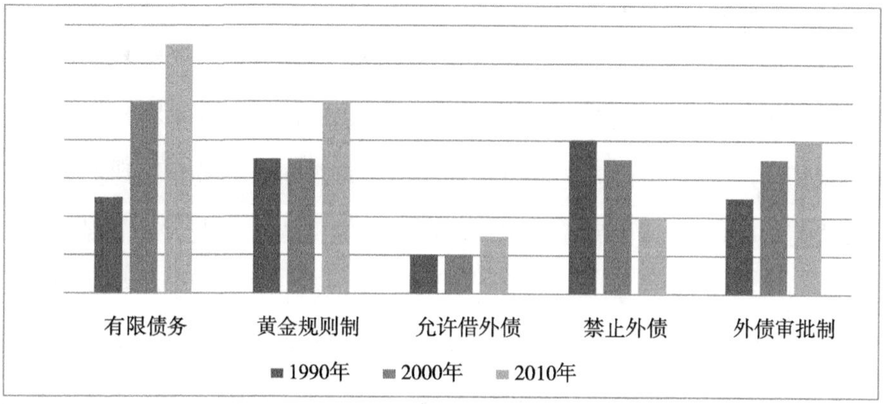

图 10.8　非亚洲新兴经济体债务监管的交叉规则

有一些学者尝试通过进行统计回归分析来回答什么样的借贷监管最有效的问题，这种分析非常适合帮助理清多变量复杂的因果关系。Plehanov 和 Sing（2007）、Vazquez 和 Vulovic（2017）研究中认为似乎没有任何特定的借贷监管占主导地位，而更一般的规则，如“黄金法则”和对债务和借款的限制似乎是有效的。关于地方各级政府对借贷法规的选择，金融市场的深度对于合作和基于规则的监管至关重要。另一方面，合作方式对一般政府财政纪律有积极影响，即使是在高度纵向财政失衡和地方政府债务水平较高的情况下（Vazquez&Vulovic，2017）。此外，在政府间转移支付水平较低的情况下，地方各级政府基于规则的做法似乎对财政业绩产生了积极影响。然而，在垂直财政失衡严重的情况下，在新兴经济体中，中央施加的规则似乎比自我强加的基于规则的方法能带来更好的财政结果

（Plehanov&Singh，2007）。

总而言之，关于地方政府各级借款监管的经验证据表明，没有一种借款监管办法明显优于其他类型的方法。这一发现可能表明，实施和执行以及对该国整体财政结构及其权力下放水平的限制可能是每一种不同借款条例有效性的关键。毋庸置疑，关于不同借贷规则在地方政府一级的有效性的实证研究结果只反映了某一特定借款规则的存在。关于具体规则的执行效果和实际监测水平的数据并不容易获得。因此，可以说经验文献中得出的结论应被解释为正在进行的工作。一个仍有待解决的难题是如何规避借贷制度的潜在计量误差。从方法论角度，每个国家都被分配到上述四类借款制度中的一类，然后在估算中使用一个虚拟变量来表示每个规则。然而，这可能会产生误导。尤其当许多国家综合运用不同的借贷规则时。例如，南非选择了合作监管和市场纪律相结合的方式。而且，这些规定往往会随着时间的推移而改变。因此，尽管这四种借贷规则的分类清楚地为决策者提供了有用的信息，但仍需要更详细的研究来准确理解不同方法的有效性。

借款自主权指数是一种估算每个地区借款自主权的指数方法，用来衡量实际下放给地方政府的借款权。该指数由 Hooghe 等人（2016）提出，将各种相关的财政法规集合为一个标量，取值范围为 0 到 3。具体而言，借款自主权指数要考虑是否需要上级政府来批准债务、债务限额是否生效、“黄金法则”是否到位、是否允许对外借款。借贷自主权指数用来衡量地方政府可以借贷的程度，从 0~3 依次代表越来越大的自主权，具体如下：

0. 地方政府不能借贷（例如中央政府规定地方政府禁止借贷）

1. 需要事先批准：地方政府的借款须经中央政府批准，并受到以下一项或多项中央限制。

①黄金法则（例如，不得使用借款来弥补公共预算账户赤字）；

②不向外国借款或从中央银行借款；

③借款不得超过上限；

④借款仅限于特定目的。

2. 地方政府可以不经中央政府批准而借贷，但在①、②、③、④ 中的一项或多项下已到位。

3. 地方政府可以借贷，不受中央政府的任何限制。

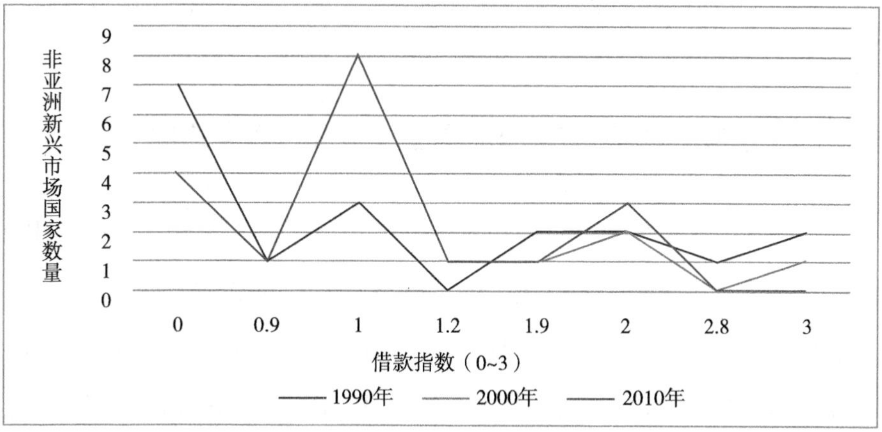

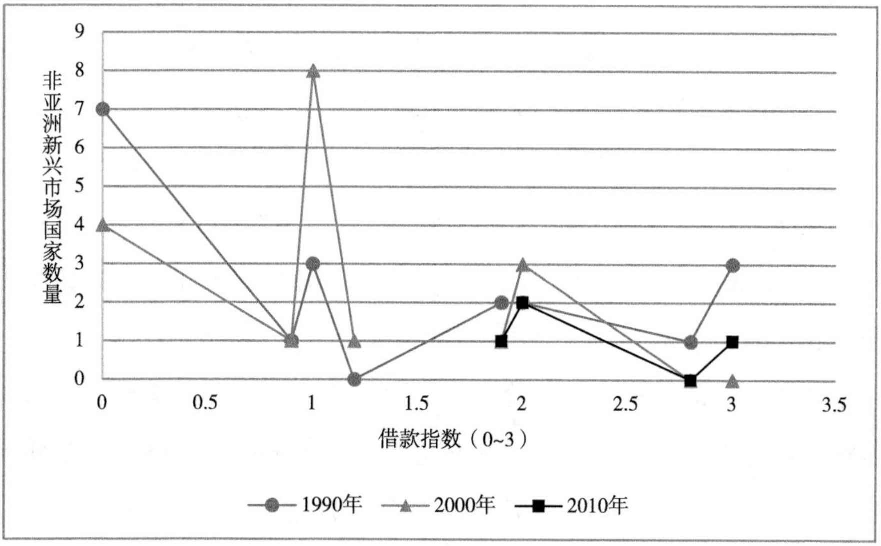

图 10.9　非亚洲新兴市场国家的地方借贷自主权趋势

从具体国家的图表中可以看出，总体表现出一种自主权减少的特征。当然，在历史中也有反复，有些时候会趋紧，有些时候会宽松。在阿根廷等拉丁美洲国家，地方政府的借贷自主权通过 FRLs 受到严格限制，巴西和哥伦比亚在 20 世纪 90 年代末和 21 世纪初发生了地方政府债务危机。图 10.9 总结了 1990 年、2000 年和 2010 年三个时间点的地方政府各级借贷自主权的分布情况。观察到的总体趋势是，地方政府的借贷权限正在减少，这与上文观察到的借款监管趋势类似，中央政府的控制力度在增加。

10.4 财政责任法（FRLs）在治理地方债务中的作用

除了借贷规则之外，一些非亚洲新兴市场国家在过去几十年中引入了更为全面的法律框架，以进一步巩固其宏观经济和财政稳定。正如上文已经看到的，这些被称为财政责任法（Fiscal Responsibility Laws，简称 FRLs）。该准则旨在解决更广泛的财政治理问题，包括短期规划范围、道德风险和共同资金池问题。一般来说，它们都是在中期财政范围内制定的，强调预算的透明度和问责制、对财政目标的监测、包括执行措施，以及通常精心规定的免责条款（Liu&Webb，2016）。在这方面，几个拉美新兴市场国家的经验极具启发性。

在这一节将描述 FRLs 产生的环境，以及这个制度到目前为止在这些国家是如何发挥作用的。FRLs 试图解决中央和地方政府之间的财政协调失灵问题，这个失灵曾经导致了从 20 世纪 80 年代开始出现的重大宏观经济危机（Liu&Webb，2016）。总体而言，FRLs 的出台似乎使各级政府的财政政策得到了更好的协调，并有助于增强财政可持续性，特别是在这些政策得到其他财政规则支持的情况下。在这一节中将总结拉丁美洲 4 个新兴市场国家（巴西、阿根廷、哥伦比亚和秘鲁）的 FRLs 经验。

10.4.1 巴西的情况

巴西在 20 世纪 80 年代和 90 年代初经历了大规模的地方债务危机，为了尽快度过危机，中央政府向一些地方政府提供了救助，导致了道德风险的发生和债务危机的进一步深化。在危机后期，由于进行了债务重组谈判，在国家一级批准了若干立法，包括 2000 年的《财政责任法》。该法引入了债务水平的限制，控制了新债务的产生，并为地方政府的借贷建立了一个基于规则的体系。这个以规则为基础的体系不仅重视市场准则，更加强调中央政府不会对地方债务提供救助，所有新地方政府债务发行和贷款都必须得到联邦财政部的批准。方框 1 详细描述了这些内容。

框注 1：巴西财政责任框架

巴西的财政责任立法包括：1995 年颁布的立法和 1999 年的限制人员开支规则；1998 年参议院通过规定最高债务水平的决议；审慎监管和监督金融机构对地方各级政府债务的敞口；以及 2000 年 5 月颁布的《财政责任法》。在税收方面，《联邦储备法》限制向收税表现不佳的州进行联邦转移支付。在地方支出方面，联邦储备法禁止在没有与特定支出相对应的永久收入来源的情况下，永久性增加地方支出。

FRLs 还规定了州和市政府人员支出的最高限额不得超过当前净收入的 60%。

2001 年颁布的 FRLs 和补充立法规定了资本支出和债务限额。尤其是，最高债务水平不能超过州政府当前净收入的 200%，市政府不能超过 120%。

然而，FRLs 也包含了债务限额的免责条款。比如在接下来的四个季度里，如果经济出现至少 1% 的萎缩，总债务和人员支出的上限可以延长。经国会批准，这些免责条款也可以在发生自然灾害时生效。

FRLs 还引入了报告措施。该措施要求州和市政府提交两个月一次的执行报告和四个月的情况报告，以证明符合 FRLs 框架。此外，州政府必须在 5 月底前向财政部报告上一年的财政支出，市政府在 4 月底之前进行上报。州和市两级的立法会需要在各自的审计法院的协助下，监督《财务报告法》和其他财政规则的遵守情况。

银行对政府债务的敞口（包括中央、州、市政府、上市公司和所有权力下放的司法管辖区）对其净财富的比例限制在 45% 以内。

10.4.2 阿根廷的情况

与巴西的情况一样，阿根廷在 20 世纪 90 年代经历了债务危机，原因是省政府承担的债务过多，不得不接受救助，导致了债务货币化和恶性通货膨胀。直到20世纪90年代末，阿根廷对其地方各级政府采取了以市场为基础的借贷方式。但是，市场纪律实际上并不容易执行，出现了许多的过度借贷和财政失败的案例。第一个可以被视为FRLs框架的立法是财政偿付能力法，该法由国会1999年通过，以规范债务偿还。然而，这部偿付能力法缺乏有效执行机制，随后超过半数的省份出现了违规行为。失败的主要原因是1999年《偿付能力法》主要适用于中央政府，而它只是要求省级政府通过自律，实际上许多省级政府未能做到这一点，这导致了2000—2001年的新一轮金融危机。在危机事件之后，国民议会在2004年通过了一项新的联邦法律，将1999年法律的内容扩展到所有级别的政府，包括省级政府和首都地区（Braun&Gadano，2007）。

10.4.3 哥伦比亚的情况

哥伦比亚虽然不是联邦制国家，但在20世纪80年代末和90年代初经历了重大的政治和财政分权改革，特别是地方各级政府拥有高度的借贷自主权，最终导致许多地方政府过度借贷。为了控制地方债务水平，中央政府于1997年通过了一项财政稳定法，即所谓的“红绿灯法”。该制度由三个级别和层次组成，分级限制地方借贷行为。该法的大概框架如下：1. 如果地方当局负债累累（高债务率），就不允许再借钱了（红灯）；2. 如果司法管辖区有一定程度的债务，但不是数额过大，则需要获得财政部的批准（黄灯）；3. 所有其他债务水平较低的地方政府都可以随意借贷（绿灯）。虽然这是一个表面看上去很吸引人和合乎逻辑的方案，但实际上“红绿灯法”并没有那么顺利地执行。一些被认定为处于红灯区的地方政府，在未经财政部批准的情况下仍然进行借债（Echavarria 等，2002）。因此，哥伦比亚在后来改进了地方政府各级借款的法律框架，包括在2001年和2002年采用了新的财政规则。2003年，该国政府通过了一项全面的财政责任法，将国家和所有地方各级政府统一纳入了这个框架。

10.4.4 秘鲁的情况

秘鲁是近几年才开始实行财政分权改革的。尽管秘鲁从未经历过像阿根廷、巴西甚至哥伦比亚这样的地方政府层面的财政问题，但秘鲁的改革者却极其谨慎。认真学习了其他拉丁美洲国家的地方债务治理经验，秘鲁在 2003 年通过了 FRLs，这是其权力下放进程的早期阶段。这被视为一项预防性措施，是为了向新获得的借债权力下放不会导致宏观经济不稳定的一种方式。

框注 2：四个拉丁美洲新兴国家财政责任法的主要特点

预算透明度措施	
阿根廷	——按类别预测收入和支出的三年预算计划。 ——独立委员会管理预算类别并评估预算建议。
巴西	——各级政府必须公布经审计机关批准的季度财务报告。 ——FRLs 要求地方政府的预算计划必须与联邦政府保持一致预算计划。 ——所有政府层面均采用权责发生制会计方法，该方法消除了大多数时候隐藏的债务问题。
哥伦比亚	——公布季度财政结果。 ——以收付实现制为基础定义收入，以权责发生制为基础确定支出。 ——中央政府被禁止向地方政府贷款或为其债务提供担保。 ——禁止在选举年承诺未来开支和增加人员工资。
秘鲁	——地方中央机关不得向国有企业转移资金。 ——年度财政赤字不能超过多年预算计划中的赤字目标。 ——地区政府必须公布年度财政报告，该报告应与多年财政框架保持一致。
财政目标	
阿根廷	——基本支出增长率不能超过 GDP 增长率。 ——省级政府必须调整预算余额，将债务偿还率控制在当前收入的 15% 以下。
巴西	——地方政府必须将人员支出控制在财政收入的 60% 或以下，并为政府各部门制定特别目标。 ——国家一级的参议院制定特殊的财政目标和上限。
哥伦比亚	——FRLs 与红绿灯法合作，根据债务支付能力比率设定债务限额。 ——一些地方政府机构需要从国际机构获得良好的信用评级。

续表

秘鲁	——公共部门财政赤字总额，包括地方政府（但不包括金融部门）不得超过 GDP 的 1%。 ——公共部门总开支增长率不能超过 3%。 ——对于每个地方政府，债务存量不得超过 100%，偿债不得超过当前收入的 25%。 ——地方各级政府的三年平均基本财政余额必须为非负。
制裁	
阿根廷	——如果省级政府未能达到财政目标，它们不能举债。然而，FRLs 并没有对省级政府实施强有力的制裁。 ——FRLs 中没有免责条款。
巴西	——当一个地方政府超过借款限额时，禁止其借款，并且不得从国家政府获得任何“自愿”赠款。《财政犯罪法》还规定了对违反 FRLs 规则的公职人员的处罚。 ——如果后四个季度的经济增长率低于 1%（免责条款），地方政府允许降低或免除实现财政目标。
哥伦比亚	——如果地方政府不遵守 FRLs 规定的限制和规定，则它们不得再借款（包括向国家政府借款）。 ——当金融机构不符合 FRLs 规定的条件和规定时，其合同无效，且不得对所借信贷收取任何利息。 ——FRLs 中没有免责条款。
秘鲁	——任何地方政府违反 FRLs 的行为都可能导致中央政府的集体补助金临时削减。 ——在经济负增长和国家紧急情况下，地方各级政府可能无法实现财政目标（免责条款）。

资料来源：Liu 和 Webb 2011 及相关国家具体财政立法。

10.5 超越规则：监督遵守和执行

地方政府各级借款专家普遍认为，一个有效、成功应对债务的做法既需要遵守借款和财政规则，也需要在必要时候超越这些规则（Rodden&Eskeland，2003；Kumar 等，2009；Ter-Minassian，2015；Kotia&Lledo，2016）。有效的借贷监管需要综合施策，包括预防性措施、过程监测、执行以及必要时的制裁等。实施规则的力度，包括监测和执行机制，可能比规则本身在地方政府一级的财政绩效更为重要。而现有的证据也支持了这一推测，正如 Kotia 和 Lledo（2016）对欧洲国家财政纪律的研究发现执行的重要性。本节将分析有效监督和执行借款规则的不同方面。

10.5.1 预防措施

在研究监测和执行问题之前，必须强调可以采取的一些预防措施。这些措施具有防患于未然的作用。

首先，地方政府借贷是财政分权制度的一个基本方面，其余制度的设计和执行对此也起着非常重要的作用，包括财政收入分配、职能支出责任和转移支付制度。这三个方面中的任何一个存在设计缺陷（例如，由于收入自主性不足而无法承担支出责任而导致的纵向财政失衡）都可能对地方政府各级的借贷产生重大的负面影响。从地方政府各级财政体制的设计出发（即所谓的财权和事权的统一），以及地方财政收支的整体性，来解释财政分权设计的重要性就显得尤为重要。

其次，财政借贷规则和监督的范围要尽可能广泛。限制“预算外”支出或借款的范围是提高规则强度的一个重要因素（Hagen&Wolff，2006；Buti et al.，2007；Kotia&Lledo，2016）。债务限额和财政规则的适用范围应包括整个公共部门，不只地方政府，而且还应包括国有企业和所有其他可能允许地方政府绕开规则的金融工具。在许多新兴经济体，“预算外”活动，往往涉及公私伙伴关系，可能导致地方各级政府的或有负债、隐性负债和担保负债，而地方政府一级的借款规则往往无法涵盖这些债务。这些“后门渠道”往往会削弱地方财政规则的纪律效果，并威胁到整体财政稳定。另外一个问题是模糊性，这也可能是来自于对要监测的变量缺乏适当的目标所致。财政规则需要明确规定目标是什么，如基本平衡、总体预算赤字或公共债务水平，以及这些目标是根据实际数字还是按周期调整来衡量，也需要仔细说明免责条款及其适用条件。一般而言，目标变量的模糊性会显著削弱财政规则的效力。

再次，信贷风险缓解措施不应与审慎和负责任的地方政府借款背道而驰。审慎地减轻与地方当局有关的信贷风险是促进贷款资金流向地方政府的一项重要战略（Rodden&Eskeland，2003）。这可以通过接受和加强私人信用评级机构的作用来实现，也可以通过一个独立的公共机构（例如，财政自治委员会）来实现，该机构进行了同等类型的信用分析。然而，在许多情况下，缺乏可贷资金可能是新兴经济体的一个大问题。因此，通过透明的预算和对信用评级机制的依赖，来减少对这些风险的认识可以发挥非常有益的作用。

促进私营部门向地方政府提供贷款的另一种方法是采取直接的风险缓释措施（Rodden&Eskeland，2003）。通常金融市场可能会夸大向地方政府放贷相关的实际风险，从而导致实际借贷水平低于最佳水平。多年来，许多国家的政府试图以各种方式来解决这个问题，增加借贷水平。最常用的风险缓解措施之一是提供某种形式的贷款担保，如果谨慎使用，这个办法可以成为便利地方政府借款的有效工具。其中一种形式是通过中央政府做担保向地方政府提供国际机构贷款；另一种贷款担保形式，是使用政府“截留”。在这种情况下，中央当局同意拦截和保留收入分享转移和其他中央政府资金流向地方政府，以保证地方各级政府的偿债。然而，鉴于涉及的道德风险很高，中央政府提供更多的开放式贷款担保一般不被视为良好做法。如果有担保，私人放贷者将减少对地方放贷者信用价值的审查，信用较低的借款人更有可能获得私人信贷。事实上，现在大多数国家在借贷和财政规则中都禁止中央政府担保。此外，使用政府拦截手段也伴随着高水平的市场道德风险，而且使用频率越来越低。

10.5.2 监督借贷行为

监测借款条例的执行情况对于地方各级政府债务的可持续性至关重要。中央和地方政府之间的协调，应该有一个明确的机制，允许二者进行公开对话和透明的信息流动，这是地方各级政府债务监测制度的一个重要方面（Kumar 等，2009）。在执行方面，政府可以依靠强有力的市场纪律。但正如在大多数新兴经济体中看到的那样，缺乏金融市场的发展会大大降低这种做法的有效性。这意味着，在不同形式下，有效的执行需要中央当局或独立强大的财政委员会的分级监督。毫无疑问，另一个使规则更强大的机制是监控能力（Bohn&Inman，1996）。监测通常由中央财政部负责。不过，最好有一个独立的机构来监督借款规则的执行情况。Debrun 等人（2008）和 Kotia 和 Lledo（2016）发现，媒体对财政规则的可见性可以加强财政纪律。

表 10.2　非亚洲新兴市场国家的财政委员会

国家	财委会名称	成立于（年）	监督范围	财政规则
智利	财政咨询委员会	2014	中央政府	是
哥伦比亚	拉雷格拉财政委员会	2012	中央政府	是
匈牙利	财政委员会	2009	一般政府	是
伊朗	公共部门理事会中心	1991	一般政府	是
墨西哥	公共财政研究中心	1998	中央政府	否
尼日利亚	财政责任委员会	2007	一般政府	是
秘鲁	财政中心	2015	一般政府	是
罗马尼亚	财政委员会	2010	一般政府	是
塞尔维亚	财政委员会	2011	一般政府	是
斯洛伐克	预算责任委员会	2011	一般政府	是
南非	议会预算办公室	2014	一般政府	否

借款和其他财政规则的执行已越来越多地转移到财政委员会。这些独

立的机构，其设立的目的通常是准确地监测和执行财政规则。此外，财政委员会可能会在经济危机的情况下监督逃避条款的执行情况。财政委员会由于其独立性和公正性，具备履行这一职责的理想条件。

根据统计数据，全球 39 个国家成立了财政委员会，在非亚洲新兴市场国家中，这一数字为 10。非亚洲国家的财政委员会有着不同的体制框架。在 7 个非亚洲国家，财政委员会负责监督整个一般政府，因此也包括地方各级政府；而在 3 个 Non-Asian 新兴经济体中，财政委员会只关注中央政府一级。表 10.2 描述了非亚洲新兴市场国家采用财政委员会的情况。

财政委员会的一个重要缺点是，政府当局经常抵制一个机构的批评，尽管它本应是独立的，但实际却是政府机构的一部分。匈牙利财政委员会最近发生的事件很好地说明了这一点，表明该国政府是如何减少财经委员会的作用，以避免批评。匈牙利财政委员会成立于2009年，但就在两年后，该委员会因批评政府缺乏透明度和经济预测过于乐观而活动受到限制。

一般来说，财政委员会的人员配置是专业性和技术性的专家，不应考虑任何政治代表性。在 Non-Asian 新兴经济体中，斯洛文尼亚和匈牙利的财政委员会就是这样。另一个选择是纳入政治代表，但在这种情况下，要谈论一个独立的权威就要困难得多了，它本应在监督财政表现方面脱离党派利益。作为后者的一个例子，尼日利亚财政责任委员会由技术人员和选举产生的官员组成，他们不仅代表中央政府，而且代表州政府，州政府的代表应该在监督和执行地方政府的支出和借款政策方面发挥作用。

合并债务上限通过两种途径实现：①由超国家政府协议（如欧盟）实施，②由一国自己的立法机构实施。在 Non-Asian 新兴经济体中，东欧国家的综合债务上限是由欧盟规定的，作为超国家规则的一部分，如《马斯特里赫特条约》。在其他非亚洲新兴市场国家中，合并债务上限往往是由本国立法规定的债务上限。在本章的样本国家中，受这种约束的国家的实际数量随着时间的推移而变化（图 10.10）。这种方法的有效性取决于超国家机构的监督和压力，或中央和地方政府之间的相互监督，以确保没有人违反关于如何分担合并债务限额的现有协议。后者也适用于在超国家范围内实施总限额的情况。事实证明，在这两种方式中，很难达成分摊合并债务限额的做法。达成共享规则可以通过讨论和协商一致来实现，但通常最终决定权是中央政府的决定。

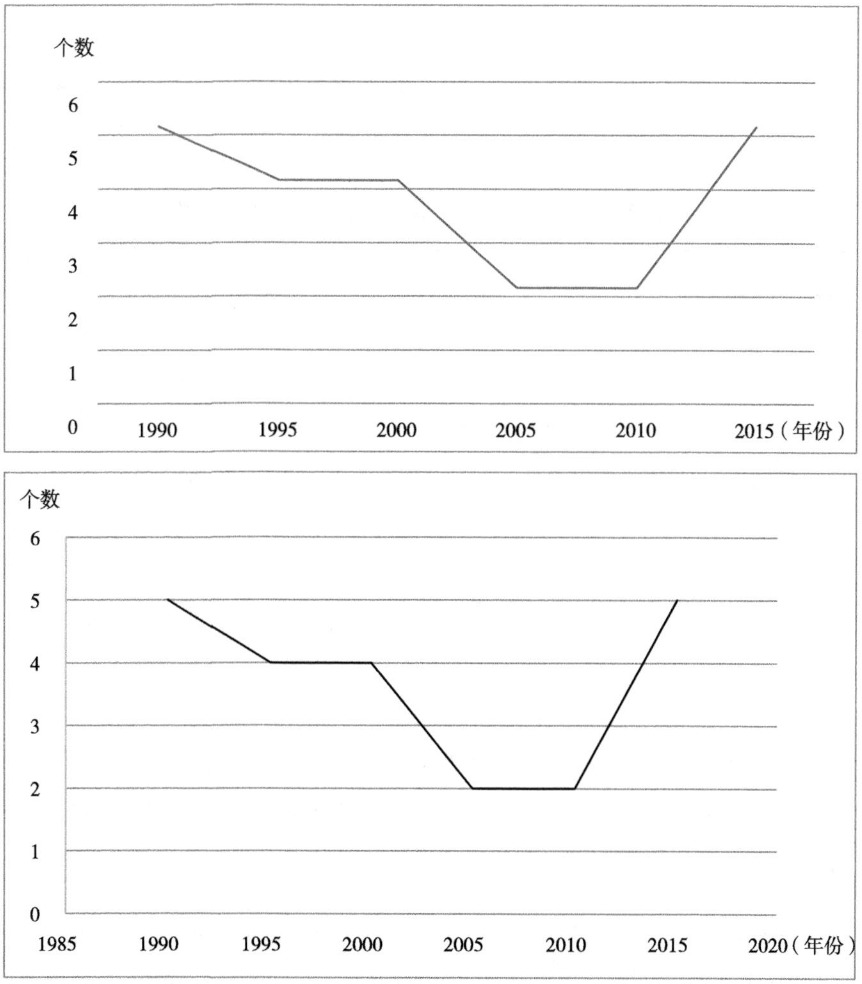

图 10.10　NAEE 国家合并政府债务限额的国家数变动

资料来源：IMF（2017），样本为 14 个非亚洲新兴市场国家。

10.5.3 对发生债务问题的政府的救助、制裁和实施破产

实施有效财政纪律的主要困难之一是对发生问题的地方政府实施救助时的两难选择。如果不救助，可能引发一系列问题，如果救助，则明显违反规则。以往的先例表明，中央政府在一些时候，并没有认真严格执行当初的硬预算限制和制裁不守规矩的地方政府（Plekhanov&Singh，2007），往往法外开恩，救助这些地方政府。这明显违反规则，但美其名曰建立一个纠正机制。事实上，许多 Non-Asian 新兴经济体都有过地方政府救助的历史，它们在拉丁美洲国家中很常见（表 10.3）

表 10.3　Non-Asian 新兴经济体地方违约救助历史

国家	紧急援助	国家	紧急援助
阿根廷	有	尼日利亚	有
巴西	有	秘鲁	无
保加利亚	无	波兰	无
智利	有	罗马尼亚	无
哥伦比亚	有	俄罗斯	有
捷克共和国	无	斯洛文尼亚	无
匈牙利	有	南非	无
墨西哥	是	土耳其	无

这种实际救助历史会破坏财政纪律，预期救助也会在地方政府债务可持续性方面发挥消极作用。如果地方债务被认为中央政府进行了隐性担保，那么放贷机构和金融市场更可能忽视不可持续的地方债务积累。事实上，一些研究认为，中央政府的隐性担保在 20 世纪 90 年代俄罗斯和墨西哥的地方政府救助中发挥了显著作用（Lanchovichina，Liu&Nagarajan，2007；Liu&Waibel，2008）。面对违规行为，中央当局也可以采用制裁手段和实施破产法。事实上，制裁是相当普遍被采用的，例如，在拉丁美洲国家，制裁通常包括在 FRLs 框架内的有些做法。以哥伦比亚为例，根据

"红绿灯法"，违规的地方政府被禁止任何新的增量借款。就巴西而言，除了禁止任何新的借贷外，联邦政府还可以减少或取消对州政府的转移支付。在 Non-Asian 新兴经济体中，地方政府破产法并不常见。为了解决地方政府的违约问题，匈牙利和南非分别于 1996 年和 2003 年颁布了财政支出破产法，这些法案的主要目的是制定和解决地方政府各级债务的法律框架和程序。

10.6 结论和建议

本章研究了 Non-Asian 新兴经济体在规范和执行借贷行为方面的经验。地方政府进行适度借贷对发展地方经济是有益的，然而，地方政府的过度借贷却对财政分权国家的宏观经济稳定构成明显的危险。

第一，债务要达到善治（Good Governance of Debt）的境地，不能只靠借款规则和控制措施。在支出责任和税收分配之间建立一个平衡的财政分权设计，使得地方具有显著的税收自主性，对于地方政府在支出、赤字和债务方面的财政自律行为至关重要。由于税收自主性不足所引起的巨大纵向财政失衡，会使地方政府在公共资金使用问题和道德风险等方面的表现不佳。地方政府不负责任的借贷、过度的支出和财政赤字，如果不加以抑制和控制，就可能是不对称的财政分权设计的表现，这种分权有着巨大的支出责任和不足的收入自主权。

第二，需要对债务进行广义的定义和严格甄别。国际上，地方各级政府为了绕过监管，可以采用不太明显的（隐性）债务形式来绕过监管甚至禁令。因此，必须能够确定债务可以采取的所有形式，无论是明确约定的还是由地方政府以其他方式创造的（例如，应计或拖欠供应商或供应商的款项）。一个较好的做法是将未备基金的负债核算作为地方各级政府债务水平总体计算的一部分。因此，借款监管的覆盖范围也至关重要。正如上文所论及的，尽管哥伦比亚的“红绿灯法”不允许地方政府在红灯类别下借款，但实际上，它们却使用了国有企业或其他“预算外”工具借款。

第三，关于地方政府的借贷规则，在现有的各种选择中，非亚洲新兴市场国家明确倾向于中央政府施加的借贷规则，透明度与高度控制的良好结合可以解释这种选择。然而，关于不同借贷制度下这些规则有效性的经验证据还远远不够。较为普遍认可的跨领域规则，如总体债务限额和黄金法则似乎是有效的，而大多数具体的借款制度只要真正得到执行，通常是有效的。

第四，最近在许多发达国家和一些发展中国家设立了财政理事会，这表明它们在国家一级全面改善财政纪律方面是有效的。正如一些国家已经在做的那样，最好是在已经存在的组织中赋予财政委员会权力，以便对地方政府的总体财政纪律进行监督。

第五，财政责任法（FRLs）大大加强了借贷规则背后的法律框架，并将有助于防止财政无纪律和国家财政危机。这些财务准则应包括提高财政透明度的措施、所有政府级别的具体财政目标和明确规定的免责条款以及监督和执行机构。

第六，除了财政规则和借贷规则外，执行和监督机制对于规则的强度至关重要。如果没有强制执行，法律可能无法自行发挥作用。在已有的实践中，财政规则对地方财政纪律产生了积极影响。然而，财政规则的设计本身并不是解决地方或国家财政绩效问题的良方。即使不比规则本身更重要，执行和执行机制也同样重要。

因此，确保有纪律和负责任的地方借贷行为需要的不仅仅是良好的分权设计。它还要求对地方政府债务有明确的规定和监督。这意味着禁止借贷并不是一个好的解决办法，因为它效率低下。问题是如何提供一个法律框架和实践，使地方政府能够灵活地追求最佳服务，同时防止在经济繁荣时期或经济危机时期出现无纪律或不负责任的行为。进而发挥地方举债的积极作用，抑制其消极作用。

第 11 章　总结、创新及展望

11.1 结论

主权信用评级、公共债务和经济增长之间是一种非线性、时变性和异质性的复杂关系。本书在借鉴已有成果基础上，结合疫情导致全球政府债务飙升的特点，紧紧围绕揭示和构建主权信用评级模型这个中心问题，引入较为全面和新颖的指标（经济因素、政治因素、社会因素），来拟合现有评级和预测趋势，并通过检验主权信用评级对金融市场的多重影响，以及评级的公正性问题，来为我国预防“后疫情”时代主权信用评级变动带来的风险，汲取有益经验和教训。通过理论研究和实证分析，得出如下结论：

（1）对主权信用评级的研究，本书认为具有鲜明的“需求导向、问题导向和目标导向”特征，对于此类研究的开展既源于维护国家整体利益的需要，也源于增强企业核心竞争力的需求。国家旨在维护自己的主权信用声誉，企业旨在掌握评级建模的核心技术，促使自己享有国际公信力。目前，国外的研究成果种类丰富且较为深入，在种类上已完成对评级概念的界定、评级特点的甄别、分类、案例和产生的市场效应及应对策略等广泛地探讨。但近几年，国外研究地区多聚焦于欧洲（欧债危机所致），美国鲜见。在内容上主要以评级模型的构建和对金融市场的影响为主，但目前对评级影响因素的研究及提炼尚欠深入和创新。在方法上主要使用面板数据回归、有序概率回归和事件分析法等，近年来鲜有计量方法上的创新。

在学术价值方面，本书结合“后疫情”时代债务高企的特点，对传统评级指标框架体系进行创新和发展，修正和替代一些旧指标，增加新指标的比重，组成一个覆盖宏观经济、政府债务、对外经济等领域的指标体系。在评级建模方面，本书对传统主权信用评级所使用的面板随机效应（Random Effects）模型和有序概率（Ordered Probit）模型进行改进，来克服已有评级模型中的缺陷。之后，提出“评级临界点”效应，对主权信用评级被调整到临界点（拐点）时所产生的效应，进行了深入分析，为解释评级变动引发的金融震荡、国际资本流动效应和非线性效应做出贡献。

在应用价值方面，本书从政策的角度，把影响主权信用评级的因素分为长期和短期因素。长期因素是指那些能够影响经济发展的宏观性和基础性因素；短期因素是指那些能迅速影响主权信用等级的因素，这样的区分为政策制定者提供了长期和短期两个角度来采取应对措施。从舆论的角度，主权信用评级公正性问题是国际舆情关注的一个焦点。本书在比较分析与模型拟合的基础上，进一步引入“评级缺口”的概念，来衡量评级实际值与拟合值的差距，借以说明对某个国家的评级是否存在高估或低估现象，为这些国家维护自己权利，采取有效措施提供依据。从市场的角度，本书检验了主权评信用级对金融市场是否存在“信息”、“认证”和“监管”效应，以及评价国家间的“溢出效应”。通过对这些问题的研究，可以明晰主权信用评级对金融市场和经济增长的影响机制，为我国预防降级风险，汲取有益的经验和教训。

（2）关于公共债务对主权信用评级的影响，本书认为一国政府债务的过度增加会导致公共财政的脆弱性，并引发市场对主权国家偿债能力的担忧，一般而言，较高的债务水平会导致主权信用评级的下降。目前导致全球债务居高不下的原因，既有历史因素，也有现实因素。2008 年各国政府为了应对次贷危机而大规模举债，是造成目前债务率较高的历史原因，而全球疫情冲击和经济增长乏力是造成这种情况的现实原因。有关举债的孰是孰非，一直以来都是经济学界争议不断的问题，甚至因此而形成分歧较大的学派。一些学派认为举债是解决经济问题的良方，另外一些学派则反对这种观点。从已有研究来看，公共债务与经济增长之间不是一种简单的关系，越来越表现为一种错综复杂的关系，它不仅受各国制度、体制和市场环境等国情的影响（异质性），也受国际政治、经济和金融形势的影响（时变性）。

本书研究了公共债务与主权信用评级之间的关系，发现较高的公共债务率通常会降低主权信用级别，但在相同债务率下，发达国家会得到比新兴市场较高的评级；一国的公共债务率与评级之间的关系是非线性的，这种关系由评级所处的状态决定，大致呈现出非对称“U”形状态，即处于中间级别的国家最为敏感，而两端的反应则较小；非线性关系的发现可以解释发达经济体与新兴经济体债务对评级的不同影响。

（3）关于公共债务和经济增长的关系，本书构建了一个基于内生增长理论框架下的公共债务模型，并从代际交叠的角度进行了研究，发现随着公共债务率的不断提高，公共支出对经济增长的影响不是一种简单关系，而是一种复杂的、非线性和异质性的交互关系。生产性支出对经济增长的影响不仅受到税负大小的影响，而且也受债务率的影响，这些因素会交叠在一起对经济增长产生作用。同时，公共债务的增加还可能会导致更大的债务（不良循环），这会进一步减少资本积累，从而影响长期经济增长。

政府生产性支出对经济增长的边际影响，因其支出的性质、构成和大小、以及政府的基本盈余和债务规模而对经济的影响各异。一般来说，会产生两种竞争性的效果：一是积极影响，即公共支出的增加（比如教育、科技和基础设施的支出）会减少交易成本、提升生产要素的质量，进而对经济增长产生积极影响。另外一种是负面影响，它可能会增加税收，减少储蓄和私人投资，进而影响长期经济增长。公共支出的增加还有一个额外的间接影响，随着生产性支出的增加，利率一般会上升，而私人投资又受到利率的影响，所以可能存在挤出效应，该效应的大小与债务率成正比。同时，利率增加会导致债务利息增加和储蓄率减少。

（4）本文对经济减速、债务膨胀和财政平衡进行了理论和实证研究。近年来，世界许多经济体都存在一个值得关注的现象，经济增长率在逐步下降而公共债务率却在不断攀升。这一相背离现象，已经形成一个明显的“剪刀差”形状。经济减速背景下的债务膨胀，使得财政平衡的难度增加，并带来了极大的不稳定性。

本书认为一个经济体的繁荣并不能仅仅是当年或最近几年以 GDP 为核心一系列经济数字表面的华丽，因为若要如此，是有许多可行的方法来实现这样的目标的。其中之一，就是可以大量堆砌债务。债务的持续积累就会形成高杠杆，一个高杠杆（包括私人部门或公共部门）的经济体，虽然表面上呈现出就业上升、投资增加的繁荣局面，但内部却可能处于一种债务难以续接而危机四伏的状态。一般而言，导致债务率改变的因素通常是复杂的，既有客观的因素，也有主观因素。综合实证分析和历史经验，本书认为传统的减债方法，可能有许多已经不适应了。首先，“金融抑制”战略难以复制。金融抑制曾经是美国战后摆脱高债务率的一种手段。在将来，即便某些国家试图复制这样的模式，但也未必会成功。综合考虑以上因素，未来减少公共债务率的一种较为可行的方法是通过削减开支来逐步实现一种稳健的财政平衡。

（5）关于公共债务的非线性效应，本书采用 PSTR 方法，对 135 个国家在 1970—2018 年间的债务数据分析后，发现当债务率超过 106% 时，会对经济增长产生 –0.3% 的抑制作用，其中发展中国家的门槛较低，只有 88%，这意味着发展中国家不能承受更高的公共债务率。在此基础上，本书进一步对债务组成进行了细分，发现短期外债和长期外债对经济增长的影响有显著差异，长期公共外债的转换点非常迅速和陡峭。这些分类研究的结果提示各国在执行债务政策时，应该充分考虑其所处经济发展水平、债务期限和结构所带来的不同影响。

关于不断高企的债务率，本书认为要辩证地、全面地和历史地看。首先，融资是现代经济社会的重要功能，可以有效调剂资金的余缺。公共部门作为一种社会主体，在缺乏资金的情况下，也可以利用金融市场，进行有效债务融资。这种行为本身是无可厚非的。其次，金融市场的发展，又为借贷提供了便利，许多以前没有的融资方式，现在迅速诞生；许多以前封闭的市场，现在也不断开放。所以，全球公共债务率的总体上升趋势，从某种意义上是一种金融市场不断发展的印证。债务高本身不会压垮经济增长，但是高负债率所带来的高资本成本（利率）会拉低长期经济增速，尤其是出现大规模系统性债务违约（系统风险）时，金融系统资产负债表恶化会对宏观经济带来重大影响。

（6）关于公共债务治理的国际经验比较方面，本书研究了来自新兴市场（NAEE）的典型经验。在新兴市场经济体中，非亚洲国家是世界经济的一支重要新生力量。在近几十年的发展中，这些国家取得了长足的经济发展，国民收入与生活水平都得到了显著提升。然而在债务方面，却出现了诸多问题，一些国家不重视培养经济发展的长期因素，过度沉溺于短期债务累积制造出来的虚假繁荣，导致非常严重的问题，引发了货币危机、金融危机和经济危机。对这些国家的债务背景、成因、演变和治理方式进行回溯分析，总结其中的经验和教训，对于其他国家，尤其是疫情后普遍出现的高债务环境，就具有重要价值和意义。

本书认为地方政府进行适度借贷对发展地方经济是有益的，然而，地方政府的过度借贷却对宏观经济稳定构成明显的危险。地方政府债务要达到善治的境地，不能单纯依靠借款规则来控制，应该多措并举，因地制宜。首先在支出责任和税收分配之间建立一个平衡的分权设计，给予地方足够的税收自主性。这些对于地方政府在支出、赤字和债务方面的财政自律行为至关重要。在债务的界定方面，需要对债务进行广义框定，无论是明确约定的还是由地方政府以其他方式创造的债务必须识别。关于地方政府的借贷规则，财政责任法（FRLs）大大加强了借贷规则背后的法律框架，并将有助于防止财政无纪律和国家财政危机。在已有的实践中，财政规则对地方财政纪律产生了积极影响。然而，财政规则的设计本身并不是解决地方或国家财政绩效问题的良方。即使不比规则本身更重要，执行和执行机制也同样重要。

11.2 创新点

本文的主要特色是理论性与实用性的有机结合。通过结合“后疫情”时代的经济特点，研究主权信用评级的决定因素，分析主权信用评级对经济金融的影响，揭露主权信用评级当中存在的问题和原因，以及提出我国相应的对策和措施。主要创新有三点：

（1）本书对传统的主权信用评级指标体系的扩充和发展。在“后疫情”时代，随着国际经济形势的变化，评级的指标体系也应“与时俱进”。本项目在借鉴吸收已有文献和评级指标的基础上，引入了一些新的解释变量，组成一个覆盖宏观经济、政府债务、对外经济等领域的指标体系。通过对指标体系的改进，可以提高评级的时代感、准确性和模型的拟合优度。

（2）从政策的角度，把影响主权信用评级的决定因素分为长期和短期因素，长期因素主要是指影响经济发展的宏观性和基础性因素，短期因素是那些能迅速影响主权信用评级的因素，这为政策制定者提供了决策依据。在此基础上，引入“评级缺口”的这一概念，来衡量实际值与拟合值之间的差距，借以说明样本国家的评级是否存在高估与低估现象。

（3）本书研究了主权信用评级对金融市场是否存在显著的“信息”、“认证”和“监管”效应。进一步研究主权信用评级在国家间的“溢出效应”是否存在以及具体途径。通过对这些问题的研究，可以帮助我们明晰主权信用评级对市场的影响机制，为我国预防主权信用降级带来的风险和问题，汲取有益的经验和教训。

11.3 进一步研究和展望

主权信用评级是一门新兴的理论和技术，具有很强的实用性。本文对于主权信用评级、公共债务和经济增长的复杂关系进行了探索性研究，但局限于我国金融开放实践的历史较短和数据短缺，仍存在不足和局限性，有许多方面需要进一步进行研究和探索。

从国际发展趋势来看，主权信用评级正在朝着创新和多元化方向发展：首先，对传统指标框架体系的创新和发展。对一国主权信用的影响因素是多方面的，既有那些宏观的、基础性的经济指标，也有公共外债和政府收支等个别性指标。S&P 公司目前就是将 6 个方面、50 个指标作为主权信用评级的影响因素。其次，新因素和新指标在评级体系中出现和受到重视。传统指标正在被一些新评级指标所替代和修正，这些新指标具有更为准确和细致的描述功能。比如 CARs、Short-term External Debt by Remaining Maturity、Gross LT Commercial Borrowing、Commercial Debt Stock 和 ST Debt 等，这些指标从不同侧面刻画了与评级有关的中央政府债务状况。再次，指标比率的构建也更加多元化。早期评级中经常使用的比率指标正在被一些新的指标所替代，这些指标更加全面和准确地反映了评级所涉及的因素。近些年，对短期因素和政府外债比较重视，Erdem 和 Varli（2014）发

现外债 / 出口对评级等级有显著影响。

我国有关主权信用评级的研究开展较晚，这大概和我国金融开放的时间较晚有关。随着我国对外开放步伐的加快和评级机构在历次金融危机中作用的凸显，主权信用评级对我国金融市场的影响会越来越明显。目前，国内研究处于起步阶段和低层次状态，滞后于金融实践需求。对于评级模型的构建和揭示，国内学者已经进行了一定的研究，但仍然较为粗浅，难以与欧美抗衡。而准确揭示评级模型，有利于维护国家利益，澄清事实真相，抵制刻意歪曲。从目前的研究焦点来看，主权信用评级的难点或瓶颈在于对评级模型的构建。一旦评级模型被揭示出来，那么评级结果也就更具说服力。对于主权信用评级对金融市场的冲击和影响。国内学者已经广泛开展了对信贷、汇市、股市、债市以及 CDS 影响的研究，但这些研究的原创性偏低，尤其是新理论和新方法的使用。在我国，主权信用评级的研究有待深入与拓展。首先，开展主权信用评级项目，需要收集大量数据，以及建立科学、准确的评价体系和模型，这些都不是一蹴而就的。其次，随着我国金融开放程度的增加，对外融资需求会越来越多，主权信用评级的影响力也会越来越明显。另外，主权信用评级在某种程度上属于公共性项目，这种对国家层面的评级，通常不会给公司带来直接收入，导致国内许多评级公司不愿意做。所以，鉴于主权信用评级的长期性、公共性和基础性，国家应该加大对这方面科学研究的支持力度。

目前，国际评级业正处于蓬勃发展时期，许多机构和研究者对这个领域仍在不断探索，相关科研成果不断涌现。国内机构和研究者结合我国资本市场的实际，也有一些研究成果，但主要处于学习发达国家的经验的阶段。将来，随着我国评级业的不断发展、资本市场的不断完善和金融工具的不断创新，一定会有更多、更高水平的有关主权信用评级的理论和技术出现。

参考文献

[1] Afonso A, Gomes P, Rother P. Short- and long-run determinants of sovereign debt credit ratings [J]. International Journal of Finance & Economics, 2011, 16 (1): 1-15.

[2] Afonso A, Furceri D, Gomes P. Sovereign credit ratings and financial markets linkages: Application to European data [J]. Journal of International Money & Finance, 2012, 31 (3): 606-638.

[3] Afonso A, Gomes P, Taamouti A. Sovereign credit ratings, market volatility, and financial gains [J]. Computational Statistics & Data Analysis, 2014, 76 (C): 20 - 33.

[4] Afonso A, Alves J. The Role of Government Debt in Economic Growth [J]. Hacienda P ú blica Española, 2015, 215 (4): 9-26.

[5] Alsakka, Rasha, Gwilym A, et al. Rating agencies' signals during the European sovereign debt crisis [J]. Journal of Economic Behavior & Organization, 2013, 85 (85): 144-162.

[6] Amstad M, Packer F. Sovereign Ratings of Advanced and Emerging Economies after the Crisis [J]. Bis Quarterly Review, 2015.

[7] Barro R J. The Ricardian approach to budget deficits [J]. Journal of Economic perspectives, 1989, 3 (2).

[8] Balikçioğlu E, Yilmaz H H. How fiscal policies affect credit rates: probit analysis of three main credit rating agencies' sovereign credit notes [J]. Transylvanian Review of Administrative Sciences, 2019, 15 (56): 5-22.

[9] Baum A, Checherita-Westphal C, Rother P. Debt and growth: New evidence for the euro area [J]. Journal of international money and finance, 2013, 32: 809-821.

[10] Benfratello L, Del Monte A, Pennacchio L. Corruption and public debt: a cross-country analysis [J]. Applied Economics Letters, 2018, 25 (5): 340-344.

[11] Böninghausen B, Zabel M. Credit ratings and cross-border bond market spillovers [J]. Mpra Paper, 2015, 53: 115-136.

[12] Cantor R, Packer F. Determinants and Impact of Sovereign Credit Ratings [J]. Economic Policy Review, 1996, 1 (Oct): 37-53.

[13] Cecchetti S G, Mohanty M, Zampolli F. Achieving growth amid fiscal imbalances: the real effects of debt [C] //Economic Symposium Conference Proceedings. Federal Reserve Bank of Kansas City, 2011, 352 (August): 145–96.

[14] Crafts N. Reducing high public debt ratios: lessons from UK experience [J]. Fiscal Studies, 2016, 37 (2).

[15] Chang T, Chiang G. The behavior of OECD public debt: A panel smooth transition regression approach [J]. The Empirical Economics Letters, 2009, 8 (1): 35–46.

[16] Checherita–Westphal C, Rother P. The impact of high government debt on economic growth and its channels: An empirical investigation for the euro area [J]. European economic review, 2012, 56 (7): 1392–1405.

[17] Christopher R, Kim S J, Wu E. Do sovereign credit ratings influence regional stock and bond market interdependencies in emerging countries? [J]. Journal of International Financial Markets Institutions & Money, 2012, 22 (4): 1070–1089.

[18] Chudik A, Mohaddes K, Pesaran M H, et al. Rising public debt to GDP can harm economic growth [J]. Economic Letter, 2018, 13 (3).

[19] Cole H, Kehoe T. A self–fulfilling model of Mexico's 1994–1995 debt crisis [J]. Journal of International Economics, 1996, 41 (3–4): 309–330.

[20] Constantin Mellios, Eric Paget–Blanc. Which factors determine sovereign credit ratings? [J]. The European Journal of Finance, 2006, 12 (4): 361–377.

[21] Cuestas J C, Gil–Alana L A, Staehr K. Government debt dynamics and the global financial crisis: Has anything changed in the EA12? [J]. Economics Letters, 2014, 124 (1).

[22] Drago D, Gallo R. The impact and the spillover effect of a sovereign rating announcement on the euro area CDS market [J]. Journal of International Money & Finance, 2016, 67: 264–286.

[23] DOLUCA H. Is There a Bias in Sovereign Ratings Due to Financial Reasons? [J]. Ssrn Electronic Journal, 2014, 67: 264–286.

[24] Dimitrakopoulos S, Kolossiatis M. State Dependence and Stickiness of Sovereign Credit Ratings: Evidence from a Panel of Countries [J]. Journal of Applied Econometrics, 2016, 31 (6): 1065–1082.

[25] Easterly W. Growth Implosions and Debt Explosions: Do Growth Slowdowns Cause Public Debt Crises? [J]. Contributions in Macroeconomics, 2009, 1 (1): 1013–1013.

[26] Eberhardt M, Presbitero A F. Public debt and growth: Heterogeneity and non–linearity [J]. Journal of International Economics, 2015, 97 (1).

[27] Ejigayehu D A. The effect of external debt on economic growth [J]. Journal of the

Department of Economics，2013（11）.

[28] Erasmo P，Mendoza E G. What is a sustainable public debt? Handbook of Macroeconomics [M]. Amsterdam：Elsevier，2016.

[29] Erdem O，Varli Y. Understanding the sovereign credit ratings of emerging markets [J]. Emerging Markets Review，2014，20（3）：42–57.

[30] Fat á s A，Summers L H. The permanent effects of fiscal consolidations [J]. Journal of International Economics，2018（5）：238–250.

[31] Ferri G，Stiglitz J E. The Procyclical Role of Rating Agencies：Evidence from the East Asian Crisis [J]. Economic Notes，2003，28（3）：335–355.

[32] Ferreira M A，Gama P M. Does sovereign debt ratings news spill over to international stock markets? [J]. Journal of Banking & Finance，2007，31（10）：3162–3182.

[33] Fosu A K. The External Debt Burden and Economic Growth in the 1980s：Evidence From Sub-Saharan Africa [J]. Canadian Journal of Development Studies，1999，20（2）.

[34] Freitag L. Procyclicality and Path Dependence of Sovereign Credit Ratings：The Example of Europe [J]. Economic Notes，2014，44（2）：309–332.

[35] Finnerty J D，Miller C D. The impact of credit rating announcements on credit default swap spreads [J]. Journal of Banking & Finance，2013，37（6）：2011–2030.

[36] Grennes T，Caner M，Koehler-Geib F. Finding the tipping point—when sovereign debt turns bad [M]. The World Bank，2010.

[37] Gonz á lez A，Terasvirta T，Van Dijk D. Panel Smooth Transition Regression Models（Vol. 165）[J]. School of Finance and Economics，University of Technology，2005（8）6–18.

[38] Hadzi-Vaskov M，Ricci M L A. The nonlinear relationship between public debt and sovereign credit ratings [M]. International Monetary Fund，2019.

[39] Hansen B E. Threshold effects in non-dynamic panels：Estimation，testing，and inference [J]. Journal of econometrics，1999，93（2）：345–368.

[40] Herndon T，Ash M，Pollin R. Does high public debt consistently stifle economic growth? A critique of Reinhart and Rogoff [J]. Cambridge journal of economics，2014，38（2）.

[41] Hilscher J，Raviv A，Reis R. Inflating Away the Public Debt? An Empirical Assessment [J]. Cepr Discussion Papers，2014.

[42] Hofman B，Reisen H. Some evidence on debt-related determinants of investment and consumption in heavily indebted countries [J]. Review of World Economics，1991，127（2）.

[43] Iv á n M. Rodr í guez，Krishnan Dandapani，Edward R. Lawrence. Measuring Sovereign Risk：Are CDS Spreads Better than Sovereign Credit Ratings? [J]. Financial Management，2019，48（1）：229–256.

[44] Kaminsky G L, Schmukler S L. What triggers market jitters?: A chronicle of the Asian crisis [J]. Journal of International Money & Finance, 1999, 18 (4): 537–560.

[45] Karpava M. Determinants of forex market movements during the European sovereign debt crisis: The role of credit rating agencies. [J]. Jibs Economics Finance & Statistics, 2012.

[46] Kiff J, Nowak S B, Schumacher L B. Are Rating Agencies Powerful? An Investigation into the Impact and Accuracy of Sovereign Ratings [J]. Imf Working Papers, 2012, 99 (2): 162–8.

[47] Klein M, Winkler R. Austerity, inequality, and private debt overhang [J]. European Journal of Political Economy, 2019, 57 (9).

[48] Konstantinos Drakos, Christos Kallandranis, Socrates Karidis. Determinants of Trust in Institutions in Times of Crisis: Survey–Based Evidence from the European Union [J]. JCMS Journal of Common Market Studies, 2019, 57 (6): 1228–1246.

[49] Kourtellos A, Stengos T, Tan C M. The effect of public debt on growth in multiple regimes [J]. Journal of Macroeconomics, 2013, 38: 35–43.

[50] Krugman P. Financing vs. forgiving a debt overhang [J]. Journal of Development Economics, 1988, 29 (3).

[51] Kumar M, Woo J. Public debt and growth [J]. IMF working papers, 2010: 1–47.

[52] Mauro P, Sussman N, Yafeh Y. Emerging Market Spreads: Then versus Now [J]. Quarterly Journal of Economics, 2002, 117 (2): 695–733.

[53] Mauro, Paolo, and Zilinsky. Fiscal Tightening and Economic Growth: Exploring Cross-Country Correlations [J]. PIIE Policy Brief, 2015 (1), 15–15.

[54] Minea A, Parent A. Is high public debt always harmful to economic growth? Reinhart and Rogoff and some complex nonlinearities [J]. 2012 (2): 3–23.

[55] Mosikari T J, Eita J H. Empirical test of the Ricardian Equivalence in the Kingdom of Lesotho [J]. Cogent Economics & Finance, 2017, 5 (1).

[56] Minkwan Ahn, Samuel B. Bonsall, Andrew Van Buskirk. Do managers withhold bad news from credit rating agencies? [J]. Review of Accounting Studies, 2019, 24 (3): 972–1021.

[57] Ogunmuyiwa M S. Does external debt promote economic growth in Nigeria [J]. Current Research Journal of Economic Theory, 2011, 3 (1): 29–35.

[58] Ornert A. Options for managing a sudden rise in public debt [R].UK: Institute of Development Studies. 2019.

[59] Panizza U, Presbitero A F. Public debt and economic growth: Is there a causal effect?[J]. Journal of Macroeconomics, 2014, 41 (10).

[60] Pesaran M H. Estimation and inference in large heterogeneous panels with a multifactor error structure [J]. Econometrica, 2006, 75 (5).
[61] Reinhart C M. Default, currency crises, and sovereign credit ratings [J]. Mpra Paper, 2002, volume 16 (2): 151–169 (19).
[62] Reinhart C M, Rogoff K S. Growth in a Time of Debt [J]. American economic review, 2010, 100 (2).
[63] Reinhart C M, Reinhart V R, Rogoff K S. Debt overhangs: Past and present [R]. National Bureau of Economic Research, 2012.
[64] Reinhart C M, Sbrancia M B. The liquidation of government debt [J]. Economic Policy, 2015, 30 (82): 291–333.
[65] Reinhart C M, Rogoff K. Is the 2007 U.S. Sub–Prime Financial Crisis so Different?, an International Historical Comparison [J]. Panoeconomicus, 2009, 56 (3): 339–344.
[66] Sachs J. Theoretical Issues in International Borrowing [J]. Nber Working Papers, 1984.
[67] Saka H, Orhan M. Are Sovereign Ratings by CRAs Consistent? [J]. Social Science Electronic Publishing, 2016: 2–2.
[68] Shah M, Pervin S. External public debt and economic growth: empirical evidence from Bangladesh, 1974 to 2010 [J]. Academic Research International, 2012, 3 (2): 18–29.
[69] Soydan A, Bedir S. EXTERNAL DEBT AND ECONOMIC GROWTH: NEW EVIDENCE FOR AN OLD DEBATE [J]. Journal of Business Economics and Finance, 2015, 4 (3).
[70] Steinar Holden, Gisle James Natvik, Adrien Vigier. Credit rating and debt crises [J]. International Economic Review, 2018, 59 (2): 973–987.
[71] Tchereni B H M, Sekhampu T J, Ndovi R F. The impact of foreign debt on economic growth in Malawi [J]. African Development Review, 2013, 25 (1): 85–90.
[72] Teles V K, Mussolini C C. Public debt and the limits of fiscal policy to increase economic growth [J]. European Economic Review, 2014, 66 (2): 1–15.
[73] Yared P. Rising government debt: Causes and solutions for a decades–old trend [J]. Journal of Economic Perspectives, 2019, 33 (2).
[74] Zaman R, Arslan M. The role of external debt on economic growth: Evidence from Pakistan economy [J]. Journal of Economics and Sustainable Development, 2014, 5 (24).
[75] 曹荣湘. 国家风险与主权信用评级 [M]. 北京：社会科学文献出版社，2004.
[76] 刁莉，朱琦. 主权信用评级对外汇市场的影响——以亚洲新兴市场国家为例 [J]. 现代财经 – 天津财经大学学报，2017 (3)：3–11.
[77] 范彦君，董裕平. 主权信用评级对市场影响的实证分析 [J]. 国际金融研究，2012

（5）：4–11.

［78］冯乾. 国家主权信用评级、跨国传染与股票市场回应？—基于全球48个经济体的事件研究［J］. 财经研究，2016，42（8）：62–73.

［79］何娟文，胡琼. 基于逆周期的主权信用评级指标体系构建［J］. 征信，2016，34（5）：56–61.

［80］陆留存，田益祥. 主权信用评级的决定因素研究——基于一般面板数据和面板有序概率方法的分析［J］. 管理学家：学术版，2011（5）：39–48.

［81］李明明，秦凤鸣. 主权信用评级、债务危机与经济增长——来自欧元区国家的经验证据［J］. 金融研究，2016（10）：16–31.

［82］林祺，林僖. 欧债危机、主权风险冲击与金融传导——来自中国金融市场的证据［J］. 国际贸易问题，2015（3）：156–167.

［83］那明. 金融危机背景下国家主权信用评级影响因素分析——基于27个OECD国家面板数据的研究［J］. 世界经济研究，2014（10）：28–33.

［84］庞晓波，李丹. 中国经济景气变化与政府债务风险［J］. 经济研究，2015（10）：18–33.

［85］苏民. 主权信用评级的影响因素分析——兼论中国主权信用评级被低估了吗？［J］. 经济学家，2017，7（7）：63–72.

［86］苏民. 中国主权信用评级被低估了吗？：基于面板线性与有序概率回归方法［J］. 世界经济研究，2017（11）：123–136+139.

［87］苏民. 公共债务对经济增长的影响机理及实证检验——基于80个国家的面板数据［J］. 北京社会科学，2021，0（5）：92–102.

［88］苏民，李剑禹. 主权信用评级对欧元区信用违约互换市场的影响与溢出效应［J］. 金融经济学研究，2018，033（002）：95–105.

［89］田益祥，陆留存. 主权信用评级影响因素的长短期效应检验及对策——评级下调冲击经济的非对称效应启示［J］. 中国软科学 2011（12）：51–61.

［90］田益祥，陆留存，李成刚，等. 主权信用评级变动对股票、债券和信贷市场的冲击比较——基于国际面板数据动态模型的实证检验［J］. 投资研究，2013（4）：72–80.

［91］杨胜刚，成程. 中国的主权信用评级是否被低估？［J］. 国际金融研究，2011（7）：59–66.

［92］杨育婷，徐培文. 我国的主权信用评级被低估了吗［J］. 金融发展研究，2014（1）：9–13.

［93］赵新泉. 政府债务影响经济增长的非线性效应研究［J］. 国际金融研究，2018（2）：54–65.

后　记

在书稿基本完成之际，我似乎有了一点轻松的感觉。不禁掩卷沉思，回想这些年所经历过的岁月，虽也曾有过天南海北的行走，却更多的时候是独座书斋，苦思冥想，以求真知。偶有所得，便觉释然。所谓的学术是在经历后，也便成为了日常工作，虽然日渐熟悉，潜意识里似乎总觉得生命应该有别样的一番意义，不止于此，亦不限于此。而本书的完成，也算是一个特定阶段的总结。

在渐知天命的年纪，虽不敢苟且，但也渐感生命的有限和力量的微薄，能改变的甚少。现在的大学，依稀有着象牙塔的身影，却与一切尘世烟火相互浸染，社会的影响远胜于老师的说教。作为个人，身处其间，身微而言轻。但转念一想，历史自会有所选择，且行且看吧。

书稿的完成，非常感谢家人的陪伴。许多时候，在独自写作时候，总觉得欠缺了对家人的关照。但孩子们的乖巧和听话，以及父母的健康和乐观，时刻充斥着快乐的气氛，正是你们的存在使得这生活有了意义，生命有了色彩。

苏 民

壬寅年春